学术写作指南（第5版）

（英）斯蒂芬·贝利（Stephen Bailey）◎著
唐奇◎译

ACADEMIC WRITING

A Handbook for International Students, 5th Edition

中国人民大学出版社
·北京·

本书框架非常适合写作技巧教学。书中包括各个学术领域的论文示例，我的本科生和研究生都能使用。我特别喜欢其中关于常见语言错误的部分，包括为学生提供的特别练习。这本书在写作教学和技能实践之间保持了良好的平衡。很少有书籍能够如此清晰地向学生解释什么是抄袭，这本书做到了！

——伊思切尔·雷耶斯（Ixchell Reyes）

美国南加州大学（University of Southern California）

这本书是包容式教学的典范。其主要目标读者是国际学生，但是同样适用于英国学生和其他注重实践的学生。科学研究需要以扎实的学术能力为基础，这本书无疑是其他关于研究方法的书籍的好伴侣。它结构清晰、内容易懂，精心设计的练习能够帮助学生树立信心，高效地撰写学术作品，而不用再担心遭受抄袭或学术不端的指责。每学年开始，无论教的是什么科目、哪个年级，我都会把这本书推荐给我所有的学生。

——玛丽亚·朗斯代尔（Maria Lonsdale）

英国利兹大学（University of Leeds）

本书简洁明了，让初学者容易入门，掌握进入学术写作的世界所需要的语言。

——久达·莱延（Djuddah Leijen）

爱沙尼亚塔尔图大学（University of Tartu）

《学术写作指南》（第5版）有许多新特色，对全世界不熟悉以学术为目标的写作的学生来说，有极大的用处。这本书既提供了关于学术写作的重要信息，又提供了宝贵的练习。对所有学术写作新人，无论其英语熟练程度如何，这本书都非常有帮助。

——拉迪卡·雅伊德（Radhika Jaidev）

新加坡理工大学（Singapore Institute of Technology）

致　谢

我要感谢多年来在世界各地共事过的同事。他们总是乐于分享他们的观点，正是他们的鼓励和评论帮助我积累了这些素材。

我的妻子勒妮（Rene）非常善于把握学术风格的细节，她是我最宝贵的批评家。我的女儿苏菲（Sophie）帮我领略了学术世界的另一面。

译者序

学术写作是所有学生在大学阶段都要面临的最重要的任务之一。无论本科还是研究生阶段，无论学习什么专业、采用哪种研究方法，最后都需要通过书面形式将学习的成果体现出来，撰写各种形式的论文、报告、案例研究和演讲稿等。为了获得学位，学生还必须完成学位论文。学位论文是对学生知识水平和研究能力的全面考量，在某种意义上，可以说整个攻读学位的过程就是撰写论文的过程。

然而，学术写作作为一项如此重要的能力，国内大多数高校却并不专门教授。学校和老师似乎默认：学生从小学到中学学习了十几年语文，会阅读理解、会写作文，成绩也还不错，就“应该”会写论文。因此，学生在大学期间，专业课有人教，做实验有人带，决定论文选题时通常也能得到导师的指导，但是到了具体的写作阶段，往往只能依靠自己以一种依葫芦画瓢似的方式完成；直到论文初稿被认真负责的导师改得面目全非，都不知道自己错在哪里。这种学术写作能力方面的欠缺在到英语国家留学的国际学生身上体现得更加明显。除了英语水平的差距之外，英语国家的学生可能从高中阶段，甚至更早就接触到各种类型的学术写作任务，对从分析题目、阅读文献、做笔记、罗列参考文献，到改写和校对终稿这样一套完整的写作过程有所了解。许多美国大学将写作课列为大一新生的必修课，一些大学还设有专门的写作中心，帮助学生解决学术写作中遇到的问题。经过这些学习和实践的积累，英语国家的学生往往更熟悉学术写作的格式和方法。国际学生则把写作视为学习中遇到的最大挑战之一。

学术写作没有固定的标准，不可能简化为一套放之四海而皆准的模板，但是，无疑有一些基本的规范和要求，只要从事以学术为目标的写作就必须遵守。比如，从体例结构上，学术论文都应该包括引言、正文、结论和参考文献；从语言风格上，应该力求准确、客观、非个人化；文章中参考的所有文献都必须正确标注，并在文末列出；数字、标点符号，以及英语中的大小写、定冠词、单复数、缩写等都有严格的使用规范。如果不遵守这些规范，你的文章就不容易被读者理解，而且缺乏学术作品所必需的严谨性，不可能成为好的学术文章。与更加自由、更强调天赋和感悟能力的文学写作相比，学术写作更强调的是规则和技术。没有人先天就懂得规则，许多学生是在阅读大量学术作品的过程中，不断自行总结这些规则的。这本书表明，系统的学习能够令你事半功倍，通过严格训练和长期积累，学术写作的能力是可以习得的。

学生有必要学习学术写作的另一个重要原因是避免抄袭。这是老师和学生普遍关心的问题。抄袭是严重的学术不端行为，整个学术界对抄袭的态度都是毫不容情的。特别是在互联网时代的今天，所有公开发表的学术作品都会在网络上永久保留，可以说已经没有了犯错后再改正的机会，哪怕只是无心之失。学术写作要求学生阅读与主题相关的大量文献，因此在论文中，不可避免地要提及其他作者的作品和观点。学术论文往往有专门的文献综述部分，有时候一篇学术论文的全部重点就是文献综述。必须表明你熟悉其他作者围绕相关主题的研究。你的写作建立在对前人研究的总结和思考的基础之上，你的作品才有价值。在学术论文中如何正确地引用文献不仅是一个道德问题，也是一个技术问题，涉及许多非常具体的情况，比如：使用教材中的一幅图表算不算抄袭？使用自己去年提交过的论文中的一段话算不算抄袭？直接引用别人的一段话，标注了作者姓名但是没加双引号算不算抄袭？很少有人是故意抄袭的，但是不良的研究习惯会带来抄袭的风险。学生必须掌握与抄袭有关的规则，在日常学习和研究中时刻加以留意，从迈出学术生涯的第一步起就严格要求自己，养成良好的研究习惯。

本书英文版的目标读者是在英语国家上大学的国际学生，但学术写作的一些规则和方法对中英文学术写作都适用；而且在国内大学中，学生撰写英文论文、向国际期刊投稿的需求也与日俱增。目前，国内高校对学术写作的重视程度还远远不够，但学生面临的困难和挑战是现实存在的。本书旨在帮助学生解决学术写作中的痛点、难点问题，结构清晰，简明易懂，既适合系统学习写作方法，也可供在写作过程中遇到相关问题时查阅。书中提供了大量练习，其中大部分适用于中文学术写作，少量针对英语写作的练习予以保留，供读者根据需要使用。由于译者水平所限，疏漏之处在所难免，敬请批评指正。

关于本书

《学术写作指南》旨在帮助本科生和研究生为学术课程成功地撰写论文和报告。第 5 版经过全面修订和更新，以便让教师和学生在课堂上或自学中轻松地找到所需要的主题。

本书包括五个部分：

- 写作的过程
- 写作的要素
- 语言问题
- 词汇问题
- 范文

第 1 章解释了写作一篇学术作品的所有阶段，从分析题目、阅读文献、做笔记和罗列参考文献，到改写和校对终稿，并提供了练习题。剩下的四个部分可以与第 1 章一起讲授，也可以作为课外补习的基础。每章最后的“进度检查”可以供学生评估他们的学习成果。所有的章节都可以相互参照，同时本书还为练习题提供了一套完整的答案。

第 5 版的新内容包括“小组写作”“英式书面英语和美式书面英语简要指南”，以及“书信和电子邮件写作”。此外，新的教学辅助网站提供了一整套教学笔记、更具挑战性的练习题、复习材料和其他资源链接。本书的其他特色包括：

- 为案例研究和论文等写作任务提供了范文
- 使用来自各个学科的真实学术文本

- 自学和课堂教学均可使用
- 适用于本科和研究生水平
- 附有解释技术名词的术语表

本书针对本科生和研究生所面临的具体写作问题编写，实用性强，易于使用，是一本宝贵的学术写作指南。

斯蒂芬·贝利（Stephen Bailey）曾在诺丁汉大学（University of Nottingham）和德比大学（Derby University）教授学术英语。此前，他在西班牙巴塞罗那、日本东京、马来西亚新山市和捷克布拉格都从事过教学活动。现在，他和妻女住在德比郡。他的其他著作包括《商科国际学生学术写作》（*Academic Writing for International Students of Business*，Routledge）和《国际学生学术写作要点》（*The Essentials of Academic Writing for International Students*，Routledge）。

教师指南

目标

《学术写作指南》（第 5 版）的目标是帮助母语不是英语的学生撰写学术作品。由于学术作品对语言风格、词汇和结构的特殊要求，写作在很大程度上构成了这些学生面临的最大障碍。

本书既适用于本科生，也适用于研究生，因为尽管二者的学习层次不同，但老师的要求是相似的——写出精准、客观、正确、参考文献完备的作品。

本书适用于许多不同的情境：学生可以在先修课程（full-time pre-sessional course）、嵌入式课程（part-time in-sessional class）、特定科目或者跨学科课程中学习，也可以完全依靠自学。由于结构灵活，本书在上述情境中都可以使用。

结构

本书的组织结构参见下表：

章	标题	主要应用
1	**写作的过程** 从寻找文献到校对	课堂教学
2	**写作的要素** 从提出论点到可视化信息	课堂教学和自学
3	**语言问题** 从衔接到时间标志	课堂教学，自学和参考

续前表

章	标题	主要应用
4	**词汇问题** 从缩写到同义词	课堂教学、自学和参考
5	**范文** 从案例研究到电子邮件	自学和参考

第 1 章在写作论文或其他类似文体的整个过程中为学生提供指导，最好作为一系列课程讲授，从实际练习中获得反馈。

第 2 章介绍相关的写作技能；第 3 章围绕特别困扰国际学生的语言问题；第 4 章聚焦于词汇问题，可以想见，这也是国际学生的痛点。

最后，第 5 章提供了最常见的几类范文。第 2 章至第 5 章的所有小节都可以与第 1 章各节同时讲授，或者由学生在课后自学。

在我们的教学辅助网站上，可以找到如何将各小节联系起来的教学大纲，以及关于恰当的教学方法的建议，网址是：www.routledge.com/cw/bailey。

如何使用本书

第 1 章前三小节是基本介绍，假定读者完全是写作的新手。如果学生已经有了一定的基础，这部分可以一带而过，直接从更复杂的第 4 节“避免抄袭”开始。

需要注意的是，本书使用了多学科（如医学、政治学、法律和工程学）的真实文本，以满足不同学生的需要。大部分练习既可以独立完成，也可以以团队合作的形式完成，有些情况下更推荐后一种方式。书末提供了全部答案和术语表。更多进阶练习题可以在教学辅助网站上找到。

如果需要参照其他章节中的相关内容，格式如下：

▶ 参见“3.4　被动式和主动式”和“4.5　连词”

本书使用的素材已经在教学实践中得到了充分的检验，但是改进的空间始终存在，欢迎老师们提出评论和建议，以便在未来的版本中做出修订，在此深表感谢。

斯蒂芬·贝利
stephen. bailey@w3z. co. uk

学生指南

英语写作的挑战

进入大学学习英语课程的国际学生中，大多数人的口语水平能够胜任购物和旅行等日常活动。但是，他们可能惊讶地发现，用英语做笔记、撰写文章和报告要困难得多。有下列几个原因：

首先，对话通常是面对面进行的，你能看到听众是否理解了你的意思，但是写作时我们看不到读者，因此必须让作品尽可能地清晰明了、易于理解。而且，在学术写作中，作者和读者必须了解一些特殊惯例，比如在特定位置使用大写字母。如果不遵守这些规则，你的意思可能就表达得不清楚，你的老师就很难对你的作品做出评价。还有词汇的问题，在大多数学科中，学生应该使用半正式的词汇，与日常交流中的习惯用语不同。

本书的目标

本书的主要目标是帮助你完成课程要求的写作任务。你要写作的作品类型可能与你以前写过的不同，这也可能是你第一次用英语写作长论文和报告。你的老师知道英语不是你的母语，能够体谅你在写作中遇到的问题。不过，你会希望学会写出尽可能清晰、准确的作品，不仅是为了通过现在的课程，而且是在为未来的职业生涯做准备。现在，大部分大型公司和组织都希望员工能像口头交流那样，使用书面英语有效地沟通。大学期间是你学习英语写作的理想时机，本书能够帮助你实现这一目标。

除了准确，学生通常还应该用一种批判性的方法使用文献。这意味着你要质疑和评估所读到的一切，看它们是否可靠、是否具有相关性。老师还希望你使用一套标准的参考文献系统，谨慎地为你的观点选择资源。本书将帮助你培养这些能力。

如何使用本书

本书的组织结构参见下表：

章	标题	主要应用
1	**写作的过程** 从寻找文献到校对	课堂教学
2	**写作的要素** 从提出论点到可视化信息	课堂教学和自学
3	**语言问题** 从衔接到时间标志	课堂教学、自学和参考
4	**词汇问题** 从缩写到同义词	课堂教学、自学和参考
5	**范文** 从案例研究到电子邮件	自学和参考

本书可以在老师的指导下使用，也可以用于自学和参考。为了使学习的效果最大化，请注意以下标识。

如果需要你按照指示完成练习，格式如下：

□ 阅读下面的文章。

如果需要参照其他章节中的相关内容，格式如下：

▶ 参见“3.4　被动式和主动式”以及“4.5　连词”

书末给出了大部分练习的答案。没有明确答案的问题，则通常给出了答案模板。

术语表解释了你可能不熟悉的学术术语。

本书配有教学辅助网站，网址为：www.routledge.com/cw/bailey。

网站提供了进阶练习、更多素材、复习测验，以及其他资源链接。

希望本书能对你的学习有所帮助，我会很高兴收到关于本书任何内容的评价和建议，并在未来的版本中做出改进。

斯蒂芬·贝利
stephen.bailey@w3z.co.uk

学术写作小测验

□ 通过这个趣味测验，看看你对学术写作了解多少。

1. 学术写作和其他写作的主要区别在于：

a）使用更长的单词

b）尽量做到准确和公正

c）更难理解

2. 项目和论文的区别在于：

a）论文更长

b）项目更长

c）项目的题目是学生选择的

3. 老师经常抱怨学生：

a）没有回答提出的问题

b）没有写够字数

c）用铅笔写作

4. 写引言的最佳时机是：

a）开始

b）最后

c）写完正文后

5. 引言的目的是：

a）说明你的目的和方法

b）吸引读者

c）总结你的观点

6. 认真做笔记对______________是必不可少的：

a）写论文

b）复习备考

c）所有的学术工作

7. 文内引用的格式是：

a）（Manton，2008）

b）（Richard Manton，2008）

c）（Manton，R. 2008）

8. 改写一段文字的意思是：

a）把它改得短一些

b）替换大量词语

c）加入更多细节

9. 段落通常包括：

a）六个或以上的句子

b）一个例子

c）一个标题句

10. 校对是指：

a）让一个朋友检查你的作品

b）查找小错误

c）重写

11. 老师希望学生用一种批判性的方法使用他们的文献：

a）有时候

b）只针对硕士研究生阶段的作品

c）一直如此

12. 这个标点符号（’）叫作：

a）逗号

b）冒号

c）撇号

13. business（企业）的同义词是：

a）firm（公司）

b）organisation（组织）

c）outfit（机构）

14. progress（进展）和 research（研究）都是名词。它们是哪种名词?

a）可数名词

b）不可数名词

c）专有名词

15. 摘要通常出现在：

a）书籍的封底

b）期刊论文之前

c）考试的问题中

16. 单词 unreliable（不可靠的）中包含：

a）前缀

b）后缀

c）二者都有

17. 做笔记时总是应该包括：

a）你自己的观点

b）完整的参考文献

c）日期

18. 饼图用于展示：

a）时间的变化

b）比例

c）组织结构

19. 致谢通常用来：

a）承认可能的错误

b）为进一步研究提出建议

c）感谢提供帮助的人

20. 文章的结论通常包括：

a）研究的结果

b）附加数据

c）参考文献

答案见书末。

英式书面英语和美式书面英语简要指南

口语中的英式英语和美式英语通常很容易彼此理解，只是由于用词上的差异，可能会有一点小小的混淆。但是，在书面学术作品中，需要理解更多差异。这一部分对主要问题做出了解释。

注意：澳大利亚、新西兰以及其他许多说英语的国家和地区通常使用英式英语；加拿大通常使用美式英语。

1. 词汇

英式英语和美式英语中有许多不同的词语。例如，“秋天”在英式英语中是 autumn，在美式英语中是 fall。这些都是众所周知并被广泛理解的。但是，有两种可能存在问题的日常词汇差异：

a）在两个国家都不常见的单词。例如，“水龙头”在英式英语中是 tap，在美式英语中是 faucet。又如：“（汽车）行李箱”在英式英语中是 boot，在美式英语中是 trunk；“尿布”在英式英语中是 nappy，在美式英语中是 diaper。

b）在两个国家意思不同的单词。例如，vest 在英国是指衬衣里面贴身穿的背心，在美国是指穿在夹克里面的三件套之一。

词语比较的完整列表参见：https://en.oxforddictionaries.com/usage/british-and-american-terms。

2. 拼写

a）在美式英语中，以 our 结尾的单词通常省略字母 u，如将 neighbour（邻居）写作 neighbor。

b）在英式英语中，以-ise或-yse结尾的单词，如sanitise（消毒）、modernise（现代化），在美式英语中分别写作sanitize、modernize。

c）一些技术名词，如haemophiliac（血友病患者）和foetus（胎儿），在美式英语中不使用ae或oe，而分别写作hemophiliac和fetus。

d）英式英语中表示“实践”的名词写作practice，动词写作pratise。而在美式英语中，两种形式都写作practice。

e）在英式英语中，许多以-re结尾的单词，如metre（米）、theatre（剧院），在美式英语中分别写作meter、theater。

3. 学术语言

英国和美国教育系统的语言有许多小差异。这里列出一些比较重要的差异：

a）在英国，说学生学习某个专业使用read/do/study。在美国则使用study或major（后者指的是双学位中的主修）。

b）在英国大学中，大部分教学是由讲师（lecturer）完成的，教授（professor）则是高级职位。在美国大学中，教学主要是由教授（professor）和助理教授（assistant professor）完成的。

c）博士学位论文在英国称为thesis，在美国称为dissertation（在英国，dissertation可以指硕士学位论文）。

d）在英国，学院（college）通常指提供职业培训但不授予学位的高等教育机构（但是，牛津大学等一些大学是以学院的形式组织的）。在美国，学院通常是大学的一部分，授予本科学位。

e）在英国，攻读硕士学位的人被称为postgraduate，在美国被称为graduate student。

f）在英国，说学生参加考试可以使用sit或take，在美国只用take。考试前的复习，在英国使用revise，在美国使用review。

学生的作业成绩评分在英国通常称为mark，在美国称为grade。

4. 标点符号

a）在英式英语中，引文用单引号表示，嵌套的引文（引文内的引文）使用双引号。美式英语的习惯刚好相反。

正如 Kauffman 所说的："他的'内部空间'概念需要仔细分析。"

英式英语：As Kauffman remarked：'His concept of "internal space" requires close analysis'.

美式英语：As Kauffman remarked："His concept of 'internal space' requires close analysis."

注意：英式英语中句号放在引号外，美式英语中句号放在引号内。

b）在美式英语中，"牛津逗号"（列举多个对象时，在最后的 and 前加的逗号）是标准用法：

……伤寒、霍乱、肺结核和天花都是 19 世纪贫民窟的地方病。

美式英语：...typhus，cholera，tuberculosis，and smallpox were all endemic in the nineteenth-century slum.

在英式英语中，这个逗号通常省略：

英式英语：...typhus，cholera，tuberculosis and smallpox were all endemic in the nineteenth-century slum.

c）在美式英语中，月份通常写在日期之前：

2017 年 11 月 30 日

美式英语：11.30.2017＝November 30th 2017

在英式英语中，日期通常写在月份之前：

英式英语：30.11.2017＝30th November 2017

▶ 参见"1.8 参考文献和引用"和"3.5 标点符号"

目 录

第1章

写作的过程

第1章解释了写作一篇学术作品的所有阶段，从分析题目、阅读文献、做笔记和罗列参考文献，到改写和校对终稿，并提供了若干练习。

1.1　写作的基础

大部分课程通过书面形式来考查学生，包括可能要用几周时间来完成的课程作业，以及通常要在一个小时内进行的考试。本节的内容包括：

- 不同写作任务的名称
- 不同长度写作任务的格式
- 句子和段落的结构

1. 学术写作的目标

学生应该清楚他们为什么要写作。最常见的原因包括：

- 报告作者进行的一项研究
- 回答老师给出或作者自己选择的问题
- 讨论共同感兴趣的题目，提出作者的观点
- 综合其他人对某一主题的研究

□ 你还能提出其他原因吗？

- ____
- ____

2. 学术写作的特点

虽然学术写作没有固定的标准，不同学科可能有不同的写作风格，但是学术写作的风格显然与报纸或小说不同。例如，一般公认学术写作要准确，因此不应该说“这块金属很热”，而应该说“这块金属被加热到65℃”。学术写作还有什么其他特点？

□ 在这里列出你的观点；可以独立完成，也可以与团队合作完成。

- 非个人化的风格——通常避免使用“我”或“我们”
- ____________________
- ____________________
- ____________________

3. 学术写作的常见类型

学生需要完成的主要书面作品类型如下表所示。

□ 将左边的术语与右边的定义连起来。

笔记（notes）	由学生选择主题的个人或小组研究。
报告（report）	学生完成的最长的书面作品（20 000 字以上），通常是为了获得更高学位；主题由学生选择。
项目（project）	关于文章或课堂内容要点的书面记录，供学生个人使用。
论文（essay）	学术论文、报告、演讲稿或期刊论文的统称。
学位论文（dissertation/thesis）	对学生完成的某项调查或实验的描述。
文章（paper）	书面作业的最常见形式，题目通常由老师给出，1 000 字到 5 000 字。

4. 不同长度写作任务的格式

短论文（包括考试）的形式通常是：

引言

正文

结论

长论文和报告包括：

引言

正文

文献综述

案例研究

讨论

结论

参考文献

附录

▶ 参见“5.3 长论文写作”

学位论文和期刊论文包括：

摘要

目录

图表目录

引言

正文

文献综述

案例研究

发现

讨论

结论

致谢

注释

参考文献

附录

除了这些部分，图书还可以包括：

前言

序

参考书目/延伸阅读

□ 讨论以上术语的含义。

□ 将下面的定义与上述术语对应起来。

a）简短的摘要，说明论文的目的和主要发现。

____

b）作者在文中提及的所有文献列表。

____

c）结论之后的部分，包括补充信息。

____

d）一个简短的部分，作者对提供帮助的人表示感谢。

____

e）正文的一部分，讨论其他作者关于本文主题的观点。

____

f）详细描述具体案例的部分。

____

g）一本书最开头的部分，通常由作者之外的人撰写。

____

学术期刊

全世界有数千种英语和其他语言的学术期刊。这些期刊的目的是为特定领域（如教育学或土木工程）的学者提供一个分享前沿研究的平台。大多数期刊每年出版多期，通常以电子刊或纸本刊的形式发行。

学术期刊的一个重要特点是它们发表的论文通常是同行评议的。这意味着当作者提交一篇文章，编辑会请领域内的其他专家阅读这篇文章，并决定其是否值得发表。审稿人可以提出意见，让作者修改文章。

学生应该了解本专业的顶级期刊，这些期刊通常可以从大学图书馆获得。

▶ 参见“1.2　阅读：寻找合适的文献”

5. 学术作品的组成部分

学术作品的格式没有固定的规则。不同的学校和院系要求学生在写作中遵循不同的格式。你的老师会告诉你指导原则，你也可以向他们询问，但是有一些适用于大部分学术作品的通用格式。

□ 阅读下面的文字，识别下划线标记出的部分分别对应方框中的哪个词。

句子	小标题	副标题	段落	标题	短语

a）**无稽之谈**

b）关于欧米伽 3 脂肪酸的误导性健康声明

c）引言

d）最近，有许多关于欧米伽 3 脂肪酸有益健康的讨论。

e）据称，它能降低心血管疾病的风险，还能治疗肥胖症。为了让产品看起来更健康以增加销量，食品生产者开始在从人造黄油到软饮料的各类产品中添加欧米伽 3 脂肪酸。

f）但是，消费者可能没有意识到，有两类欧米伽 3 脂肪酸。最好的长链脂肪酸是从鱼类中提取的，其他（短链脂肪酸）则来自大豆等相对便宜的原料。没有证据表明，后者也像长链脂肪酸一样对健康有益。Tamura *et al*.（2009）认为，只有每周食用三次鱼油，或者每日摄入含 500mg 二十碳五烯酸（EPA）或二十二碳六烯酸（DHA）的补充剂，才能产生积极的效果。

（资料来源：*Health Concerns*，March 2016，p. 17.）

a）标题　b）______　c）______　d）______

e）______　f）______

6. 其他常见的文本组成部分

a）对文献的引用，使用引文标注：Tamura *et al*.（2009）认为

b）为了简便，可以使用缩写：二十二碳六烯酸（DHA）

c）斜体：表示其他语种的单词或强调。

医学研究公司事前（*ex ante*）就知道民众买不起这些药品。（*ex ante* 是拉丁语）

d）括号：用来提供补充信息或澄清观点。

……其他（短链脂肪酸）则来自大豆等相对便宜的原料。

7. 简单句和长句

□ 观察下面的表格。

龙腾汽车（Dragon Motors）年产量（单位：辆）

2013 年	2014 年	2015 年	2016 年	2017 年
135 470	156 935	164 820	159 550	123 075

下列句子都包含动词：

2013 年，公司**生产**了超过 135 000 辆汽车。

从 2013 年到 2014 年，汽车产量**增长**了将近 20%。

简单句（如上述例句所示）更容易写作和阅读，但是学术写作中也需要用到长句。在对自己的能力有充分的信心之前，学生应该优先考虑简单句，避免写作有多个从句的超长句子。

包含两个以上从句的句子用连词、关系代词①或标点符号将从句连接起来：

2013 年，龙腾汽车生产了超过 135 000 辆汽车，而且下一年的产

① 这部分内容中文学术写作可参考使用。——译者注

量增长了将近 20%。(连词)

2015 年，公司生产了 164 280 辆汽车，这是产量的峰值。(关系代词)

2016 年生产了近 160 000 辆汽车，2017 年产量下降到了 123 075 辆。(标点符号：逗号)

□ 用下表中的数据写出两个简单句和两个长句。

a) ______________________________

b) ______________________________

c) ______________________________

d) ______________________________

波切斯特学院（Borchester College）2016 年各系性别比（%）

	法律系	教育系	工程系	商学系	计算机科学系
男生	43	22	81	41	65
女生	57	78	19	59	35

▶ 参见"4.5　连词"

▶ 参见"3.7　风格"

8. 段落写作

□ 讨论下面的问题。

什么是段落？

文章为什么要分段落？

段落有多长？

段落有标准的结构吗？

▶ 答案参见"1.10　组织段落"

□ 阅读下面的文章并为其分段。

生物炭

木炭是木头在低氧环境中缓慢燃烧形成的。其主要成分是碳，多年来一直用于加热铁矿石以提炼金属。但是，1709年亚伯拉罕·达比（Abraham Darby）发现了一种使用焦炭（由煤制成）的冶炼方法，对木炭的需求急剧下降。大约在同一时期，大气中的二氧化碳含量开始上升。最近出现了一种木炭的新用途，木炭也被重新命名为生物炭。据称，使用各种植物制成的生物炭既能改善土壤质量，又能对抗全球变暖。美国的多项实验表明，向土壤中添加燃烧过的作物废料可以提高土壤肥力，减少硝酸盐等重要营养物质的流失。生物炭的另一个好处是它能将二氧化碳锁在土壤中。通常情况下，植物腐烂的过程会让二氧化碳迅速回到大气中，但是转化为木炭，这一过程可能会推迟数百年。此外，含有生物炭的土壤释放的甲烷似乎更少，而甲烷是一种对全球变暖有重要作用的气体。美国研究人员声称，生物炭的广泛使用可以使全球二氧化碳排放量减少10%以上。但是，有农业科学家担心种植专门用于焚烧的农作物会影响环境，并可能导致粮食作物被取代。不过，提高农业产量和减少温室气体的潜在双重收益，意味着迫切需要对这一领域进行进一步研究。

［资料来源：Ronzoni，M.（2013）*Farming Futures*，p. 154.］

9. 练习

□ 写出关于生物炭的两个简单句和两个长句。

a）____________________

b）____________________

c）____________________

d）____________________

1.2　阅读：寻找合适的文献

学生经常低估有效阅读的重要性。但是，在任何课程中，快速找到最合适的相关文献的能力都是至关重要的。本节的内容包括：

- 考察最适合学术作品的文献类型
- 探索如何在图书馆中找到相关资料
- 解释如何利用电子资源

1. 学术文献

你在课程中可能需要阅读各种各样的文献，比如网页或期刊论文。认识最合适的文献及其特点非常重要，这将帮助你评估它们的价值。

□ 你正在学习水资源管理。阅读下面的文章（摘录 1—3），与其他同学讨论它们是否适合学术用途，以及为什么。

文章	适用性？
1	
2	
3	

1. 全世界的压力

来自许多地区的报告强调了这场危机的全球性。在南亚，过去十年中不计后果、缺乏控制的过度开采，造成了地下水的巨大损失。从巴基斯坦东部到孟加拉国，炎热、干燥的印度北部平原是世界上最需要灌溉的土地，大约有 6 亿人居住在这个 2 000 平方千米的区域内。多达 75%的农民依赖开采地下水来灌溉他们的庄稼，而用水量还在激增——与此同时，卫星图像显示地下水储备正在以惊人的速度下降。

降水和融雪的变化已经改变了许多地区的水文系统。全球冰川继续消退，影响到下游的村庄和城镇。政府间气候变化专门委员会（Intergovernmental Panel for Climate Change，IPCC）声称，结果将导致21世纪全球遭遇水资源短缺的人口比例必然增加。越来越多的人和国家将不得不卷入对水资源的争夺。埃及和埃塞俄比亚之间围绕前者的尼罗河大坝计划的国际争端最近才得到解决。未来，随着地球的逐渐干涸，还有可能爆发更严重的冲突。

即使在未来数年降雨量可能增加的高纬度地区，由于一系列原因，气候变化仍将导致水质恶化并构成风险。这些原因包括：温度上升；强降雨引发的沉积物增加、富营养化和污染加剧；洪水导致的水处理设施破坏。加拿大前总理、国际行动理事会（InterAction Council）联合主席让·克雷蒂安（Jean Chrétien）强调，世界面临着水危机，全球每一个角落都不能幸免。"水资源短缺的政治影响可能是毁灭性的。"他说，"我们过去的用水方式根本无法维持人类未来的生存。"

2. 濒死的世界？

我们很容易认为水永远是足够的，因为地球表面的70%都是水。然而，淡水——我们喝的、洗澡用的、灌溉农田用的水——是极为稀缺的。全世界只有3%的水是淡水，其中三分之二藏在冰川中，或者不能为我们所用。

因此，全世界大约有11亿人缺水，有27亿人一年中至少有一个月缺水。24亿人面临卫生设施不足的问题，极有可能感染霍乱、伤寒和其他水传播疾病。每年有200万人死于腹泻，其中大部分是儿童。

许多维系着繁荣的生态系统、供养着不断增长的人口的水系已经不堪重负。河流、湖泊和地下水都在枯竭，或者由于污染不能再使用。世界上超过一半的湿地已经消失。农业消耗了最多的水，由于效率低下，其中大部分都被浪费了。气候变化正在改变全世界的天气和降水分布，在一些地区造成缺水和干旱，在另一些地区造成洪水。按照目前的消耗速度，情况只会变得更糟。到 2025 年，全世界三分之二的人口将面临水资源短缺，生态系统的破坏将更加严重。

3. 衡量稀缺性

要确定全球范围内水资源是在物理意义上真正短缺（供给问题），还是本来可以得到更好的利用（需求问题），是非常困难的。Rijsberman (2006) 对水资源短缺指标和基于这些指标做出的全球评估进行了回顾。其中使用最广泛的是法尔肯马克（Falkenmark）指标，这套指标因其容易理解和应用而受到欢迎，但它不能解释水资源短缺的真正本质。更复杂的指标没有得到广泛应用，因为缺乏应用这些指标所需的数据，而且定义也不直观。

在中亚、西亚和北非等人口密集的干旱地区，预计人均可用水资源不足每年 1 000 立方米，水无疑是短缺的。这里说的短缺只与食品生产相关，不包括家庭日用，因为后者的用水量相对要小得多。在世界其他大部分地区，全国层面的水资源短缺与需求增加和供给能力的关系同样重要。环境审计显示，为家庭、食品和工业用途抽取地下水已经对全世界很多地区的生态系统产生了重大影响，即使是那些不被认为"缺水"的地区。

□ 下表列出了学术文献的主要特点。从上面的文章中找出体现每一个特点的例子。

特点	例子
1　正式或半正式的词语	
2　给出文献来源	
3　客观、非个人化的风格	

2. 文献的类型

□ 下表列出了学生使用的书面文献的最常见类型。与同学讨论每种类型可能的优点和缺点。

文献类型	优点	缺点
教材	专门为学生创作	可能不够详细或者过时
网页		
期刊论文		
官方报告（如政府报告）		
报纸或期刊文章		
电子书		
论文集		

3. 使用参考书目

你的老师可能会给你一份打印出来的参考书目，或者让你到图书馆的网站上去查阅。这份清单所列文献通常包括图书、期刊论文和网页。如果是电子版书目，通常会提供图书馆的相关书目信息，供你查询文献是否可以获取。如果是打印版书目，就需要你自己从图书馆的书目系统中查找相关文献。

书目中列有某本书，并不意味着你要逐字逐句地读完全书。你的老师可能会建议你阅读哪些部分。参考书目的格式如下：

图书　Griffin，R. C. *Water Resource Economics：The Analysis of Scarcity，Policies，and Projects/2nd ed*. MIT Press，2016.

期刊论文　Falkenmark，M.，Lundqvist，J. and Widstrand，C.（1989），Macro-scale water scarcity requires micro-scale approaches. *Natural Resources Forum*，13：258 -267.

网页　www. un. org/waterforlifedecade/scarcity. shtml.

4. 使用图书馆书目系统

大学图书馆通常都有在线书目系统。学生可以通过多种方式查找所需的资源。如果你知道书名和作者，很容易查询到该书是否可借。但是，如果你要查找的是关于某个特定主题的资料，可能就需要使用不同的检索词。例如，如果你的论文题目是：

建筑物的高度有实际极限吗？参考一些最新的摩天大楼情况，说明你的答案。

你可以尝试这些检索词：

摩天大楼设计

摩天大楼建设

高层建筑物设计

高层建筑物建设

如果你使用一个非常具体的检索词，可能只能查询到很少的结果。例如，在一所学校的图书馆书目系统中，“摩天大楼建设”只有 3 个查询结果，而更加宽泛的“摩天大楼”有 57 个查询结果。

□ 在图书馆书目系统中输入“摩天大楼”这个词，前 10 条结果如下表所示。为了回答论文题目提出的问题，你会选择哪些资料来阅读？说明你的理由。

完整信息	书名	年	位置	馆藏情况
1	建设天际线：曼哈顿摩天大楼的诞生与成长（电子资源）/杰森·巴尔著	2016	电子书链接	
2	不可能的高度：摩天大楼、飞机和建筑大师/阿德南·穆尔希德著	2015	科学图书馆	馆藏
3	最佳高层建筑：2015 年全球摩天大楼一览/安东尼·伍德和斯蒂芬·亨利编	2015	中心图书馆	馆藏
4	摩天大楼：世界最非凡建筑的历史/朱迪思·杜普雷著；阿德里安·史密斯推荐	2013	中心图书馆	馆藏

续前表

完整信息	书名	年	位置	馆藏情况
5	曼哈顿摩天大楼（第 3 版）/埃里克·P. 纳什著；诺曼·麦格拉思摄影	2010	中心图书馆	馆藏
6	旧金山装饰艺术：蒂莫西·普夫吕格尔的建筑/特雷泽·波莱蒂著；汤姆·派瓦摄影	2008	电子书链接	
7	21 世纪的摩天大楼/卡洛·艾洛编	2008	科学图书馆	馆藏
8	高层建筑：摩天大楼图集/斯科特·约翰逊著	2008	美术图书馆	馆藏
9	摩天大楼：伸向天空的传奇建筑/赫伯特·怀特著	2008	中心图书馆	馆藏
10	摩天大楼：美国超高层建筑社会史/乔治·H. 道格拉斯	2004	中心图书馆	馆藏

完整信息

点击这里，可获取关于图书的更多信息，包括页数和内容简介。如果一本书有不止一个版本，说明它非常成功。这或许能帮助你决定是否要借阅它。

年

图书按照出版年排序，最近出版的排在前；尽量使用最新的文献。

位置

许多大学有不止一个图书馆。这里告诉你每本书的馆藏地。

馆藏情况

点击这里，会告诉你图书馆有多少副本，是可借还是已借出。

5. 使用图书馆网站查找电子资源

期刊是定期出版的专业学术出版物，包含最新的研究内容。你需要熟悉自己专业领域内的主要期刊。期刊通常有纸本刊和电子刊，现在有些期刊只发行电子刊。

电子期刊和专业数据库等其他电子资源的重要性正在增加。它们的优点是能够通过互联网获取，而不需要到图书馆去找。大多数图书馆网站都有单独的电子资源检索入口。

在一个期刊论文数据库中检索“摩天大楼”，结果如下：

1　摩天大楼
　塞萨尔·贝利
　Perspecta，Vol. 18，(1982)，pp. 134－151

2　摩天大楼
　罗伯特·菲利普
　The Hudson Review，Vol. 60，No. 2（Summer，2007)，p. 276

3　三座新摩天大楼
　MoMA，No. 25（Winter，1983)，p. 4

4　摩天大楼之星
　李·理查德·海曼
　The Phylon Quarterly，Vol. 19，No. 3（3rd Qtr.，1958)，p. 276

5　摩天大楼的黎明
　迪恩·费希尔
　Phylon（1960—　)，Vol. 28，No. 2（2nd Qtr.，1967)，p. 138

6　马里奥·帕兰蒂和帕拉西奥·萨尔沃：摩天大楼建筑艺术
　维尔吉尼娅·博尼卡托，克里斯·米勒
　Getty Research Journal，No. 5（2013)，pp. 183－188

需要注意，许多论文已经过时或并不相关，但搜索引擎能让你迅速查找到大量资料。通常只要阅读摘要，就能判断一篇论文是否与你的研究相关了。大多数期刊网站都有搜索引擎，允许你按学科查询所有的过刊数据。

熟悉这些方法的最有效途径就是实践。图书馆网站通常会有新生指南，而且图书馆员总是愿意在你需要时提供帮助和建议。

□ 从你的专业领域中选择一个特定的主题。

a）使用图书馆书目系统查找相关图书，写下最有用的书名。

b）使用图书馆的检索入口查找相关期刊论文。

1.3　阅读：掌握批判性方法

学生应该用批判性的方法来使用文献，这意味着要质疑读到的东西，而不是默认它们是可靠的。显然，这种方法要求对书面资料有良好的理解。本节的内容包括：

- 解释有效的阅读方法
- 考察常见的文本要素，包括摘要
- 探索和练习批判性的文本分析

1. 阅读方法

大多数课程要求的学术文献阅读量是相当大的，特别是对国际学生来说。但是，如果不能迅速完成准备阅读，学生就不能从上课和参加研讨中得到更多的收获，而且大多数写作任务都需要泛读。

此外，学术文献通常包含新单词和新短语，且以一种更加正式的风格写作。这意味着学生必须学习特定的方法来应对必需的阅读量，这一点在阅读非母语文献时尤其重要。

显然，你没有时间逐字逐句地阅读要研究的每一篇文献，因此必须采用以下选择过程：

- 谨慎地选择你要阅读的资料
- 详尽地、批判性地评估所选择的资料

下图说明了选择合适文献的最佳方法。

□ 将下列技巧填到图中空格处。

- 精读并记录关键点
- 浏览文献，寻找你需要的信息（如姓名）
- 查看文本要素（如摘要、目录、索引）

选择合适的文献

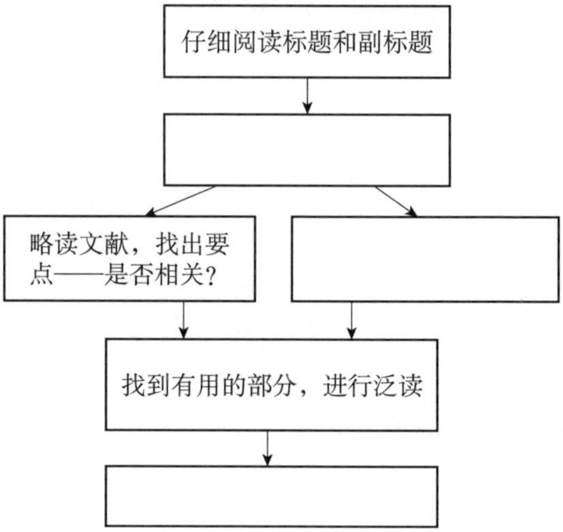

□ 你还有其他关于阅读技巧的建议吗？

- ____
- ____

2. 标题、副标题和文本要素

许多图书和论文都有标题和副标题，通常用冒号分隔。如：

公民权利：欧盟的公民实践与政治宪法

标题通常较短，用来吸引读者注意；副标题给出关于研究主题的更多信息。找到与你的研究相关的文献后，有必要在开始阅读之前检查以下文本要素：

作者

作者是否是领域内的知名学者？他是否还有其他作品？

出版日期和版本

这本书是哪年出版的？如果有新版（修订版），不要使用第一版。

摘要

参见后文“3. 阅读摘要”

目录

主要章节列表。目录能告诉你正在研究的主题占多大篇幅。

序或引言

作者经常在这一部分解释他的创作理由，描述全书的组织结构。

参考文献

列出作者参考和引用的所有文献来源。参考文献能给你提供进一步延伸阅读的建议。

参考书目

作者使用过但并未明确引用的文献来源。篇幅较短的写作任务不需要参考书目。

索引

按字母顺序列出书中提到的所有主题和姓名。例如，如果你要寻找关于某个人的信息，索引能告诉你这个人是否被提及过、被提及了多少次。

3. 阅读摘要

期刊论文通常都有摘要，摘要是一种内容简介，帮助研究者判断是否有必要阅读全文。作为学生，你一般不需要写摘要，但是高效地阅读摘要是很重要的。

□ 研究这个例子。

公民标准和政治参与的扩大

拉塞尔 • J. 达尔顿（Russell J. Dalton）

越来越多的学者对美国政治参与度的下降，以及这种趋势对美国民主的负面影响感到痛惜。本文对这一观点提出质疑，认为之前的研究对政治变革，及其引起的美国政治参与和公民标准的变化的起源做出了错误的判断。公民标准正在从以义务为基础的范式向以参与为基础的范式转变。本文利用民主与公民社会中心（Center for Democracy and Civil Society，CDACS）2005 年的《公民、参与和民主》调查报告中的数据，描述了公民身份的两个方面，并追踪了二者对政治参与的影响。这种范式的转变不是侵蚀了政治参与，而是改变和扩大了美国政治参与。

［资料来源：Dalton，R. J.（2008）*Political Studies*，56（1），pp. 76 - 98.］

如下所示，摘要通常有标准的结构，包括：

a）背景介绍

b）论文的目的和主题

c）研究方法

d）研究结果

□ 在上述《公民标准和政治参与的扩大》一文的摘要中分别标出 a）至 d）四部分内容。

4. 事实和观点

阅读时，必须注意区分事实（吉隆坡是马来西亚的首都）和观点（吉隆坡是一个热情、繁华的城市）。

而且，读者需要判断给出的事实是否正确：

新加坡位于赤道附近。（正确）

新加坡是一座古老的贸易港口。（错误）

如果文献中包含没有证据支持的观点，或者你认为错误的“事实”，就需要特别小心。

□ 阅读下面的句子，分辨哪些是事实、哪些是观点，然后判断“事实”是否正确。

a）悉尼是澳大利亚的首都。

b）澳大利亚是一个充满活力、繁荣进取的国家。

c）澳大利亚大部分人口生活在牧场上。

d）大多数澳大利亚人是热情开朗的。

e）澳大利亚是全世界最大的岛，拥有丰富的矿藏。

f）澳大利亚的 2 200 万人口中有一些世界上最好的板球运动员。

□ 阅读以下关于新西兰的段落，标出事实和观点，然后用一种客观的风格重写这段话，必要时可以对"事实"进行修正。

新西兰是南太平洋上一个自豪的岛国，由三个主要岛屿组成。新西兰位于澳大利亚以西不到 1 000 英里，是地球上最晚有人类定居的地方：波利尼西亚人在公元 1250 年左右到达这里，发展出迷人的毛利文化。18 世纪，欧洲殖民者开始登陆。1841 年，新西兰成为大英帝国的一部分。由于长时间的隔离，这里进化出许多独特的动植物，比如现在成为这个国家象征的猕猴桃。遗憾的是，这个国家地震频发，比如 2011 年袭击克赖斯特彻奇的地震就造成了严重的生命和财产损失。

---

5. 批判性地评估互联网资源

互联网资源丰富而便捷，但是你不能在不可靠或过时的文献上浪费时间。如果你要使用参考书目之外的资料，必须针对每个网站问几个问题，来批判性地评估其可靠性：

- 这是一个有信誉的网站吗？比如 URL 链接中包含 .ac（academic 的缩写）。
- 是否给出了作者姓名，他是否是领域内的知名学者？
- 文献的语言是否使用了恰当的学术风格？
- 文献中是否存在明显的错误（如拼写错误，通常暗示其内容并不严谨）？

□ 用上述问题比较下面两篇来自互联网的文章，内容都是关于森林采伐的。哪一篇看起来更可靠？

文章1

我们正在摧毁最后的重要自然资源，直到这时我们才开始意识到它们是多么珍贵。雨林曾经复盖了14%的土地，现在只有6%了。科学家预测，剩下的雨林可能在不到40年的时间里消失。每秒钟都有成千上万英亩的森林被砍伐，灾难性的后果将波及这些国家，甚至整个地球。科学家估计，我们每年失去50 000个物种，每秒钟都在失去很多个，其中包括137种植物（甚至不是单一物种，而是整个植物种群）。在科学能够记录它们、从中获得有用的知识和可能的药物之前，这些植物就消失了。

文章2

砍伐树木不仅减少了碳的储存量，而且会向大气中排放二氧化碳。这是因为当树木死亡时，它们会释放存储的碳。根据2010年全球森林资源评估（Global Forest Resources Assessment），森林采伐每年向大气中排放近10亿吨碳——这个数字没有前十年的记录中那么高。森林采伐是大气中二氧化碳的第二大人为来源，在6%到17%之间波动。

第一篇文章中有许多方面应该引起读者的警惕：风格非常个人化（我们……）、非正式（只有……），还有错别字（复盖），没有给出文献来源。但是，更令人困扰的是对事实的漫不经心。真的有可能每秒钟砍伐成千上万英亩的森林吗？作者还声称每秒钟都有许多物种消失，但是，如果我们相信每年50 000种这个数字是真的，那么这意味着每10分钟才有1个物种消失。显然作者是在危言耸听，作为学术文献这是很不恰当的。

相反，第二篇文章使用准确、半正式的语言，并且提到了一处文献来源。因此，第二篇文章看起来更可靠。

6. 练习

□ 你在写作一篇关于发展中国家基础教育发展的论文，题目是《撒哈拉以南非洲识字率的提高》。你在一个网站上找到了下面这篇文章。批判性地阅读，判断你能否在作品中使用它。

最贫困人口的教育

如何才能让世界上最贫困的儿童走进学校？这是一个复杂的问题，没有简单的答案。1999 年，联合国通过了一系列被称为“全民教育”的规划，但是许多国家在实现这些规划方面进展甚微。以尼日利亚为例，自那时起，失学儿童的数量几乎没有变化。据估计，全球约有 7 200 万名儿童从未上过学，其中 45%在撒哈拉以南的非洲。即使有学校和教师，也不能保证完成教学工作：世界银行（World Bank）在印度的研究显示，有四分之一的教师一天班也没有上过。

为了改善这一情况，有专家已经提出了一些建议。英国学者托雷教授（Professor Tooley）认为，低成本的私立学校能够更有效地向穷人提供教育，因为家长支付了学费，就会形成压力，有助于维持良好的标准。公立学校也可以将学费与成绩挂钩：穆拉里哈丹和桑达娜兰曼（Muralihadan and Sundararaman）2011 年在印度的研究中发现，与把同样的钱花在教材上相比，这种方法能够显著地提高学生的考试成绩。

不同国家之间学生成绩的比较一直是教育家所面临的一个难题。即使在发达国家，设计可靠、客观的评价方法也不容易，在全球范围内更是如此。在许多地方，连学龄儿童人数的准确数据都没有，更不用说准确的语文和算术成绩了。

（资料来源：www. cducationworld. com ）

积极的方面：________________________________

消极的方面：________________________________

7. 批判性思维

即使当你认为一篇文献是可靠的，可以作为文献来源使用时，对它采取批判性的态度仍然很重要。这种方法可能最容易在阅读中学到，不过在其他所有的学术工作（如听课、讨论和写作）中同样重要。批判性思维意味着不能被动地接受听到或读到的东西，而要主动对其做出评估和质疑。当你阅读时，应该问自己以下问题：

a）这篇文献的核心理念是什么？

b）作者是有逻辑地逐步展开论述的吗？

c）给出的例子是否有帮助？其他例子可能更好吗？

d）作者是否有偏向（倾向于一方或另一方）？

e）以我的经验或常识来看，提供的证据是否可靠？

f）我是否同意作者的观点？

□ 使用上述问题，批判性地阅读以下两篇关于大学的文章。

A　大学的担忧

尽管统治了全球排行榜［如上海排名咨询中心（Shanghai Rankings Consultancy）的榜单］，但是美国的大学现在饱受诟病。美国企业研究院（American Enterprise Institute，AEI）和戈德华特研究所（Goldwater Institute）最近发布了关于美国大学的负面报告，批判性著作《高等教育?》（*Higher Education*?）（Hacker and Dreifus）也于 2010 年出版。批评的焦点是美国高等教育成本的上升，其速度远远超过通货膨胀率，连中产阶级家庭也不堪重负。

过去，许多美国学生通过勤工助学支付他们的教育费用，但是，现在更高的学费意味着学生毕业时已经负债累累。在他们刚刚步入职场、希望结婚或买房时，这笔债务可能是一个沉重的负担。

批评的另一个焦点是重研究轻教学。学生很少遇到“明星”教授，教课的经常是签短期合同、薪水少得可怜的研究生。据说，一年当中，哈佛大学有将近一半的历史教授在休假。因此，学生的学习时间减少了，根据 AEI 的调查，他们现在每周学习 14 小时，50 年前这个数字是每周 24 小时。尽管学生获得本科学位或双学位的比例显著增加，但批评者将这种现象称为“成绩膨胀”。更少的学习时间却能取得更好的成绩，这似乎根本没有道理。

（资料来源：*Atlantic Digest*，July 2014，p. 119.）

B　明天会更好?

毫无疑问，大学学位是学生拥有更美好未来的关键。根据计算，不考虑学费成本，英国的大学毕业生一生中比没有上过大学的人多赚 40 万英镑（约合 60 万美元）。拥有学位也能帮助毕业生更快地找到满意的工作，在选择的职业领域内拥有更多的晋升机会。英国大学的学位作为高质量教育的证明，在全世界都得到承认。

大学课程不仅能给学生提供其专业领域的最新知识，还能帮助他们培养今天许多雇主需要的基本技能，比如使用 ICT 有效沟通，以及团队合作和解决问题的能力。此外，离家在一种国际化的环境中生活，给学生创造了机会结识来自世界各地的新朋友，帮助学生为未来的职业生涯建立宝贵的关系网。

对许多年轻人来说，上大学是独一无二的机会：可以脱离父母的控制，独立自主地成长。他们将在一个安全的环境中学会照顾自己，并获得有用的生活技能，比如做饭和量入为出地花钱。大多数毕业生认为，大学生活是他们人生关键阶段一段非常宝贵的经历。

（资料来源：*Borchester University Prospectus*，2015，p. 5.）

□ 列出文章中所有你认为不可靠的陈述，在右边添加评论，说明你的

疑虑，然后判断哪篇文章总体上更可靠。

陈述	评论
A	
B	

▶ 参见“2.1　提出论点和讨论”

1.4 避免抄袭

抄袭是老师和学生普遍关心的问题，但如果对相关问题有清楚的理解，抄袭是可以避免的。在以英语为主要语言的学术界，在写作中广泛使用文献并正确地承认其来源是非常重要的——否则就有抄袭的风险。

本节介绍了避免抄袭的技巧。“1.7 总结和改写”和“1.8 参考文献和引用”中提供了更多练习。

1. 什么是抄袭

抄袭主要是指从文献（如图书或期刊论文）中获取观点或文字，而没有对作者表示感谢（承认）。抄袭被视为一种盗窃行为和学术犯罪。在学术工作中，观点和文字被视为私有财产，属于第一次想到或写出它们的人。因此，理解抄袭的含义并学会避免抄袭，对包括国际学生在内的所有学生都很重要。

这可能有点令人费解，因为学生应该

a）显示他们阅读过关于某一主题的相关文献（通过给出引文标注）。

但是

b）要用他们自己的语言解释这些观点，并得出自己的结论。

要在学术领域获得成功，就必须掌握这种能力。学生必须避免抄袭的理由包括：

- 复制其他人的作品不能增进他们自己的理解
- 抄袭很容易被老师和电脑软件发现
- 抄袭可能导致挂科，甚至被开除

2. 承认文献来源

如果你参考或借用了其他人的作品，必须表明你以正确的方式承认自己这样做了。

□ 阅读下面的段落，这段话出自马丁·史密斯（Martin Smith）的《权力与国家》（*Power and the State*，2009）一书。

重点在于国家不是在衰退，而是在形成新的权力范式，这改变了其运行方式，及其影响公民和传递政策的方式。现代国家的基础仍然存在，但国家正在以一种新的多元化方式运行，与公民社会建立起复杂的关系。

有两种方法在你的作品中使用这个观点并承认文献来源：

a）总结和引文标注。

Smith（2009）称现代国家以新的方式行使权力。

b）直接引用和引文标注。

史密斯认为："重点在于国家不是在衰退，而是在形成新的权力范式……"（Smith，2009：103）。

这种文内引文标注会链接到全文最后的参考文献，参考文献包括以下细节：

作者	日期	题名	出版地	出版者
Smith，M.	（2009）	*Power and the State*	Basingstoke：	Palgrave Macmillan

引文标注让读者清楚地看到，你阅读了史密斯的作品，并从他那里借用了这个观点。如果读者想要阅读原文，参考文献给出了查找资源需要的信息。

▶ 参见"1.8　参考文献和引用"

3. 抄袭的程度

虽然抄袭本质上意味着复制别人的作品，但是在有些情况下很难界定。

□ 与同学合作，思考下列情况是否构成抄袭。

	情况	是否抄袭
1	复制一个段落并改变一些用词，没有给出引文标注。	是
2	从网页上复制并粘贴一篇短文，没有引文标注。	
3	从同学的论文中借用两段话，没有引文标注。	
4	从教材中借用一幅图表，给出资料来源。	
5	从资料中直接引用一段话，给出引文标注但不使用双引号。	
6	使用你认为是常识的信息（如全球气候正在变暖）。	
7	使用你自己写的论文中的一段话，但该论文上学期已经提交过了，没有引文标注。	
8	使用你自己未发表的研究结果（如你正在进行的一次调查），没有引文标注。	
9	与同学围绕一个论文题目展开小组讨论，在你自己的作品中使用他们的一些观点。	
10	给出引文标注信息，但是把作者的名字写错了。	

这个练习显示，抄袭可能是偶然的。例如，表中第 10 种情况，写错作者的名字技术上构成抄袭，但实际上只是无心之过。第 9 种情况，你的老师可能让你们围绕一个主题进行小组讨论然后自己撰写论文，在这种情况下不构成抄袭。自我抄袭也是可能的，如第 7 种情况所示。有时候很难判断哪些信息是常识，但你总是可以跟其他同学讨论。

然而，说你不了解什么是抄袭，或者没有时间用你自己的语言来写论文，可不是个好主意。说在你自己的国家有不同的规则也不合适。通常，任何非常识，或者不属于你自己的观点和研究（无论是否发表过），都必须标明引用，列为参考文献。

4. 通过总结和改写避免抄袭

直接引用不能被过度使用，所以你必须学会总结和改写，将其他作者的观点融入你的作品。这能向你的老师说明你对文献的理解。

- 总结意味着压缩文章的长度，但是保留主要观点
- 改写意味着重写文章，用完全不同的语言表达相同的内容

▶ 参见“1.7　总结和改写”

通常这两种技巧同时使用，如下面的例子［a)至 e)］所示。

□ 阅读下面的文章，对用其中的观点和信息写成的 5 个段落进行比较，判断哪些构成抄袭、哪些是可以接受的，并在后面的表格中给出你的理由。

铁路狂热?

1830 年，世界上只有几十英里的铁路——主要是从利物浦到曼彻斯特的线路。1840 年，这个数字增加到 4 500 多英里，到 1850 年超过了 23 500 英里。其中大部分铁路都是在 1835—1837 年以及 1844—1847 年被称为“铁路狂热”的几次投机狂潮中修建的；大部分是用英国的资本，英国的钢铁、机器和技术修建的。这些投资热潮似乎是非理性的，因为，实际上对投资者来说，其他形式的企业都比铁路更赚钱，大多数铁路的利润相当微薄，很多甚至根本没有利润：1855 年，投入英国铁路的平均资本利得仅为 3.7%。

［资料来源：Hobsbawm，E.（1995）*The Age of Revolution*，p. 45.］

---

a）1830—1850 年，全世界的铁路建设迅速发展。特别是在 1835—1837 年和 1844—1847 年经历过两次热潮。这种发展的原因很难理解，因为铁路并不是特别有利可图的投资，有的铁路甚至根本没有回报。(Hobsbawm，1995：45)

b）1830 年只有几十英里的铁路，包括从利物浦到曼彻斯特的线路。

但是到 1840 年这个数字增加到 4 500 多英里，到 1850 年超过 23 500 英里。其中大部分铁路都是在 1835—1837 年以及 1844—1847 年被称为“铁路狂热”的几次投机狂潮中修建的；大部分是用英国的资本，英国的钢铁、机器和技术修建的。因为大多数铁路的利润相当微薄，很多甚至根本没有利润，所以这种投资热潮的出现是非理性的。实际上，其他形式的企业都比铁路更赚钱。（Hobsbawm，1995：45）

c）Hobsbawm（1995）指出，19 世纪的铁路狂热在一定程度上是非理性的：“因为，实际上对投资者来说，其他形式的企业都比铁路更赚钱，大多数铁路的利润相当微薄，很多甚至根本没有利润：1855 年，投入英国铁路的平均资本利得仅为 3.7%。”（Hobsbawm，1995：45）

d）1830—1850 年，全球铁路网急剧扩张，大多数是在短暂的“狂热期”（1835—1837 年和 1844—1847 年）中建设的。英国的技术和资本支持了大部分增长，但是投资回报率并没有超过其他商业机会。（Hobsbawm，1995：45）

e）铁路在 1830 年至 1850 年的戏剧性增长很大程度上是利用英国技术实现的。但是，据称这种发展在很大程度上是非理性的，因为对投资者来说，其他形式的企业都比铁路更赚钱，大多数铁路的利润相当微薄，很多甚至根本没有利润。（Hobsbawm，1995：45）

	构成抄袭还是可以接受？	理由
a）		
b）		
c）		
d）		
e）		

5. 通过养成良好的研究习惯避免抄袭

很少有学生故意抄袭，但是不良的研究习惯会带来抄袭的风险。

□ 与同学合作，继续补充下面的好习惯清单。

- 谨慎地制订学习计划，不要拖到最后一天才开始写论文
- 注意用自己的语言做笔记，而不是照抄文献
- 保留你使用的文献来源的完整记录（如作者、日期、题名、页码、出版地、出版者）
- ______________________________
- ______________________________

6. 练习

□ 阅读这篇关于国家富强与在奥运会上的成功之间关系的文章，然后为下面的总结和直接引用加上引文标注。

财富是追求奥运奖牌的重要优势。显然，人口多也是有用的，因为更多的人口中更有可能包括有体育天赋的人。但国家必须能够调动他们的人力资源：在2012年的伦敦奥运会上，印度拥有巨大的人口，却只赢得了6枚奖牌，而新西兰（只有400万人口）赢得了13块。当许多人还在忍受贫穷和疾病时，连基本的健康都很难保证，更不用说成为奥运会运动员了。事实上，富裕国家的人口更加健康，在鼓励体育运动上的投入也更大。2000年中国的人均GDP在4 000美元以下时，只赢得了58枚奖牌。但是到2012年伦敦奥运会，中国的人均GDP数字已经上升到16 000美元，总共赢得了88枚奖牌。政府也发现了将努力集中在竞争相对不那么激烈的少数体育项目上的好处：2016年，这种策略为英国带来了自行车项目上的成功。

［资料来源：Kaufman，S.（2017）*Gold*，*Silver*，*Bronze*，p. 3.］

（总结）

Kaufman认为，国家要在奥运会上取得成功，财富（体现为人均GDP）比人口规模更为关键。

（直接引用）

仅靠人口多不能保证国家在奥运会上取得好成绩。国家还必须足够富裕，拥有健康的公民，并能为训练提供资源。正如 Kaufman 指出的："当许多人还在忍受贫穷和疾病时，连基本的健康都很难保证，更不用说成为奥运会运动员了。"

7. 更多练习

☐ 通过将左边的术语与右边的定义连起来复习本节内容。

a. 文献来源	用不诚实的手段获取优势
b. 引文标注	观点或信息的来源
c. 总结	压缩一段文字的长度，同时保留主要观点
d. 直接引用	文内简短标记，给出作者姓名和出版日期
e. 参考文献	用不同的语言重新表述一段文字
f. 欺诈	在你的作品中使用准确的原文
g. 改写	文献或其他资源的全部出版细节

8. 研究

在你所在学校的网站上查找关于抄袭的政策。你可能会发现一些想和同学或老师讨论的问题。

1.5　从理解论文题目到制订计划

对学生来说，理解论文题目要他们做什么在考试和课程作业中非常重要。明确了任务的重点，才能制订计划，确保问题得到充分的回答。本节的内容包括：

- 题目中的关键词
- 论文长度和组织结构
- 制订计划的其他方法

1. 制订计划的过程

教师经常抱怨学生不理解论文题目要他们做什么，但是，如果从一开始就加以注意，这种情况是可以避免的。所有的学术写作都需要计划，但是显然考试和作业的计划有重要的差别，前者要在短时间内完成，后者需要准备阅读。不过，在这两种情况中，计划都应该包括这三个步骤：

a）分析题目的措辞。

b）决定答案的各部分各占多少篇幅。

c）用你喜欢的方法拟定提纲。

完成作业时，随着阅读文献和形成观点，提纲可以修改。

▶ 参见“5.3　长论文写作”

2. 分析论文题目

题目包含指令性的语言，告诉学生要做什么。注意题目通常包含两个（或两个以上的）问题：

需求曲线的含义是什么，为什么是向下倾斜的？

在这个例子中，“是什么”要求描述，“为什么”要求解释理由。

□ 将表格左边的指令性语言与右边的定义连起来。

分析	给出例子
评价/评估	将复杂问题简化为主要元素
描述	分几个部分进行批判性的讨论
讨论	将主题分解成各个部分和它们之间的联系
检查/探究	提出建议和支持依据
说明	审视主题的不同方面，比较优点和缺点
概述/追溯	给出详细说明
提出/指出	简明扼要地解释主题
总结	判断主题是否有价值

许多论文题目还包括背景，比如时间段或地理区域。

指令	背景	主题
讨论	19 世纪西欧	民族主义的兴起
比较	1990—2000 年波兰和匈牙利	私有化对经济的影响

显然，将你的答案限制在给定的背景内是非常重要的。如果忽略了限制，就会被扣分。

3. 练习

□ 划出下列题目中的指令性语言，思考它们要让你做什么，然后判断是否给出了背景。

a）总结 2010 年以来电子商务发展的主要原因，讨论其可能的结果。

b）描述病人总是不遵医嘱服药的一些原因。

c）小学阶段（6—12 岁）学习外语的好处是什么？早期语言学习有没有弊端？

d）可再生能源最重要的来源是什么？评估过去 15 年里可再生能源对减少碳排放的贡献。

e）讨论建筑物和土壤对地震的反应，指出哪些指标可以使建筑物更稳固。

4. 头脑风暴

如果时间有限（如在考试中），可以围绕主题展开思考，按任意顺序写下你的观点。以标题“3.”下的题目“d)”为例，你可以列出以下要点：

可再生能源的来源

- 风能
- 太阳能
- 地热能
- 潮汐能
- 生物质能

对减少二氧化碳排放的贡献

- 太阳能在阳光充足的地区很有效，但是夜间无法使用
- 风能日夜都能使用
- 潮汐能还在开发中

□ 与同学合作，就标题“3.”下的题目“c)”开展头脑风暴。记住，问题的两个部分都需要回答。

---

c）小学阶段（6—12 岁）学习外语的好处是什么？早期语言学习有没有弊端？

---

5. 论文的长度

作为课程作业的论文通常有特定的长度，一般在 1 000 字到 5 000 字之间。你必须遵守限制，不过 5%以内的浮动通常是可以接受的。在计划阶段，你就需要考虑论文每个部分的比例了。

一般来说，引言和结论加起来占到 20%就够了（字数统计通常不包括参考文献）。因此，一篇 2 000 字的论文，引言和结论大约为 400 字，正文

为 1 600 字。

将这个长度用于标题“3.”下的题目“c)”，可以决定大致的篇幅分配如下：

引言		250 字
优点	小孩子更无拘无束、心灵更开放	400 字
	小孩子记忆力更强	300 字
	可以增进他们对母语的理解	200 字
缺点	可能不理解相关的语法	400 字
	可能不理解文化背景	300 字
结论		150 字
合计		2 000 字

这种计算很有帮助，因为它能为你需要的阅读量提供指导，并构成撰写提纲的基础。而且，这能让你避免写出不平衡的答案，保证问题的每个部分都得到充分的回答。

考试中的论文一般没有字数限制，但是用类似的方式制订计划同样重要（例如，第一部分占 40%，第二部分占 60%）。

□ 划出下列题目中的指令性语言和背景，决定正文为各部分答案分配的百分比。

题目	第一部分（%）	第二部分（%）
a）描述发展中国家旅游目的地典型的社会、文化和环境影响。如何减轻或避免有害的影响？		
b）学校如何更好地利用信息技术（IT）？以一个国家的例子说明你的答案。		
c）概述东南亚在抗击疟疾中的主要困难。提出更有效地抗击疟疾的可能战略。		
d）什么是国际援助中的“捐助疲劳”，如何克服它？		

6. 撰写提纲

提纲应该帮助作者尽可能有效地回答问题。在这一阶段多花心思能够为以后的阶段节约工作量。提纲包括的内容越具体，写作的过程就越容易。在课程作业中，提纲通常在你开始阅读文献时制定，在阅读的过程中修改。

需要注意的是，在作业中，最好先写正文，然后写引言，最后写结论。因此，在这个阶段，你可以只列出正文的提纲。

提纲没有固定的模式，不同的学生适用不同的方法。例如，围绕标题“3.”下的题目“d)”的第一部分：

可再生能源最重要的来源是什么？

提纲可以是一份列表：

可再生能源的来源

- 风能
- 太阳能
- 地热能
- 潮汐能
- 生物质能

也可以是一幅思维导图：

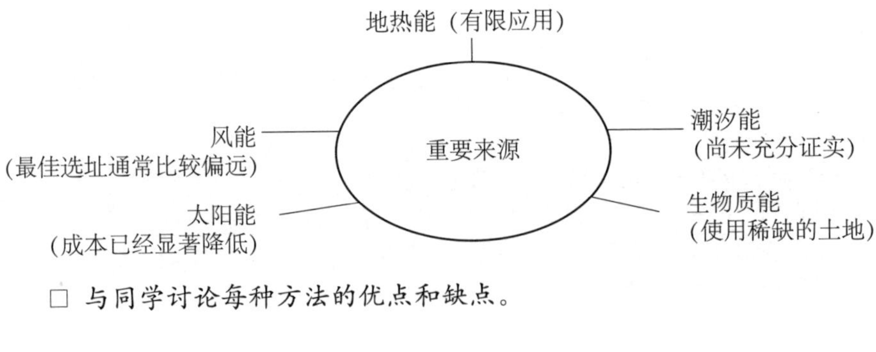

□ 与同学讨论每种方法的优点和缺点。

7. 练习

□ 回答标题“3.”下的题目“a)”提出的问题：“总结 2010 年以来电子商务发展的主要原因，讨论其可能的结果。”在准备阶段，阅读下面的文章。

英国消费者转向网上购物

英国人通过互联网购物的比例（目前为 16%）高于其他大多数国家。这个数字正在迅速增长，对许多行业产生了重大影响。英国的地理环境为电子商务的传播创造了理想的条件，因为它是一个人口密集的小国，设在中部地区的巨型仓库可以很容易地覆盖大多数家庭。智能手机的普及和便利性也鼓励了网上购物。

结果，零售商不得不专注于物流来抢生意。包裹的有效管理是成功的关键：2016 年有超过 10 亿个包裹被寄出。影响之一是英国皇家邮政（Royal Mail）的复苏。此前，该公司的信件业务一直在下滑。大多数网上订单从英格兰中部的大型“物流中心”发货，这些建筑物现在占地已达 4 000 万平方米。不过，最近交货时间的激烈竞争带来了在城市周边，特别是伦敦周边修建仓库，以便更接近消费者的趋势。结果导致仓库租金急剧上涨，因为这些土地的居住需求同样强烈。

互联网零售商的另一个担忧是，它们有法律义务在销售后两周内接受退货。退货率占到总销售额的 6%左右，但服装的退货率高达 40%。这增加了卖方的成本，但是也创造了处理这些商品的新的细分业务。巨大的包裹投递量，加上各大超市提供的食品配送服务，使得道路交通更加繁忙。此外，由于配送工作要求高、工资低，卡车和货车司机短缺。无人驾驶汽车可能是一个解决方案，相关测试可能在 2017 年开始。

目前，英国约有 300 万人在商店工作，但是电子商务的增长和许多商店不可避免的关闭，可能在未来 10 年内导致这些工作岗位减少约三分之一。一些关闭的商店可能会以咖啡馆、酒吧或餐馆的形式重新开业，另一些可能朝着“购物体验”的方向发展，让顾客试用产品而不仅仅是为了销售。无论如何，在未来几年里，英国的商业街很可能发生翻天覆地的变化。

［资料来源：Kuyper，J.（2017）*Tomorrow's Cities*，p. 232.］

□ 用任意方法准备一份提纲，尽可能完整地回答问题。

1.6　寻找关键点和做笔记

找到合适的文献、确定相关部分并准备好提纲之后，写作过程的下一步是选择与主题有关的关键点并做笔记。本节提供这一阶段的说明和练习，部分技巧将在“1.7　总结和改写”中进进一步介绍。

1. 寻找关键点

做笔记之前，你需要找到文章的主要观点。

□ 阅读下面关于英国寻宝游戏发展的文章，划出两个关键点。然后为这篇文章选择一个题目。

题目：______________

许多人梦想着找到地下埋藏的宝藏，比如金子或银子。在英国，每年都有成千上万的人在从事这样的活动。寻宝已经成为一种流行的爱好，大多数宝藏猎人使用电子金属探测器。最好的寻宝地点是英格兰东部各郡，如林肯郡和诺福克郡，它们是中世纪人口最密集的地区：超过60%的发现可以追溯到公元1 500年以前。这些郡仍然以农业生产为主，因此，土地经常在耕作中被翻动。

1996年，《宝藏法》（Treasure Act）从法律层面上澄清了寻宝的规则，任何新发现都必须向当地验尸官报告，否则将受到严厉的惩罚。这对专业考古学家很有帮助，他们可以利用新发现更好地掌握历史定居点的分布情况。法律还允许大多数发现者保留找到的物品，如果博物馆对购买这些物品不感兴趣的话。不过，这些被称为“夜鹰”的猎人如果未经许可在私人土地上寻宝，现在可能面临巨额罚款。尽管如此，大多数“寻宝者”都是热心的历史学家，享受探索的兴奋。

（资料来源：*History Now*，August 2012，p. 61.）

注意关键点通常（但不一定）能在段落的开头找到，后面跟着例子或更多信息。

2. 寻找相关点

准备写作一篇论文时，你需要搜寻与主题相关的信息和观点。因此，你选择的关键点必须与这个主题相关。

你的论文题目是《缓解全球变暖最有效的方法是什么?》。

□ 阅读下面的文章，划出与你的论文主题相关的五个关键点（第一个已经给出了）。

全球变暖的自然疗法?

地球上的绿色似乎在增加：卫星拍摄的地球照片显示，在过去 30 年里，1 800 万平方千米的土地被新的植被覆盖。这种增加主要发生在北极圈内，这些地区以前太冷，不适合植物生长，但由于全球变暖，现在有了绿色植物。美国劳伦斯·伯克利国家实验室（Lawrence Berkeley National Laboratory）的科学家们最近的研究表明，这种额外的植物生长可能减少全球变暖的影响。

众所周知，目前每年向大气中排放的二氧化碳超过 350 亿吨，20 世纪 50 年代这个数字只有 60 亿吨，到了 20 世纪下半叶排放量急剧增加。结果，空气中的二氧化碳浓度已经从 60 年前的 300ppm 上升到 400ppm。但是，自 21 世纪初以来，这一数字几乎没有改变，这使得科学家们相信，某些过程正在从空气中吸收额外的二氧化碳。

在水和阳光的帮助下，光合作用将二氧化碳转化为氧气。如果空气中有更多的二氧化碳，光合作用的过程就会加速，使植物生长得更快、更高大。这似乎是二氧化碳浓度趋于稳定的一个可能的原因，可以视为对全球变暖的一种抑制，因为以前副极地的不毛之地变成了草木的家园。虽然这被视为全球变暖问题的一种可能的解决方案，但其影响可能是暂时的，因为植物的生长也依赖于水，而且随着降雨模式的改变，干旱和洪水可能会变得更加严重。

其他研究人员声称，人类活动的进一步后果，例如热带森林的消失，将释放存储在热带雨林中的二氧化碳，抵消极地地区植物生长的有益影响。他们认为，防止气候变暖加速的唯一确定方法是减少人类对化石燃料的使用，化石燃料才是不受欢迎的二氧化碳的主要来源。

［资料来源：Suarez，M.（2016）*Earth Matters*，（3），p. 176.］

---

3. 练习 A

□ 用上面划出的关键点完成《全球变暖的自然疗法?》的笔记，并加上合适的题目。

题目：＿＿＿＿＿＿＿＿＿＿

1）新研究：额外的植物生长→减缓全球变暖

2）

3）

4）

5）

［资料来源：Suarez，M.（2016）*Earth Matters*，（3），p. 176.］

---

4. 为什么要做笔记?

要为各种各样的学术任务做准备，学会做笔记是非常重要的。高效地做笔记要求专注，长期来看也能够节约时间、提高准确性。

□ 在学术工作中做笔记的主要原因是什么？与同学讨论，补充下面的列表。

a) 为论文写作做准备

b) ____________________

c) ____________________

d) ____________________

e) ____________________

5. 做笔记的方法

□ 你正在寻找技术变化对日常生活影响的相关信息。阅读下面的文章（已经划出了关键点），并做笔记。关于笔记的语言风格，你都注意到了什么？

- ____________________
- ____________________
- ____________________
- ____________________

无现金大陆？

欧洲各地的支付方式存在显著差异。在斯堪的纳维亚，许多商店和咖啡馆不再接受现金：所有费用都用信用卡或借记卡支付。相反，在意大利和其他南欧国家，大部分交易仍然是现金交易。造成这种差异既有历史原因，也有文化原因。

瑞典是“塑料革命”的领导者，大约95%的支付（按价值计算）是通过信用卡完成的。顾客和商家都认为这种方法更快、更方便，对商家来说也更便宜，因为银行票据需要分类、核对和保管。人们还认为，使用现金会鼓励避税，而银行被迫维持庞大的分支网络，以提供 ATM 设备，并接受现金存款。反对使用现金的另一个理由是，无现金商店被抢劫的可能性更小，因此员工会更有安全感。

相比之下，意大利和德国的人们对无现金社会的热情要低得多：75%以上的交易仍然是现金交易。这两国的银行处理信用卡支付要多收费，因此店主不太愿意接受刷卡。在德国，人们似乎还对安全和隐私感到担忧，这或许是过去国家管制的遗留问题；而一些意大利人显然更愿意对政府隐瞒他们的交易。

到处都有没有银行账户、需要使用现金的穷人，万一发生系统崩溃，现金也提供了最后的安全网。但是，尽管有这些文化和经济上的考虑，无现金经济的好处似乎仍然在让整个欧洲稳步地转向使用银行卡。

（资料来源：*East-West Monthly*，December 2017，p. 112.）

欧洲的支付趋势

1. 欧洲支付方式的多样性——历史和文化原因

2. 在斯堪的纳维亚地区（特别是瑞典），人们大多使用信用卡支付，原因是：

a）更快、更方便以及不用带零钱

b）防止逃税

c）对商家来说更便宜

d）银行不需要那么多分支机构

3. 在德国和意大利，人们大多使用现金支付，原因是：

a）银行对信用卡支付收费更高

b）安全考虑

c）担心政府干预

4. 穷人（没有银行账户）需要现金，现金是安全网，但大趋势是无现金经济

（资料来源：*East-West Monthly*，December 2017，p. 112.）

6. 高效地做笔记

笔记是供你个人使用的，所以应该形成你自己的风格。你的老师不会阅读和批改它们，但是你需要确保在读完原书或文章几个月之后，还能看得懂自己的笔记。

a）为了避免抄袭的风险，必须尽量使用你自己的语言，而不是照抄原文。

b）笔记的数量取决于你的任务：你可能只需要几个要点，也可能需要更多细节。

c）坚持记录笔记的文献来源，当你需要罗列参考文献时这能节约时间。

d）笔记通常是快速写下的，所以要简短。不要写整句话。可以省略冠词和介词。

e）如果使用列表的形式，小标题一定要醒目（使用下划线），并使用编号（“a，b，c”或“1，2，3”）来组织信息。

f）使用符号（＋，→，＝）来节约时间。

g）使用缩写。你可能需要创建自己专业领域的缩略词表。但是不要过多地使用缩写，否则未来你可能会发现看不懂自己的笔记了！

▶ 参见“4.2　缩写”

7. 练习 B

你要写一篇论文，题目是《提高学生成绩：最新研究综述》。

□ 阅读下面的文章，划出相关的关键点并做笔记。

睡眠和记忆力

在许多地方，特别是气候炎热的地方，下午小睡片刻是一种习惯，通常被称为午睡。现在看来，这个习惯有助于提高记忆力，从而提高学习能力。一段时间以来，研究人员已经知道，新的记忆短期内储存在大脑中一个叫作海马体的区域，然后被转移到前额叶皮层进行长期储存。他们现在相信这个转移过程发生在第二阶段非快速眼动睡眠中。这种睡眠发生后，大脑能够更好地吸收新信息。午餐后睡上 100 分钟似乎是实现第二阶段非快速眼动睡眠的有效方式。

加利福尼亚大学的一个研究小组试图证实这一理论。他们想证明，短时间的睡眠可以恢复大脑的学习能力。一个约 40 人的小组被要求参加两组“课程”，分别于中午 12 点和下午 6 点开始。志愿者被分成两组，其中一半全天保持清醒，另一半被鼓励在第一节课后睡一个半小时。研究发现，第二组学生在晚间的课上更容易记住所学的内容，这表明午睡有助于他们更新短期记忆。

最有效的午睡似乎由三部分组成：约 30 分钟的睡眠休息身体；然后是 30 分钟的第二阶段睡眠，清空海马体；最后是 30 分钟有梦的快速眼动睡眠——可能是由于正在处理存储在前额叶皮层的新记忆。这一过程被认为是非常有价值的，一些研究人员认为午睡和整夜的睡眠一样有益。

［资料来源：Kitschelt，P.（2006）*How the Brain Works*，p. 73.］

1.7　总结和改写

在论文写作中，总结和改写通常同时使用。

总结的目的是将信息压缩到合适的长度，使作者能够将冗长的文献压缩成简洁的形式；改写则是在不改变意思的情况下，改变文章的措辞，使其与原文有显著的不同。为了避免抄袭的风险，这两种方法都是必需的，本节的内容既包括单独使用其中一种方法，也包括二者的结合使用。

1. 什么是好的总结？

总结是日常生活中的常见活动。总结通常用来描述对象的主要特征，以便给人留下清晰简明的印象。例如，如果你去了东京，你可以告诉一个朋友：

> 东京是一座大都市，有许多现代化的高楼大厦和繁忙的公共交通网络；还有许多繁华的购物中心，从早到晚都熙熙攘攘。

□ 从以下主题中选择一个，写一段简短的描述，不超过 60 字。

a）一本你喜欢的书

b）一座你熟悉的城市

c）你最近看的一部电影

□ 将你的总结和班上其他人的进行比较，围绕好的总结需要什么来展开讨论。

● ____

- ____
- ____

2. 总结的步骤

总结是一种灵活的工具。你可以用它来给出文章的一句话提纲，或者根据需要提供更多的细节。一般来说，总结聚焦于主要观点，而不包括例子或支持性信息。在撰写总结时，需要遵循相同的基本步骤，以满足上文中讨论的标准。

□ 下面列出了撰写总结的步骤，顺序被打乱了。把它们按照正确的顺序排列起来（①—⑤）。

a）根据你的笔记撰写总结，如果需要则重新组织结构。

b）为关键点做笔记，进行可能的改写。

c）认真阅读原文，遇到不懂的单词就查字典。

d）用下划线标出关键点。

e）检查你的总结，保证其准确性，并且没有改变或遗漏重要的东西。

3. 练习 A

□ 阅读下面的文章和后面的总结。哪段总结是最好的？进行排序并给出理由。

机械采摘机

尽管多年来小麦和大麦等作物的收割一直是由大型联合收割机完成的，但事实证明，将梨或苹果等水果作物的收割机械化要困难得多。农民通常依靠人力来收割这些作物，但是在富裕国家，以农民能够支付得起的工资越来越难找到工人。部分原因是对劳动力的需求是季节性的，通常在秋季；也有部分原因是工作很辛苦。因此，在像加利福尼亚这样的地区，部分水果经常无人采摘，任其腐烂。

机械采摘机不容易开发有一些明显的原因。葡萄或草莓等水果形状各异，并不总是同时成熟。在户外，地面条件有的干燥、有的泥泞，而且树枝可能随风摇晃。显然，每种作物都需要自己的解决方案：机器可以由拖拉机牵引穿过果园，也可以自己移动，使用传感器来检测最成熟的水果。

计算能力和传感能力的进步为新一代水果收割机创造了可能。这样的设备无疑会很昂贵，但是能把农民从劳动力管理的困难中解救出来。此外，更智能的机械采摘机能够基于单个植物的健康状况开发一个数据库，让种植者为其按需提供肥料和水，以保持生产力的最大化。

（资料来源：*Computing Digest*，January 2016，p. 90.）

---

a）水果作物通常是人工采摘的，因为很难将这个过程机械化。但是在富裕国家，在合适的时间很难找到负担得起的采摘者，所以水果经常被浪费。因此，开发具有先进计算能力的智能机械，能够解决相关的技术问题，并为农民提供关于植物的有用数据。

b）开发能够采摘梨或苹果等水果的机械是一项具有挑战性的任务，因为要在无法预测的户外环境中定位成熟的水果是一项复杂的工作，风或水都有可能制造困难。但是，最近计算机技术的发展意味着种植者现在可以使这个过程自动化，这将为他们省钱，从而增加他们的利润。

c）苹果、梨、草莓和葡萄都是人工采摘的。但是，许多农民发现，当果实成熟时吸引足够多的采摘者变得越来越困难，例如在加利福尼亚。然而，计算机技术的进步已经为这个问题提供了解决方案，这将使农民不必再担心人手的问题，还能收集重要的数据。

1）____________________

2）____________________

3）____

4. 练习 B

a）□ 阅读下面的文章，划出关键点。

非洲的呼唤

在许多非洲国家，手机持有量的增长正在帮助新企业起步。农民可以很容易地查询农作物的当前市场价格，贸易商可以使用移动货币服务进行支付。显然，随着更多的人使用手机，GDP也在增长，但是很难量化其中有多少来自手机的影响。十年前，整个非洲大陆只有1.3亿手机用户，现在这个数字接近10亿。然而，这个数字是具有欺骗性的：许多非洲人拥有两张或更多的SIM卡，实际上，在非洲12亿人口中只有大约一半的人拥有手机。

不可避免地，拥有手机的非洲人往往是受过良好教育的城市居民，但根据国际电信联盟（International Telecommunication Union，ITU）的估计，即使是这些人，往往也无法上网。他们称75%的非洲人无法使用网络，乍得等地这一比例高达95%。这是因为非洲大陆的大部分地区是农村，人口稀少，所以在这些地区建设手机基站是不经济的。能接收到高速4G信号的人就更少了，即使可用，成本也很高。

但是，由于技术的进步，情况可能正在改善。新的线缆正在加速非洲与其他大陆的连接，光纤网络正在各大城市安装。现代卫星也降低了传输成本，太阳能手机基站在偏远农村的运行成本也更低。但是，一个重要的障碍是许多政府对电信公司征收重税。在坦桑尼亚等地，税率可能高达50%。

［资料来源：Weiss，J. and Evans，P.（2015）*African Perspectives*，pp. 213－214.］

▶ 参见“1.6　寻找关键点和做笔记”

b）□ 完成下列关键点的笔记。

i）手机帮助＿＿＿＿＿＿＿＿＿＿＿＿＿＿＿＿＿＿＿＿

ii）手机持有量的增加与＿＿＿＿＿＿＿＿＿＿＿＿＿＿＿＿

iii）只有一半的非洲人＿＿＿＿＿＿＿＿＿＿＿＿＿＿＿＿＿

iv）新技术的发展＿＿＿＿＿＿＿＿＿＿＿＿＿＿＿＿＿＿

v）但是＿＿＿＿＿＿＿＿＿＿＿＿＿＿＿＿＿＿＿＿＿＿

c）□ 把这些笔记组合起来并加以扩展，用140字完成最后的总结。检查总结的意思是否清晰、有没有遗漏任何要点。同时，起一个副标题。

副标题：＿＿＿＿＿＿＿＿

---

d）□ 这份总结大约是原文长度的25%，但还可以进一步压缩。把这份总结压缩到60字以内。

5. 练习C

□ 用100字左右总结下面的文章。

卫浴新形式？

东陶（TOTO）是日本领先的卫浴陶瓷制造商，全球年销售额约为50亿美元。该公司最畅销的产品之一是售价高达5 000美元的卫洗丽，在大多数日本家庭都有使用。卫洗丽有加热便座等功能，并可以播放多种声音。这种卫浴设备在日本国内市场很成功，因为许多日本公寓又小又拥挤，而浴室提供了宝贵的隐私空间。现在，东陶希望增加在欧洲和美国的销售，但是遇到了各种各样的困难。欧洲国家往往有自己的浴室设计规则，因此必须为每个市场生产不同的型号。虽然东陶声称，卫洗丽马桶比普通马桶更节水，但是有一个因素可能会推迟它进入欧洲市场，那就是安装卫洗丽需要电源插座，而大多数欧洲建筑法规都禁止在浴室里安装插座。

（资料来源：*Far Eastern Review*，June 2017，p. 60.）

---

6. 改写

总结和改写通常在论文写作中同时使用。总结的目的是将信息压缩到合适的长度，改写则旨在重新表述相关信息。例如下面的句子：

关于 18 世纪工业革命发生在英国，而不是法国或德国的原因，一直有许多争论。

可以被改写为：

18 世纪工业革命为什么发生在英国，而不是欧洲大陆，这一点一直受到广泛的争论。

需要注意的是，有效的改写通常：

- 与原文结构不同
- 使用不同的词语
- 保留原来的意思
- 保留原文中的常用短语（比如“工业革命”）

7. 练习 D

□ 阅读下面的文章，根据准确和清晰程度为三段改写排序，并给出理由。

工业革命的原因

Allen（2009）认为，对工业革命发生在英国的最佳解释是通过研究需求因素找到的。18 世纪初，高工资和廉价能源都是英国经济的特征。通过蒸汽机和纺纱机等发明实现工业机械化是有利可图的，因为雇主通过购买煤炭节省了劳动力。当时，没有任何其他欧洲国家拥有如此昂贵的劳动力和如此丰富的燃料。

---

a）关注需求或许有助于解释工业革命起源于英国的原因。当时英国工人的工资很高，但是能源很便宜。这鼓励了基于蒸汽动力的机械发明的发展，使得老板们可以通过机械化生产来节约开支（Allen，2009）。

b）Allen（2009）认为，英国之所以成为工业革命的发祥地，可以通过分析 18 世纪初的需求来理解。他坚持英国在欧洲是独一无二的，拥有廉价煤炭能源和高劳动力成本的关键组合。这鼓励了采用蒸汽动力的机械化生产，从而节约工资、提高盈利能力。

c）Allen（2009）称，对工业革命发生在英国的最清晰的解释是通过研究需求因素找到的。18 世纪，廉价的能源和高工资是英国经济的两面。通过蒸汽机和纺纱机等发明实现工业机械化是有利可图的，因为雇主通过购买煤炭节省了劳动力。当时，英国是唯一煤炭储量丰富的国家。

1）______________________________

2）______________________________

3）______________________________

8. 改写的技巧①

a）使用同义词

argues（认为）→claims（声称）/wages（工资）→labour costs（劳动力成本）/economise（节省）→saving（节约）

---

① 此处同义词、词性主要指英语中相关概念，我们在翻译中尽量译成对应的中文，但因中英文的区别，并不能严格一一对应。这部分内容中文学术写作可参考使用。——译者注

b）改变词性

explanation（名词）→explain（动词）/mechanical（形容词）→mechanise（动词）/profitable（形容词）→ profitability（名词）

c）改变词序

...the best explanation for the British location of the Industrial Revolution is found by studying demand factors.

→A focus on demand may help explain the UK origin of the Industrial Revolution.

（……最佳解释是通过研究需求因素找到的。

→关注需求或许有助于解释工业革命起源于英国的原因。）

注意，在实践中，这三种技巧是同时使用的。不要试图改写每一个词，因为有些词没有真正的同义词（如需求、经济）。

▶ 参见4.3和4.4“学术词汇”，以及“4.8　同义词”

9. 练习E

□ 阅读下面的文章

大脑和性别

人们普遍认为男性和女性的思维和行为方式不同。总的来说，女性表现出拥有更好的记忆力、更好的社交能力，更能胜任多项任务。相比之下，男性似乎更专注于单一问题，拥有更好的运动和空间能力。不过，很明显这种模式有很多例外。

这些差异可以用数千年前的行为习惯来解释，当时男人去打猎，女人留在家里照顾孩子。但另一种思路是把行为看作大脑运行方式的结果。

宾夕法尼亚大学的拉吉尼·维尔马（Ragini Verma）的团队最近进行

了一项研究，使用脑部扫描技术对 428 名男性和 521 名女性进行了比较。他们跟踪了水分子围绕大脑区域的运行路径，发现了惊人的差异。

脑的上半部分叫作大脑，分为左脑和右脑。左半球被认为是逻辑中心，而右半球是直觉中心。维尔马博士发现，在女性身上，大部分水分子的路径在两个半球之间；而在男性身上，水分子停留在大脑的半球内。她认为，这些结果解释了能力上的性别差异，比如女性的社交能力更强，而男性更专注于单一问题。

（资料来源：*Living Today*，Winter 2015，p. 90.）

---

a）□ 为下划线标出的词语找出同义词。用这些同义词重写这段话。

It is widely agreed that men and women think and act in different ways. Women appear to have better memories, better social skills and are more competent at multitasking. Men, in contrast, seem to focus better on single issues and have superior motor and spatial skills, although clearly many people are exceptions to these patterns.

（人们普遍认为男性和女性的思维和行为方式不同。女性表现出拥有更好的记忆力、更好的社交能力，更能胜任多项任务。相比之下，男性似乎更专注于单一问题，拥有更好的运动和空间能力。不过，很明显这种模式有很多例外。）

b）□ 改变下划线标出的词语的词性。通过改变词性，重写这段话。

These differences have been explained as behaviour adopted thousands of years ago, when the men went hunting while the women stayed at home and cared for their children. But another approach is to see the behaviour as a result of the way our brains function.

（这些差异可以用数千年前的行为习惯来解释，当时男人去打猎，女人留在家里照顾孩子。但另一种思路是把行为看作大脑运行方式的结果。）

c）□ 改变下面这些句子的语序，重写这段话。不要改变原来的意思。

宾夕法尼亚大学的拉吉尼·维尔马（Ragini Verma）的团队最近进行

了一项研究，使用脑部扫描技术对 428 名男性和 521 名女性进行了比较。他们跟踪了水分子围绕大脑区域的运行路径，发现了惊人的差异。

d）□ 结合三种技巧重写最后一段话。

脑的上半部分叫作大脑，分为左脑和右脑。左半球被认为是逻辑中心，而右半球是直觉中心。维尔马博士发现，在女性身上，大部分水分子的路径在两个半球之间；而在男性身上，水分子停留在大脑的半球内。她认为，这些结果解释了能力上的性别差异，比如女性的社交能力更强，而男性更专注于单一问题。

10. 练习 F

a）□ 使用同样的技巧改写下面这篇文章。

深海往事

据信，海底有超过 300 万艘沉船，这是数千年来海上贸易中风暴和事故的结果。这些沉船为海洋考古学家提供了关于古代文明的文化、技术和贸易模式的宝贵信息，但绝大多数沉船都太深，无法进行探索。水肺潜水员只能潜到水面 50 米以下，因此只能在海岸附近打捞沉船，而这些沉船经常被暴风雨或植物生长所破坏。一些深海遗骸（如泰坦尼克号）已经被载人潜艇探索过，但是对不那么有名的沉船来说，这种设备太昂贵了。不过，一种新型的微型潜艇——自动水下航行器（AUV）的问世改变了这种状况。这种便宜的小艇可以自由移动，不需要昂贵的母船来控制。现在，一组美国考古学家正计划使用 AUV 探索埃及北部海域，4 000 年前这里曾是一个主要贸易港口。

（资料来源：*History Now*，April 2009，p. 9.）

---

b）□ 用不超过 100 字总结这篇文章。

1.8　参考文献和引用

学术工作依赖于其他人的研究和观点，因此，以一种可接受的方式在作品中展示你使用了哪些文献来源是非常重要的。本节的内容包括：

- 文内引用的格式
- 主要的参考文献体系
- 直接引用的使用
- 参考文献列表的编排

1. 为什么要使用参考文献？

提供参考文献和引文标注有三个主要原因：

a）表明你阅读了与主题有关的一些权威文献，让你的作品更有分量。

b）如果读者想了解关于这个主题的更多细节，可以找到文献来源。

c）避免抄袭，表明你理解学术界的规则。

▶ 参见“1.4　避免抄袭”

□ 判断在以下情况是否需要给出参考文献。

a）你自己的第一手研究获得的数据（是/否）

b）一篇互联网文章中的图表（是/否）

c）来自一本书的直接引用（是/否）

d）常识（比如锻炼有好处）（是/否）

e）一篇期刊论文中的理论（是/否）

f）在阅读文献基础上形成的你自己的观点（是/否）

g）你为项目采访的一个人的评论（是/否）

2. 引文标注和参考文献

正确地引用其他作者的作品是非常重要的。你可以通过总结或改写来呈现这些文献，也可以直接引用，或者将二者结合使用。每种情况都应该包括引文标注，并链接到文章最后的参考文献列表。如：

> Smith（2009）认为，运动型多用途车（SUV）的流行是非理性的，因为尽管成本高昂，但大多数SUV从来没有离开过公路。在他看来，"它们不利于道路安全和环境，并导致道路拥堵"（Smith，2009：37）。

参考文献

Smith，M.（2009）*Power and the State*. Basingstoke：Palgrave Macmillan.

□ 划出上面例子中的引文标注。哪个是总结，哪个是直接引用？二者各有什么优点？

引文标注：

直接引用——作者姓氏，出版日期，页码	（Smith，2009：37）
总结————作者姓氏，出版日期	Smith（2009）

3. 参考动词

总结和直接引用通常由参考动词引出：

> Smith（2009）**argues**（认为）……
>
> Janovic（1972）**claimed**（声称）……

这些动词可以使用现在时，也可以使用过去时。一般情况下，使用现在时表示文献来源是最近的，仍然有效；而过去时表示文献来源比较古老，可能已经过时，但没有硬性规定。在一些学科中，古老的资源可能仍然是相关的。

▶ 参见"4.4　学术词汇：动词和副词"

4. 参考文献体系

学术界有多种参考文献体系，每一种体系都被不同的学科使用。有些学科（如法律）有自己独特的体系。你的老师通常会给你指导，告诉你应该使用哪个体系，你也可以在图书馆网站上找到这些指导。无论哪种体系，最重要的一点是在整个作品中保持一致（即使用相同的字体、字号和标点符号）。

每种体系都规定了如何引用各类文献，不仅包括图书和期刊，还包括电影、音乐、博客和口头证词。参考文献是一门复杂的学问，学生应该使用在线参考文献指南来查询详细信息。

苏塞克斯大学（Sussex University）为不同的参考文献体系提供了方便的指南，网址为：www. sussex. ac. uk/library/infosuss/referencing/index. shtm。

这里是一些主要的参考文献体系①：

a）哈佛体系在英国通常用于社会科学和商学，详见上文“2. 引文标注和参考文献”。

b）MLA（The Modern Language Association，美国现代语言协会）与哈佛体系类似，但是在美国的艺术和人文学科中更加常见。在这个体系中，出版年位于参考文献的最后。

c）APA（The American Psychological Association，美国心理学会）在美国社会科学中广泛使用。

d）温哥华体系通常用于医学和自然科学。引文标注后插入带小括号的序号，链接到参考文献列表：

> Jasanoff（5）指出交叉感染的风险在增加。
>
> ---
>
> （5）Jasanoff，M. *Tuberculosis*：*A Sub-Saharan Perspective*. New York：Schaffter (2001).

---

① 中文的参考文献体系参见中华人民共和国国家标准 GB/T 7714—2015《信息与文献参考文献著录规则》。——译者注

e）脚注/尾注体系通常用于人类学，在页面底端或文章最后列出文献来源。上角标的序号在整篇文章中连续排列。

整个欧洲都感受到了法国大革命的影响。[3]

---

3 Karl Wildavsky，*The End of an Era*：*Spain 1785—1815*（Dublin：University Press，2006），p. 69.

---

5. 直接引用

□ 与同学讨论在书面作品中使用直接引用的原因。

直接引用意味着把作者的原文照搬到你的作品中。直接引用在某些情况下非常有效，但是一定不能过度使用（如用来凑字数）。在以下情况下，直接引用是有价值的：

- 原文以独特的方式表达了观点
- 原文比你能够做出的总结更准确
- 原文的说法非常著名

所有的直接引用都应该由介绍性短语引出，表明文献来源，并说明这段引文与你的论点相吻合：

介绍性短语	作者	参考动词	引文	引文标注
这种观点被广泛接受，	正如 Friedman	所述：	“通货膨胀是一种不用立法就可以征收的税收。”	（Friedman，1974：93）

a）短引文（1—2行）用双引号标出。双引号内嵌套的引文用单引号标出：

正如 Kauffman 所说：“他的‘内部空间’概念需要仔细分析。”

b）长引文（3行以上）要么增加缩进，要么缩小字体，不需要加引号：

类似地，她说：

> 人要活得有尊严，就必须与其他人一样，有平等的机会接触司法系统……正当程序权利……也是一个人被当成完全平等的公民对待的基础。
>
> （Nussbaum，2011a，p. 28）

c）日期后应该给出页码。

d）必须注意保证引文与原文完全一致。如果有必要，删除部分无关的字词，用省略号代替删节的部分：

> “很少有发明……像手机这么重要。”

e）有时候，可能需要在引文中插入一些单词或短语来澄清问题，这时候可以使用方括号：

> “……［关于自由的］现代观点与古代世界截然不同……”

f）如果你想指出原文中的错误，用“（原文如此）”（［*sic*］）标出：

> 他声称“这家公司大尔（原文如此）不倒”。

g）如果一位作者在一年中出版了不止一本书或发表了不止一篇文章，需要在日期后加上 a/b/c：

> （Nussbaum，2011a，p. 28）

6. 练习

□ 阅读下面的文章，出自 A. 凯尔曼（A. Kelman）的一篇论文，题目是《应对过渡期》（Dealing with Transition），发表在《教育评论》（*Education Review*）（Autumn 2016，pp. 45 – 47 ）上。

进入高等教育（学历教育）阶段的学生经常发现，很难适应从中学到大学的过渡，特别是对论文写作的要求，而这是大多数专业都需要的能

力。McEwan（2015）的一项研究通过比较教师和学生对论文写作的期望，探究了这一阶段发生困难的原因。他发现二者之间存在显著差异，并提出了减少差异的方法。

新生往往需要时间来适应高等教育的学习文化，这在很大程度上取决于他们之前的学术经历。尽管最近大学开始为一年级学生提供更多的支持，帮助他们适应教师的期望，但学历教育阶段的教师希望学生能够独立学习，不需要定期监督。

□ 比较以下几段引用。

a）总结

Kelman（2016）认为，从中学到大学学习的过渡在论文写作方面尤其困难。她提到了 McEwan 关于学生和教师期望不匹配的研究，并强调需要给学生时间来适应新的学术文化。

b）直接引用

Kelman 讨论了 McEwan 关于大学新生和教师对论文写作的期望差距的研究：

> 新生往往需要时间来适应高等教育的学习文化，这在很大程度上取决于他们之前的学术经历。……学历教育阶段的教师希望学生能够独立学习，不需要定期监督。

（Kelman，2016：45）

c）总结和直接引用

Kelman（2016）指出，大学新生特别关心的一个领域是论文写作。她参考了 McEwan 关于教师和学生对论文写作的不同看法的研究，这项研究强调了一个明显的困难："学历教育阶段的教师希望学生能够独立学习，不需要定期监督。"（Kelman，2016：45）。

□ 阅读同一篇文章的下一段。

McEwan 认为，在一定程度上，学生在大学阶段的成功取决于缩小自己和教师期望之间的差距。现在这一点尤其重要，因为学生群体中包括越来越多的国际学生，他们可能需要更长的时间来适应大学文化。日益多元化的大学教师也是如此，他们往往来自非常不同的学术文化。

这项研究的两个最重要的发现与抄袭和论文的关注点有关。在这两方面，教师和学生的观点都有很大差异。虽然所有学生都声称理解抄袭的含义，但大多数教师（超过 60%）认为他们不理解。同样，几乎所有的学生都声称回答了论文题目提出的问题，但只有 20%的老师认为他们做到了。

---

a）□ 为主要观点写总结，包括一处引文标注。

b）□ 使用一段直接引用来表明关键点，标明文献来源。

c）□ 结合使用总结和直接引用，标明文献来源。

7. 引文标注中的缩写

文内引用使用以下源自拉丁语的缩写，并使用斜体：

等（*et al.*）：表示有三个或三个以上的作者。完整名单在参考文献列表中给出。

> 许多美国人都不去投票（Hobolt *et al.*，2006：137）。

同上（*ibid.*）：与之前的引用出自同样的文献（页码相同）。

> 美国老年人比年轻更愿意投票（*ibid.*）。

同上（*op cit.*）：与之前的引用出自同样的文献，但页码不同。

需要注意的是，期刊论文越来越倾向于每次出现都使用完整的引文格式，但学生在作业中仍然应该使用缩写。

▶ 参见“4.2　缩写”

8. 二次引用文献

阅读文章时，去寻找文章参考的原始文献是很常见的。

例如，上文“6. 练习”的文章中说：

> McEwan（2015）的一项研究通过比较教师和学生对论文写作的期望，探究了这一阶段发生困难的原因。

你可能想在自己的作品中使用这一原始信息（McEwan 的研究），即使你没有阅读他的整篇文章。这被称为二次引用文献。如果找不到原文，可以这样表示：

> McEwan（2015）的一项研究，引自 Kelman（2016：45）……

必须保证在参考文献列表中包括你阅读过的作品（Kelman 的文章）。

9. 组织参考文献列表

有许多软件系统（例如 RefWorks 或 Endnote）可以自动生成参考文献列表。使用其中之一不仅可以节约时间，还有助于保证结果的准确性。有些软件是免费的，有些需要付费，不过你的图书馆网站可能提供免费使用的版本。

在一篇论文或报告的结尾，必须列出文章中引用的所有文献来源。如这里所示，在哈佛体系中，列表是按作者姓氏的字母顺序排列的。你应该清楚姓和名之间的区别。在题名页，通常的格式是先写名，后写姓：

> Sheila Burford，Juan Gonzalez

但是在引用中，通常只写姓：

> Burford（2001），Gonzalez（1997）

在参考文献列表中，先写姓，然后写名的缩写：

> Burford，S.，Gonzalez，J.

如果你不确定哪个是姓，可以咨询拥有相应文化背景的同学。

□ 下面给出了关于从中学向大学过渡的论文的参考文献列表，阅读并回答问题。

参考文献

Bryman，A. （2004）. *Social Research Methods*. 2nd ed. Oxford：Oxford University Press.

Carroll，J. （2007）. *A Handbook for Deterring Plagiarism in Higher Education*. 2nd ed. Oxford：Oxford Centre for Staff and Learning Development.

Cook，A. and Leckey，J. （1999）. 'Do expectations meet reality? A survey of changes in first-year student opinion.' *Journal of Further and Higher Education*，23 （2），pp. 157－171.

Crisp，G.，Palmer，E.，Turnbull，D.，Nettelbeck，T.，Ward，L.，LeCouteur，A.，Sarris，A.，Strelan，P. and Schneider，L. （2009）. 'First year student expectations：results from a university-wide student survey.' *Journal of University Teaching and Learning Practice*，6 （1），pp. 11－26.

Killen，R. （1994）. 'Differences between students' and lecturers' perceptions of factors influencing students' academic success at university.' *Higher Education Research and Development*，13 （2），pp. 199－211.

Leese，M. （2010）. 'Bridging the gap：supporting student transitions into higher education.' *Journal of Further and Higher Education*，34 （2），pp. 239－251.

Lowe，H. and Cook，A. （2003）. 'Mind the gap：are students prepared for HE?' *Journal of Further and Higher Education*，27 （1），pp. 53－76.

Moore，D. and McCabe，G. （2006）. *Introduction to the Practice of Statistics*. 5th ed. New York：W. H. Freeman and Company.

Ryan，J. and Carroll，J. （2005）. 'Canaries in the coalmine：international students in Western universities.' In J. Carroll and J. Ryan （Eds）. *Teaching International Students-Improving Learning for All*. Abingdon：Routledge.

Tinto，V. （1987）. *Leaving College：Rethinking the Causes and Cures of Student*

Attrition. Chicago：University of Chicago Press.

The Times. 'Coping with transition from sixth form to university.' p. 4，26 September 2016.

White，P. （2013）. Embracing Diversity. 7th Annual Learning and Teaching Conference，9th January 2013，[online] . Available from：www. shef. ac. uk/lets/cpd/conf/2013/res/preso [Accessed on 10th July 2014] .

---

a）找到相应的例子。

i）一位作者独著的图书

____

ii）九位作者合著的期刊论文

____

iii）一本书中的一章

____

iv）一篇会议论文

____

v）一位作者独著的期刊论文

____

vi）两位作者合著的图书

____

b）图书和期刊论文的参考文献格式有什么区别？

图书：______________________________

期刊论文：______________________________

c）什么时候使用斜体？

d）题目中如何使用大写字母？

e）没有作者的文献如何标注？

f）如果用总结的方式引用参考文献列表中前五条文献，应该如何标注？

i）______________________________

ii）______________________________

iii）______________________________

iv）______________________________

v）______________________________

1.9 整合文献来源

在大多数作业中，学生需要阅读一系列文献，这些文献通常包含关于某个主题的相互矛盾的观点。在某些情况下，任务的重点可能就在于对比不同观点。本节解释了如何呈现和组织一系列相互对立的文献来源。

1. 标明参考文献

在论文的开头部分，通常都会参考其他作家关于这个主题的观点，以表明你熟悉他们的作品，并且你的作品会考虑到他们的研究。在一篇长论文或学位论文中，可以有一个标题为“文献综述”的部分。

□ 下面的例子来自一项关于学生向大学过渡问题的研究，阅读并回答问题。

学生对高等教育的期望受其先前教育经历的影响（Ramsden，1992，p. 82；Tinto，2005；Cook and Rushton，2008）。这些经历形成了学生对教学（Dalglish and Chan，2005）、评价（Ramsden，1992，p. 84）、学术支持（Yorke，2000；Crisp *et al.*，2009），以及与教师的学术互动（Crisp *et al.*，2009）的学术期望的基础。

［资料来源：McEwan，M.（2015）*Understanding Student Transition to University*.］

---

a）其中提到了多少条文献来源？

b）哪位作者考察了对教学的期望？

c）Yorke 的研究主题是什么？

d）哪位作者研究了对评价的期望？

e）你认为为什么 Ramsden 的作品给出了页码？

□ 阅读来自同一项研究的另一个段落，回答下面的问题。

在学术上，与国内学生相比，多元化的国际学生入学前的期望和教育经历更加多样化（e. g. Dalglish and Chan，2005；Crisp *et al.*，2009；White，2013），这导致他们需要一段过渡期，以便针对更高的学术要求做出调整（Ramsey，Barker and Jones，1999）。例如，国际学生经常需要做出重大的文化调整（Ryan and Carroll，2005）和语言调整（Wu and Hammond，2011），这需要时间，可能需要数月甚至数年（Carroll，2014）。

---

f）这段话的主题是什么？

g）总结引用的五篇文献的不同观点。

例：

i）Dalglish and Chan，2005；Crisp *et al.*，2009；White，2013

与国内学生相比，国际学生的期望更加多样化

ii）Ramsey，Barker and Jones，1999

iii）Ryan and Carroll，2005

iv）Wu and Hammond，2011

v）Carroll，2014

▶ 参见“5.2　文献综述和书评”

2. 采用批判性的方法

比较各种不同观点，表明你熟悉关于某个主题的不同或冲突的观点，是很重要的。这是因为大多数值得研究的主题都是有争议的。下面两篇文章（2.1 和 2.2）反映了关于气候变化问题的不同观点。

□ 文章 2.3 摘自一篇论文，对这两篇文章进行了对比。阅读并回答后面的问题。

2.1 地球为什么在变暖

现在，大多数科学家都认为，全球气温在上个世纪有所上升，这种趋势反映在诸如海冰融化和冰川消退等现象中。人们几乎一致认为，在此期间，地球大气中的二氧化碳浓度有所上升，主要是燃烧煤炭和石油等化石燃料的结果。人们普遍认为，第一个变化是第二个变化的结果，换句话说，气候变暖是由二氧化碳造成的。二氧化碳的作用是将太阳光的热量保留在大气中，即所谓的“温室效应”。如果接受这些理论，那么可以预计，随着二氧化碳浓度的上升，未来气温将继续上升，由于这将对农业和其他人类活动造成有害影响，所以应该努力减少化石燃料的燃烧。

（资料来源：Lombardo，2009.）

2.2 对全球变暖的质疑

传统观点认为全球变暖是由二氧化碳浓度上升引起的，现在这种观点受到了多方面的批评。一些评论家声称，最近这段时间的变暖是过去几千年来有记录的温度波动的自然循环的一部分。他们指出，欧洲在大约800年前经历了一段与二氧化碳浓度水平无关的温暖期。其他批评者质疑基本的温度数据的可靠性，认为气温的明显上升是由被称为“热岛”的城市的发展造成的。此外，一些人声称气候变暖是由于云层减少，使得更多的阳光照射到地球表面。他们认为，这种效应是太阳活动或太阳黑子的结果，已知太阳黑子的波动周期是11年。由于存在这些疑问，怀疑论者认为没有必要试图减少产生二氧化碳的工业活动。

（资料来源：Wong，2011.）

2.3 全球变暖的证据有多充分?

Lombardo（2009）指出，过去一个世纪地球气温的显著升高是由于更多地使用化石燃料，导致大气中的二氧化碳浓度上升。他坚持人们就这一观点已经达成普遍共识，应该采取措施限制二氧化碳等温室气体的排放，来减缓未来的变暖。然而，Wong（2011）提出了一系列的反对意见。她提到了历史上气候变化的证据，而这些变化不可能是由二氧化碳浓度上升引起的。她还讨论了获取可靠的温度变化数据的难度，以及其他声称太阳活动可能影响云层从而影响温度水平的观点。她认为，这种不确定性让人们开始怀疑减少二氧化碳排放的价值。

---

a）下表的两栏分别摘自“2.3”和原文。从“2.3”中找出更多与原文相互对照的例子。

总结（2.3）	原文
……地球气温的显著升高是由于更多地使用化石燃料，导致大气中的二氧化碳浓度上升。	（2.1） 人们几乎一致认为，在此期间，地球大气中的二氧化碳浓度有所上升，主要是燃烧煤炭和石油等化石燃料的结果。

b）哪些动词用来引出总结？

c）哪个词指示出作者的总结从 Lombardo 转到了 Wong？

d）还可以使用哪些其他词语或短语？

3. 整合三种文献来源

□ 阅读下面关于气候变化的第三篇文章，然后对 Lahav 的评论进行总结，补充到上面《2.3　全球变暖的证据有多充分？》一文中。

怀疑态度

最近，围绕气候变化问题的辩论愈演愈烈，因为尽管大多数科学家认为，全球气温上升是地球大气中二氧化碳浓度不断升高的结果，但仍有少数人坚持认为，这种上升是微不足道的、短期的，或者与二氧化碳浓度无关。这一争论显然具有重要的政治和经济意义，因为控制温室气体排放需要国际协议。气候怀疑论者坚持认为，计算机模型无法处理世界天气系统的复杂性，因此不应该作为做出重大决策的基础。他们的观点是，由于全球变暖的科学性是不确定的，那么资金可以得到更好的利用，比如建设风力发电场的资金可以用于改善发展中国家的健康和教育。

（资料来源：Lahav，2010.）

4. 练习

下面三篇文章反映了关于全球化问题的不同观点。

□ 阅读三篇文章，然后完成论文中的一个段落，题目是《全球化主要对跨国公司而不是普通人有利（讨论）》，使用所有三篇文献，不超过250字。

4.1 全球化的好处

有人认为全球化不是一种新现象，而是根植于17世纪和18世纪的殖民发展时代。不过，现代意义上的全球化可以追溯到1983年Levitt的论文《市场全球化》（*The Globalization of Markets*）发表时。人们对全球化进程有许多定义，其中最简单的一个或许是：全球化是服务、商品、人和思想在全球范围内相对自由地流动。反映这一进程积极影响的一个指标是，1990年跨境贸易占全球GDP的比例为15%，但预计到2020年将达到30%。过去20年推动全球化的力量包括市场自由化、互联网和电信带来的廉价通信，以及所谓“金砖四国”（巴西、俄罗斯、印度和中国）经济的增长。

（资料来源：Costa，L. 2008.）

4.2 全球化及其弊端

发达国家和发展中国家都对全球化的力量产生了相当大的敌意。在发达国家，人们担心制造业和服务业的工作岗位被外包给劳动力更廉价的国家。而发展中国家声称，只有少数国家从世界贸易增长中受益。它们指出，在过去的 40 年里，最贫穷的 20 个国家的人均收入几乎没有变化，而最富裕的 20 个国家的人均收入却增长了两倍。西方国家的市场仍然对发展中国家的农产品关闭，虽然商品和资本可以自由流动，但贫穷国家的人口向富裕国家迁移却受到严格控制。

（资料来源：Lin，Y. 2012.）

4.3　跨国公司和全球化

毫无疑问，跨国公司受益于曾经用来保护本土企业的进口关税制度的放松，这使它们能够在印度等最近刚刚开放的市场更加自由地运营。这些公司采用两种截然不同的方法来应对全球化的挑战。例如，吉列公司（Gillcttc）继续在一些大型工厂生产它们的产品，通过严格控制确保全球质量一致；其他公司，例如可口可乐，则推出不同产品以适应当地消费者的口味，并倾向于在当地生产。它们声称，在与本土企业的竞争中，理解地区差异至关重要。在两种情况下，这些大公司往往都能通过在低税收国家设立总部将税负降至最低。

（资料来源：Brokaw，P. 2014.）

全球化主要对跨国公司而不是普通人有利（讨论）

有充分的证据表明过去 20—30 年里全球化导致了世界贸易的大幅增长……

1.10 组织段落

段落是学术写作的基本组成部分。结构良好的段落将论证分解为几个部分，使读者更容易理解主题。本节的内容包括：

- 段落的组成部分
- 各部分的衔接方式
- 全文中段落之间的衔接

1. 段落的结构

□ 阅读下面的段落，并回答问题。

西班牙语是世界主要语言之一。它被超过 5 亿人作为第一或第二语言使用，主要在西班牙以及中美洲和南美洲使用。这是 16 世纪以来西班牙在中美洲和南美洲殖民发展的结果。西班牙语在北美的使用也越来越广泛，在那里西班牙语报纸和广播电台都很常见。西班牙语是一种罗曼语，由拉丁语演变而来，但由于历史上摩尔人在伊比利亚半岛的存在，西班牙语中也包含了许多阿拉伯语的词语。

a）这段话的主题是什么？

b）段落中的句子是如何衔接的？

这个段落可以这样分析：

标题句	西班牙语是世界主要语言之一。
支持性信息	它被超过 5 亿人作为第一或第二语言使用，主要在西班牙以及中美洲和南美洲使用。
理由	这是 16 世纪以来西班牙在中美洲和南美洲殖民发展的结果。
补充信息 1	西班牙语在北美的使用也越来越广泛，在那里西班牙语报纸和广播电台都很常见。

续前表

补充信息 2	西班牙语是一种罗曼语，由拉丁语演变而来，但由于历史上摩尔人在伊比利亚半岛的存在，西班牙语中也包含了许多阿拉伯语的词语。

这个例子表明：

i）段落由一组围绕同一主题的句子组成。将文章分成段落，能够帮助作者和读者更清晰地理解论点。

ii）段落的长度因文章类型而异，但是通常不少于四五句话。

iii）通常（但不一定）第一句话介绍主题。其他句子给出定义、例子、补充信息、理由、重申和总结。

iv）段落的各个部分由代词、连词和副词等连起来，它们引导读者阅读完整个论证过程。

▶ 参见“3.1　衔接”

2. 练习 A

□ 下面这个段落的主题是自有住房，句子的顺序被打乱了。在表格中把它们按正确的顺序排列起来。

i）造成这种差异的原因似乎更多的是文化和历史因素，而不是经济因素，因为高住房拥有率在富国和穷国都存在。

ii）国家的富裕程度与拥有房屋的人数似乎没有确定性的联系。

iii）美国和英国的比例都在 65%左右。

iv）发达国家的住房拥有率差别很大。

v）例如，德国的住房拥有率只有 52%，西班牙则高达 78%。

标题句	
例子 1	
例子 2	
原因	
总结	

3. 练习 B

□ 下面的段落来自同一篇论文，阅读并回答问题。

尽管如此，许多国家鼓励自有住房的增长。例如，爱尔兰和西班牙允许抵押贷款抵扣所得税。人们普遍认为，拥有自己的房子能带来社会和经济效益。与租房者相比，业主被认为是社区中更稳定的成员，对当地事务的贡献更大。此外，以自住业主为主的社区通常犯罪率更低，学校也更好。但最重要的是，自有住房鼓励储蓄，能让家庭积累财富。

a）用表格分析这个段落，给出每个句子的功能。

标题句	尽管如此，许多国家鼓励自有住房的增长。

b）划出用于衔接句子的词语和短语。

c）哪个短语将这个段落与上一个连接起来？

4. 段落的引出和衔接

为了保证论证的连续性，练习 B 中的段落由一个与前面段落衔接的短语开始：

尽管如此（没有确定性的联系）

要开始一个新主题，你可以使用这些句式：

谈到童工问题……

还必须检查感染率……

通货膨胀是另一个需要考虑的领域……

段落可以由副词等引出：

传统上，很少有这样的例子……

最后，表现为……

目前，几乎没有证据表明……

起初，大多数家庭……

▶ 参见“4.4　学术词汇：动词和副词”和“4.5　连词”

5. 练习 C

□ 以“有轨电车”为主题，根据下面的笔记写两段话。使用连词和其他恰当的短语引出和衔接段落。

- 有轨电车最早出现于 19 世纪末
- 在许多城市提供了廉价、方便的公共交通
- 基于路轨的系统维护成本很高
- 固定的轨道意味着系统缺乏灵活性
- 20 世纪五六十年代，许多欧洲和亚洲城市关闭了有轨电车系统
- 今天有轨电车再次流行
- 一些城市（如巴黎和曼彻斯特）建设了新系统
- 有轨电车比汽车污染小，运行成本更低
- 建设成本和交通拥堵的问题仍然存在
- 建设现代电车轨道的成本意味着这种方案仍然存在争议

6. 练习 D

□ 用下面图表中的信息写一个段落，题目是《2016 年英国的降雨量》。

1 月	2 月	3 月	4 月	5 月	6 月	7 月	8 月	9 月	10 月	11 月	12 月	全年
159	145	94	121	90	143	110	97	98	44	95	71	105

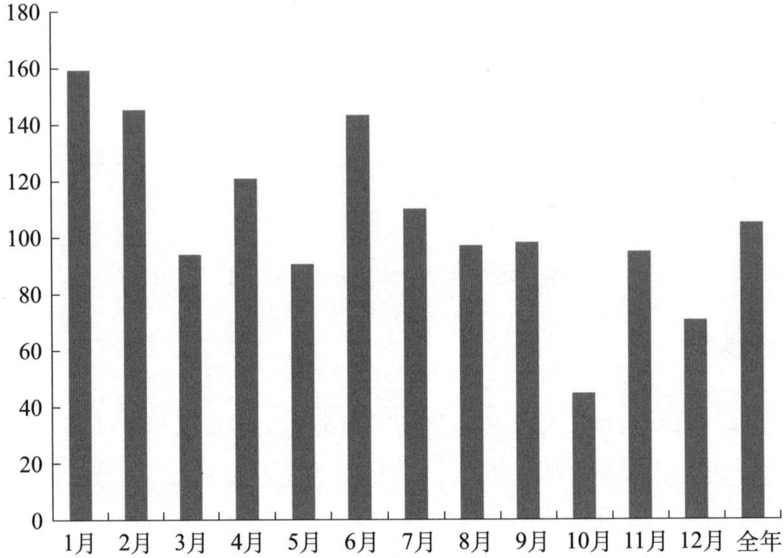

2016 年英国降雨量异常情况（占 1960—1989 年月平均降雨量百分比）

（资料来源：The Met Office.）

1.11　引言和结论

有效的引言向读者解释论文的目标、范围和方法。结论应该为题目中提出的问题提供清晰的答案，并总结讨论的要点。在课程作业中，最好在写完正文之后再写引言。

1. 引言的组成部分

引言通常不超过作业总长度的 10%。因此，在一篇 2 000 字的论文中，引言大约为 200 字。

▶ 参见“1.5　从理解论文题目到制订计划”

□ 一篇论文的引言中通常包括哪些组成部分？从下面的列表中选择。

组成部分	是/否
i）题目中不常见的术语的定义	
ii）你对论文主题的个人观点	
iii）提及你围绕主题阅读的文献	
iv）提出引起争议的观点或问题，引起读者的兴趣	
v）来自著名权威的合适的直接引文	
vi）写作的目的或目标	
vii）你用来回答问题的方法	
viii）关于主题的背景或语境	
ix）你为自己设定的限制	
x）正文提纲	

□ 阅读下面几篇论文的引言部分，判断它们分别属于上表中 i）至 x）的哪个组成部分。

a）过去 20 年里，围绕陪审团审判对复杂或冗长案件的评估能力展开了广泛的讨论。

b）论文其余部分组织如下：第二部分解释了为什么公司治理对经济繁荣至关重要；第三部分介绍了模型规范，描述了实证研究中使用的数据和变量；第四部分报告并讨论了实证研究的结果；第五部分进行了总结。

c）我们试图通过对研究生和大学新生反应的随机样本进行比较，来检验我们的假设。

d）没有明确的经验证据支持"管理近视"的论点。Pugh *et al*.（1992）发现了支持这一理论的证据，但 Meulbrook *et al*.（1990）、Mahoney *et al*.（1997）、Garvey and Hanka（1999）和证券交易委员会首席经济学家办公室（Office of the Chief Economist of the Securities and Exchange Commission，1985）的研究没有找到证据。

e）"社会凝聚力"通常根据共同的目标、社会秩序、社会团结和地方依附感来定义。

f）本研究关注 2000—2010 年的媒体并购业务，因为对最新案例的结果还不能做出准确的评估。

g）本文的目的是调查自 1870 年以来全球极暖和极寒天气发生率的变化。

2. 引言的结构

引言没有标准的模式，其结构很大程度上取决于研究的类型和作品的长度。通常来说，常见的结构如下：

a）如有必要，给出关键术语的定义。

b）相关背景信息。

c）回顾其他作者关于这一主题的作品。

d）论文的目的或目标。

e）你的研究方法。

f）你设定的限制。

g）论文的提纲

□ 阅读下面这篇论文的引言部分，题目是《高等教育中学生网络学习体验评估》。

"网络学习"有很多定义，但在本文中，这个术语包含任何由互联网提供内容的学习情境。学习是当代知识经济的重要组成部分。随着计算能力和技术的发展，互联网已经成为知识传播的重要媒介。不同的研究人员（Webb and Kirstin，2003；Honig *et al.*，2006）对医疗和商业环境下的网络学习进行了评估，但是到目前为止，很少有人关注高等教育中学生对这种教学方法的反应。本研究旨在探讨学生在高等教育中的网络学习体验。

本文首先对一系列研究进行了回顾，然后对 200 名学生进行了调查，以评估他们的网络学习体验。显然，这类研究不可避免地受到各种限制，尤其是学生样本规模的限制，本文的调查对象仅限于制药和农业专业的学生。本文的结构如下：第一部分是对相关研究的分析，主要说明目前对学生学习体验的了解有限；第二部分介绍了调查方法和结果分析；最后一部分考察了调查结果对推广网络学习项目的影响。

□ 划出这段引言中的各个部分［根据 a)至 g)］。

a）定义

题目中的某些单词或短语可能不被广泛理解，或者是在特定意义上使用的，需要加以澄清。

b）背景

用来提醒读者作品的大背景，也能体现你所进行的研究的价值。

c）对其他研究者的参考

较长的论文可能有单独的文献综述，在短论文中，表明你熟悉之前研究过这一主题的其他研究者同样重要。这也可能揭示出研究的空白，证明你的研究是有价值的。

d）目的

必须清楚地陈述你研究的目的，让读者知道你要做什么。

e）方法

说明你为了实现研究目的所采用的过程。

f）限制

你不可能在一篇论文中处理一个主题的所有方面，因此必须说明你研究的边界。

g）提纲

理解作品的结构有助于读者理解你的论点。

▶ 参见“2.4　定义”

3. 起始句

论文的开头很难写，特别是在考试中，犹豫不决会浪费宝贵的时间。为了帮助读者关注主题，前几个句子应该是概括性的，但不能含混不清。下面是几种常见的模式。

时间	主题	发展
现在	对水资源的控制	已经成为国际争端的潜在原因
自2008年以来	电动汽车	已经成为一个严肃的商业议题
1950年以前	抗生素药物	尚未广泛使用

要避免过于笼统或模糊的起始句。

对比下面两个起始句：

现在，不同供应商之间的竞争很激烈。×

过去20年里，报纸在新闻和娱乐方面都面临来自互联网的有力竞争。√

□ 从下列题目中选择三个，快速写出其引言的开头几句话。

a）公司拥有女性高管有多重要？

b）全球变暖有技术解决方案吗？

c）能够做些什么来降低发展中国家的婴儿死亡率？

d）比较两个差异巨大的国家的城市化进程。

▶ 参见“2.6　归纳”

4. 结论

结论通常比引言短，格式也更加多样化。有些期刊论文可能有“总结”或“结语”。学生论文通常应该在最后有一个总结论点的部分，让读者清楚地看到题目中的问题已经得到了回答。

□ 下面哪项内容可以用在结论中？

a）表明你的目标已经实现。

b）讨论研究的影响。

c）前面没有提到的关于主题的新信息。

d）简单回顾研究的主要观点。

e）对未来研究的一些建议。

f）研究的限制。

g）与类似研究的结果相互比较。

h）能够总结作品的直接引文。

□ 下面给出了一些结论的节选，将其与上述适用于结论的内容对应起来。例如，a=ii。

i）与往常一样，在评估这项调查的结果时需要考虑一些限制。

ii）这些结果表明，该海岸的洪水风险已显著增加，并可能进一步恶化。

iii）我们遇到的一些障碍为后续研究提供了出发点。

iv）我们回顾了 13 项关于公共交通罢工的研究，结果显示罢工对公共交通客运量的影响各不相同，可能是暂时的，也可能是永久的。

v）这里提出的在哥伦比亚的研究结果与在其他国家进行的类似研究

的结果一致（Baron and Norman，1992）。

5. 结论的结构

虽然没有固定的模式，但常见的论文结论结构如下：

a）总结主要发现或结果。

b）回顾题目中的问题，表明其已经得到了回答。

c）说明作品的限制（如地理限制）。

d）为未来可能的相关研究提出建议。

e）评价研究的影响。

6. 练习

□ 前面给出了《高等教育中学生网络学习体验评估》的引言，下面这些句子构成了这篇论文的结论。句子的顺序被打乱了，把它们按正确的顺序排列起来（①—⑤）。

a）尽管人们普遍承认网络学习的便利性，但结果很明显。

b）考虑到样本数量较小且局限性较强，这一领域显然有进一步研究的空间，特别是探索某些学科是否比其他学科更适合这种学习模式。

c）然而，我们对近200名学生的调查发现，学生对传统课堂教学有强烈的偏好。

d）但总的来说，网络学习似乎不太可能成为高等教育的主要教学方法。

e）本研究发现，关于学生网络学习体验的相关研究很少，已有报道的研究表明，学生对其反应不一。

1.12　修改和校对

在考试中，你可能没有时间修改；但是，在课程作业中，花时间修订你的作品，使其更清晰、更有逻辑，是非常重要的。为了避免小错误，在考试和作业中，校对都是必不可少的。这些小错误可能使你的作品不准确或者难以理解。

1. 修改

尽管很容易认为论文的初稿已经足够好了，但几乎可以肯定，还存在改进的空间。完成初稿后，你应该把它放在一边，过一天后再重读一遍，问自己下列问题：

a）题目中的问题是否得到了完整的回答？

b）论文不同部分的篇幅是否合适？

c）论证或讨论是否清晰、有逻辑？

d）有没有遗漏任何可能支持论证的要点？

e）论文的长度是否合适，会不会太长或太短？

2. 练习 A

作为“定性研究方法”这门课的一部分，你完成了一篇 1 000 字的论文初稿，题目是《硕士论文可接受的访谈人数是多少?》。

□ 阅读这篇论文的引言，判断它能否改进，在表格中列出你的建议。

访谈可以被定义为具有明确结构和目标的谈话。它超越了没有特定目的的日常对话。有很多种可能的访谈情境，但每种都涉及采访者和采访对象。通常，前者向后者直接提出问题，并记录答案。这些问题可能是事先准备好的，也可能随着访谈的进行而出现。记录通常是书面的，也可以通过录音或录像来完成。访谈可以在任何地方进行，如街道、咖啡馆、办公室、酒吧、餐厅等。很难说一天能进行多少次访谈。我个人认为最多两次，因为访谈非常累人。这在很大程度上取决于所研究的课题。

	改进的建议
a)	
b)	
c)	
d)	
e)	

□ 参见书末答案给出的建议。

记住这些要点，这段引言可以改写如下：

组织访谈需要一系列的步骤（Davies，2007），包括招募采访对象、找到合适的场所和编写恰当的指导方针。不过，根据研究主题的不同，可以采用更灵活的方法，进行相对非结构化的访谈（Cooper and Schindler，2008）。在硕士论文中，访谈必须包含与研究主题相关的数据，供采访者进行后续处理。正如King所说："收集大量的案例并不能保证研究的可信度。"（King，2004：16）大多数作者都同意，考虑到准备和后续处理所需要的时间，每天两次一小时的访谈实际上是一个采访者的极限。此外，如果使用音频或视频记录，则有更多的内容，例如面部表情，需要分析。一次访谈的分析可能需要多达三天时间。至于题目提出的问题，显然在很大程度上取决于研究的主题和研究者可用的时间。

3. 练习B

□ 阅读下面关于"以访谈为基础的研究可能产生的伦理问题"的段落，决定如何改进并重写这段话。

任何允许研究人员采访员工的组织都面临着巨大的风险。采访对象可能会抱怨老板或其他员工。研究人员面临的另一个风险是，员工可能觉得有义务对问题给出积极的答案，而不是诚实的意见。这是因为他们害怕老板发现他们的真实想法。此外，组织的声誉也可能受损。我认为研究人员应该确保不会发生这样的事。他们必须清楚地说明为什么要做这项研究，并使用假名来为采访对象保密。如果不这样做，就可能威胁到整个研究项目的有效性。

4. 校对

修改完你的作品后，最后一个阶段是校对。这意味着检查作品，寻找可能导致读者不能准确地理解你要说什么的小错误。如果一句话中只有一个错误：

　　她没有足够的人机交往能力来处理不同的关系。

还不难理解，但是如果存在多处错误，不管是多小的错误，结果都会令人费解。

　　一位美国参议院曾经说过："战争中首先去的就使真相。"

显然，你的目标应该是尽可能清楚地表达你的意思。需要注意，电脑的拼写检查并不总能帮助你，因为它们会忽略拼写正确的单词，但这些单词可能不是你本来要用的：

　　Tow factors need to be considered.

5. 练习 C①

□ 下面是学生写作中最常见的十种类型的错误。划出每句话中的错误并改正。

① 中文中不存在时态、单复数、定冠词等问题，但同样应该通过校对避免事实错误、错别字和标点符号错误等。练习 C、D、E 可以根据需要通过中英文对照完成。——译者注

i）事实错误：Corruption is a problem in many countries such as Africa.（腐败在非洲等许多国家都是一个问题。）

ii）词性错误：She was young and innocence.（她是天真、年轻。）

iii）标点符号错误：What is the optimum size for a research team.（研究团队的最佳规模是多大。）

iv）时态错误：Since 2005 there were three major earthquakes in the region.（自从 2005 年以来，这一地区发生了三次大地震。）

v）词汇错误：Flexibility is vital to the successfulness of a company operating in China.（公司要在中国成功运营，灵活性至关重要。）

vi）拼写错误：Pervious experience can sometimes be a disadvantage.（有时候，以前的经验会成为劣势。）

vii）单复数错误：It is one of the largest company in Asia.（它是亚洲最大的公司之一。）

viii）风格错误：Finally，the essay will conclude with a conclusion.（最后，论文的结尾是结论。）

ix）遗漏：This is an idea established by David Ricardo in nineteenth century.（这个观点是大卫·李嘉图在 19 世纪提出的。）

x）词序错误：Three skills are for needed success in the academic world.（在学术界取得成功需要三种能力。）

6. 练习 D

□ 下面每句话中都包含一种类型的错误。将它们与上面的错误类型［i)至 x)］对应起来，并改正错误。

a）Products such as Tiger biscuits are well known to kids.（老虎饼干这样的产品很受小孩欢迎。）

b）Both companies focus on mass marketing to promote its line of products.（两家公司都关注大众市场，来扩充它的产品线。）

c) Failure to find the right coffee may lead to torment for consumers.（找不到正确的咖啡折磨着消费者。）

d) They found that different researchers had differently effects on the research.（他们发现不同研究者对研究的影响不同。）

e) This was after the single European market was established in 1873.（这发生在 1873 年欧洲单一市场建立后。）

f) Experienced researchers can most likely come over these problems.（有经验的研究者最有可能克服这些问题。）

g) The Arts Faculty has it's own library.（艺术系有自己的图书馆。）

h) She selected Budapest in Hungry for setting up the research centre.（她选择了匈牙利的布达佩斯来建立研究中心。）

i) Companies from the rest of world are eager to do business in India.（全世界的公司都渴望在印度做生意。）

j) From 2008 to 2012 there are few cases of cholera.（从 2008 年到 2012 年很少发生霍乱。）

7. 练习 E

□ 划出下文中的错误并改正。

自行车

Bicycle is one of most efficient machine ever designed. Cyclists can travel for times faster than walkers when using less enorgy to do so. Various people invented early versions of the bicycle, but the first modle with pedals which was successful mass-produced was make by a frenchman, Ernest Michaux, on 1861. Later aditions included pneumatic tyres and gears. Today hundreds of million of bicycles are in use over all world.

（自行车是有史以来设计的最高效的机器。骑自行车要比步行快肆倍，并且消耗的能亮更少。不同的人发明了早期版本的自行车，但第一个成功批量生产的踏板模形是由法国欧内斯特·米修斯在 1861 年制造的。后来增加的佩剑包括充气轮胎和齿轮。今天，世界有数亿辆自行车正在使用中。）

第 1 章进度检查

这些练习将帮助你评估对第 1 章“写作的过程”的理解。

1. 在横线处填入合适的词语，完成对论文写作过程的描述。

论文写作的第一个阶段是阅读和理解 a）________，继而制定作品的 b）________，明确可用的时间。然后，围绕主题开展头脑风暴，准备草稿的 c）________。接下来，认真评估可能的 d）________，选择相关性最强的，然后可以开始 e）________笔记，使用改写和总结 f）________。当你为回答问题收集了足够的素材时，正文的第一段 g）________可以根据笔记撰写，注意避免 h）________。然后，你可以撰写引言和 i）________的初稿，确保以有逻辑的方式展开主题。再接下来，为了保证清晰、准确，需要对整篇草稿进行 j）________重新阅读和修订。倒数第二个阶段是准备最后的 k）________列表，以及附录和图表、地图等其他项目。最后，在按时交作业之前应该对整篇文章进行仔细的 l）________。

2. 判断下面的表述是否正确。

a）学术写作的目标是准确、非个人化。

b）案例研究考察其他作者对同一主题的观点。

c）学术期刊通常是同行评议的。

d）学生应该逐字逐句地阅读参考书目上的图书。

e）使用图书馆书目系统进行搜索时，最好使用特别具体的检索词。

f）摘要通常包括四个部分。

g）抄袭通常意味着复制其他作者的文章而没有承认。

h）论文的引言应该解释论文的目标。

i）引言通常占论文总长度的25%。

j）做笔记时总是应该包括文献来源。

k）改写意味着改变用词和结构，但是保留原文的意思。

l）参考动词总是使用过去时。

m）段落总是从标题句开始。

n）好的总结通常包括一些例子。

o）结论通常提到论文的局限（如长度）。

p）大多数论文能够通过修改得到改进。

q）校对仅意味着查找拼写错误。

r）论文的结论应该清晰地表明问题得到了回答。

s）作为参考文献，网站通常不如图书可靠。

t）最好的提纲是思维导图。

3. 阅读下面的书摘，写一段200字左右的总结，包括一处直接引用和若干引文标注。然后为这篇文章列出完整的参考文献。

牛津大学的一个科学家团队一直在研究乌鸦的行为。他们的研究表明，这种鸟似乎能够制造简单的工具，而这一技能被认为是人类和其他灵长类动物独有的。在一项实验中，一块肉被放在一个玻璃管中，玻璃管太长，乌鸦用嘴够不到。研究人员给一只乌鸦一根9厘米长、0.8毫米粗的电线。但它很快发现，如果电线是直的，就不可能把肉取出来。然后，这只乌鸦用爪子抓住电线的一端，用嘴弯曲电线的另一端，做成一个钩子，然后用钩子把肉从管子里拖出来。大多数情况下，乌鸦可以在两分钟内完成这些动作。

一段时间以来，人们已经知道黑猩猩会使用棍棒之类的简单工具来获取食物，但从来没有人认为乌鸦也能表现出类似的智力水平。不过，八年前，生物学家在新喀里多尼亚的森林里观察到乌鸦用树枝去够树上的昆虫。牛津大学的实验是为了观察同一种类的鸟能否改造这种能力，用它们的原生森林中找不到的材料（如电线）制作工具。参与研究的科学家之一卡切尔尼克教授（Professor Kacelnik）认为，这项研究表明乌鸦对材料的物理特性有一定的了解，并有能力使它们适应自己的用途。

［资料来源：Frank Grummitt，*What Makes Us Human*？（2010）Roseberry Press，Dublin，p. 15.］

第2章

写作的要素

第2章介绍了撰写学术论文所需要的基本技能。例如，许多论文需要下定义、研究原因和结果，并给出例子。这些技能包括从提出论点和讨论，到呈现可视化信息。

2.1　提出论点和讨论

在大多数课程中，学生要研究和处理关于一个主题的相互矛盾的观点，这意味着要对其中的观点进行恰当的分析和批评。本节说明了如何用合适的学术方式展示你对各方观点的熟悉程度，并提出你自己的结论。

1. 讨论使用的词语

论文的题目通常要求学生“讨论”一个主题：

如果与其他科目相结合，儿童的外语学习将更加高效（讨论）

这要求对主题的优点和缺点进行评估。在论文中，有时候会有一个部分叫作“讨论”，用于总结这些内容。可以使用以下词语：

＋（积极的方面）	－（消极的方面）
优点	缺点
优势	劣势
积极的方面	消极的方面
支持（非正式）	反对（非正式）
加（非正式）	减（非正式）
一个主要的优点是……	一个严重的缺点是……
另一个重要的好处是……	……被认为是一种重要的缺陷

将内容与语言相结合的一个严重缺点是对教师的要求很高。

用外语授课的一个重要优点是增强了掌握这门语言的动力。

□ 围绕在另一个国家学习的优点和缺点，写一个 200 字左右的段落。

2. 组织

有两种组织讨论的方式：可以将优点集中在一个部分，缺点集中在另一个部分（纵向）；也可以从不同的角度考察主题（横向）。例如，下面的论文题目可以分别用两种方式组织，结构如下。

监狱在改造犯人方面作用有限，其使用应该受到限制（讨论）

a）纵向方式

缺点

监狱的成本高昂；可能成为“犯罪大学”；大多数犯人出狱后会再次犯罪；许多犯人有精神健康问题，未能得到治疗。

优点

监狱将危险的罪犯与社会隔离；对犯罪活动起到威慑作用；可以提供教育或治疗（如戒毒）；对犯罪行为进行惩罚。

讨论

在许多国家，犯人的数量逐年上升，显示系统正在失效。有证据表明，短期徒刑没有什么价值。但是对暴力犯罪来说，监狱始终是必要的，也是一种威慑。

b）横向方式

经济方面

保障犯人安全的经济成本很高（与其他惩罚形式相比较）。

伦理方面

监狱能改造犯人吗？犯人应该有什么权利？冤狱案例。

社会方面

对犯人家庭的社会影响（尤其是有子女的女犯人）。但是也有必要考虑到受害者，特别是暴力犯罪的受害者，对犯罪行为进行惩罚。

讨论

在许多国家，犯人的数量逐年上升，显示系统正在失效。有证据表明，短期徒刑没有什么价值，而监狱系统的成本正在上升。但是对暴力犯罪来说，监狱始终是必要的，也是一种威慑。

□ 两种方式（纵向和横向）各有什么优点？

3. 练习 A

你要写一篇论文，题目是：

在家办公对许多公司和员工有利（讨论）

□ 开展头脑风暴，在下表中列出积极和消极的方面，然后用上面给出的一种结构（纵向或横向）撰写提纲。

+（积极的方面）	-（消极的方面）
不会在通勤上浪费时间	

4. 讨论的语言

在讨论中，要避免使用“在我看来”或者“实际上，我认为”之类个人化的语言。相反，应该使用非个人化的语言，比如：

人们一般认为	在家工作节约了通勤时间。
人们普遍同意	电子邮件和互联网减少了对办公室的依赖。
大多数人	似乎需要与同事面对面交流。
很有可能	更多的公司将鼓励在家工作。
有证据表明	有些人更擅长自我管理。

少数人的观点可以用这些短语来表示：

有人认为	在家办公鼓励浪费时间。
一种观点是	在家办公的员工可能感到孤立。

当你用参考文献来支持你的观点时，可以使用以下短语：

Emerson（2003）认为　　大多数公司都没有明确的政策。

Poledna（2007）声称　　大多数雇主能够从弹性工作制中获益。

5. 反对观点

反对观点是与你的观点相反的观点。在学术讨论中，必须表明你熟悉关于主题的各种观点和立场，并提供理由支持你自己的立场。通常在给出你的观点之前，先要处理反对观点。

a）□ 在下面关于监狱问题的例子中，作者的立场是什么？

据称监狱的存在是为了将危险的罪犯与社会隔离，并对犯罪行为进行惩罚。虽然在少数情况下可能的确如此，但更常见的情况是，监狱扮演着“犯罪大学”的角色，强化了犯罪行为。大多数犯人并不危险，可以通过其他方式更有效地处置。

b）□ 阅读下面的例子，用前面“3. 练习 A”中的观点再写出两句话。

反对观点	你的立场
有些人相信在家办公的员工可能感觉孤立。	但这可以通过让部门全体员工每周召开例会来避免。

6. 提供证据

通常，结论在对证据进行评估之后给出。必须表明你已经考察了相关文献，因为只有这样，你才能给出公平的判断。

□ 下面的文章讨论了今天在电脑和互联网环境中长大的年轻人与上一代人不同的观点，阅读并回答问题。

“数字原生代”存在吗？

许多作者认为，出生于 20 世纪末前后（1990—2005 年）、从一出生就在使用电脑的人，与其他人有着不同的能力和需求。Palfrey and Gasser（2008）称他们为“网络一代”，认为对他们来说，诸如把视频放到 YouTube上之类的活动比写文章更自然。类似地，Prensky（2001a）声称，需要对教育系统进行改革，以迎合这些“数字原生代”的偏好。

但是，其他研究人员怀疑这些说法是否适用于整整一代人。Bennett，Maton and Kervin（2008）认为，这些年轻人的能力各不相同，他们当中许多人对数字工具的理解非常有限。他们坚持认为，所谓的“数字原生代”理论是一个神话，为了迎合他们假定的需求重组教育系统、放弃论文写作等传统的评价和问询方式，将是一个错误。

显然，有一些年轻人精通网络技术，更多的人在日常生活中经常使用社交媒体，但从全球的角度来看，仍有无数人以传统方式成长和接受教育。教学方法在持续改进，但没有明确的证据表明有必要从根本上进行变革。

a）文中引用了多少支持“数字原生代”理论的文献？

b）这些作者建议进行何种改革？

c）批评者为什么不同意他们的观点？

d）这篇文章的作者的观点是什么？

e）你对这个问题的观点是什么？

7. 练习 B

□ 围绕“是否应该允许（10 岁以下的）儿童使用社交媒体（如脸书）”这个主题写三段话。补充下面的观点，表明你的立场。

支持

- 社交媒体让孩子与朋友和家人保持联系

- 这些网站能教他们使用电脑
- 对孩子来说，上网比在外面或街上玩更安全
- ____________________

（资料来源：Dobrowsky，2012.）

反对

- 这些孩子还太小，不能理解虚拟世界的危险
- 在屏幕前花费太多时间，减少了现实生活经验
- 小孩子应该多锻炼，少看电脑
- 可能导致成瘾和睡眠不足
- ____________________

（资料来源：Campbell and Childs，2014.）

▶ 参见“2.7　问题和解决方案”

2.2　原因和结果[①]

学术工作经常涉及解释原因（如价格上涨）与结果（如需求下降）之间的联系。或者，研究可以从结果开始，并讨论可能的原因。本节说明了两种描述联系的方法：一种将重点放在原因上，另一种将重点放在结果上。

1. 表示原因和结果的语言

作者可以选择强调原因，也可以选择强调结果。两种情况下，都可以使用动词或连词来表示联系。

a）强调原因

使用动词

The poor harvest	caused	higher prices
	led to	
	resulted in	
	produced	
歉收	导致	高价格
	带来	
	造成	
	产生	

使用连词

Because of	the poor harvest	prices rose

① 本节中动词、连词、被动式主要指英语中相关概念，本节内容中文学术写作可参考使用。——译者注

Due to Owing to		
因为 由于 鉴于	歉收	价格升高

b）强调结果

使用动词（被动式）

The higher prices	were caused by were produced by resulted from	the poor harvest
高价格	是由歉收	导致的 产生的 带来的

使用连词

There were price rises	due to because of as a result of	the poor harvest
价格升高	归因于 是因为 是由于	歉收

比较下面的例句：

As/since children were vaccinated diseases declined.

（因为儿童接种疫苗，疾病减少了。）（连词+动词）

Owing to/due to the vaccination diseases declined.

（由于疫苗接种，疾病减少了。）（连词+名词）

注意下面例句中连词的位置：

The teacher was ill, therefore/hence/so/consequently the class was cancelled.

（老师病了，因此/所以/结果这节课取消了。）

▶ 参见"3.4　被动式和主动式"和"4.5　连词"

2. 练习 A

□ 将原因和可能的结果连起来，为每种联系写两个句子，一个强调原因，另一个强调结果。

原因	结果
2015 年的冷冬	商业街上的店铺关门
高识字率	吸引了更多的游客
机场的建设	成立了新政府
去年的全国大选	对中学教育的需求增加
在主要道路上安装测速摄像头	增加了电力需求
2012 年新医院的开业	减少了致命事故
越来越多的人在网上购物	降低了婴儿死亡率

例：

a）由于 2015 年的冷冬，增加了电力需求。

电力需求的增加是因为 2015 年的冷冬。

b）

c）

d）

e）

____

f) ______________________________

____

g) ______________________________

____

3. 练习 B

□ 用可能的结果填空，完成下面的句子。

a) 越来越多的人使用电子邮件来发送信息______________

b) 上周的暴风雨______________

c) 新的结核病疫苗______________

d) 高速铁路的建设______________

e) 喷气发动机的发明______________

□ 用可能的原因填空，完成下面的句子。

f) 严重的高速公路事故______________

g) 面包价格高______________

h) 肥胖率的升高______________

i) 地震______________

j) 监狱中犯人的增加______________

4. 练习 C

□ 用连词填补下面的空格。

Why do women live longer?

In most countries today women, on average, tend to have a longer life expectancy than men. In France, for instance, men can expect to live to 79, while for women the figure is 85. There is no clear explanation for the difference, although various theories have attempted to explain it. Biologists have claimed that women live longer a) ________ they need to bring up children. Others argue that men take more risks, b) ________ they die earlier. Another explanation for the discrepancy is c) ________ women have healthier lifestyles (e. g. they smoke and drink less).

But now some British scientists believe that women live longer than men d) ________ T cells, a vital part of the immune system that protects the body from diseases. The team from Imperial College think that the difference may be e) ________ women having better immune systems. Having studied a large group of men and women they found that the body produces fewer T cells as it gets older, f) ________ the ageing process. However, they admit that g) ________ the complexity of the topic this may not be the only factor, and so another research project may be needed.

为什么女性的寿命更长?

如今，在大多数国家，女性的平均预期寿命都比男性长。例如，在法国，男性的预期寿命是 79 岁，而女性的预期寿命是 85 岁。尽管提出了各种各样的理论，但对这一差异还没有明确的解释。生物学家声称，女性的寿命更长是 a) ________ 她们需要抚养孩子。另一些人则认为男性更爱冒险，b) ________ 他们死得更早。对这种差异的另一种解释是 c) ________ 女性的生活方式更加健康（如较少吸烟和喝酒）。

但是现在，一些英国科学家认为，女性比男性活得长 d) ________ T 细胞，这是免疫系统中保护身体免受疾病侵害的重要部分。帝国理工学院（Imperial College）的研究小组认为，两者的区别可能 e) ________ 女性拥有更好的免疫系统。通过对大量男性和女性的研究，他们发现 f) ________ 年龄的增长，身体产生的 T 细胞越来越少。然而，他们也承认，g）________问题的复杂性，这可能不是唯一的因素，因此需要开展另一个研究项目。

5. 练习 D

a）□ 下面的流程图显示了高油价的可能结果。写一段话，描述这个过程。

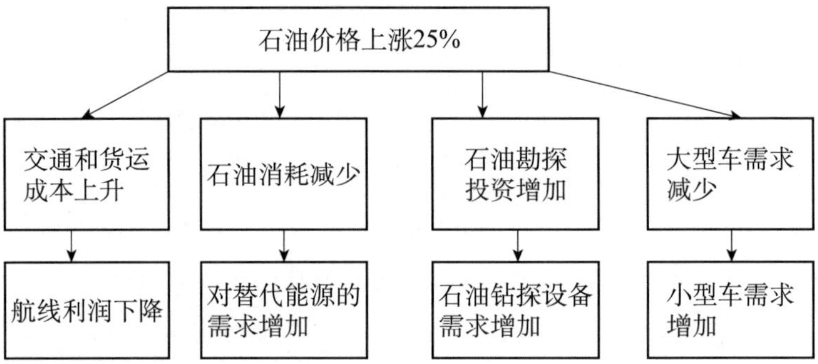

b）□ 想象你所在国家的政府通过了一项法律，宣布售卖香烟是非法的。用流程图画出可能的结果，并写一段话来描述这些结果。

c）□ 在你自己的专业中选择一种情境。用流程图画出可能的结果，并写一段话来描述这些结果。

2.3 比　较

在学术写作中经常需要进行比较。比较可能是文章的主题，也可能为论点提供证据。在所有情况下，都要对比较的内容进行清楚的解释，并使比较尽可能准确。本节介绍了不同形式的比较，并提供了练习。

1. 比较的结构

a）有些研究是以比较为基础的：

本研究的目标是比较中美消费者在零售场景中使用自助技术的偏好。

在另一些情况下，比较提供了有用的背景：

第一次解码人类基因组的尝试花了十年时间，现在可以在一个星期内完成。

b）两种基本的比较形式是：

i）France is larger than Switzerland.（法国比瑞士大。）

The students were happier after the exam.（学生在考试之后更快乐。）

（比较级，单音节形容词加上 er；以 y 结尾的双音节形容词将 y 改为 i，再加 er。）

ii）Learning Chinese is more difficult than learning English.（中文比英文难学。）

Washington is less crowded than New York.（纽约比华盛顿拥挤。）

（其他双音节或更多音节的形容词前加上 morc/less。）

c）比较可以用副词来修饰，如：

slightly（稍微），marginally（一点）（表示少量）

considerably（相当），significantly（非常），substantially（特别）（表示大量）

France is substantially larger than Switzerland.（法国比瑞士大得多。）

Switzerland is slightly smaller than Holland.（瑞士比荷兰小一点。）

Winters in Poland are significantly colder than in Portugal.（波兰的冬天比葡萄牙冷得多。）

d）相似或相近可以用 as...as/the same as（“和……一样”）来表示：

The population of France is approximately the same as the population of Britain.（法国的人口和英国几乎一样。）

Summers in Tokyo are as wet as in Singapore.（东京的夏天和新加坡一样潮湿。）

这种形式还可以用于定量比较：

Britain is half as large as France.（英国有法国的一半大。）

The journey by plane is five times as fast as by train.（坐飞机比坐火车快五倍。）

▶ 参见“3.3 数字”

2. 练习 A

□ 下表显示了不同城市的房地产价格。完成下面的比较，再补充两条。

欧元/平方米	城市
28 000	伦敦

续前表

欧元/平方米	城市
16 500	纽约
16 200	莫斯科
16 000	巴黎
15 850	东京
13 500	罗马
11 850	新加坡
11 000	悉尼

a）伦敦的房价________罗马的两倍。

b）莫斯科的房价________纽约。

c）东京的房价几乎和________一样高。

d）新加坡的房价________低于纽约。

e）伦敦的房价是八个城市中________贵的，悉尼是最便宜的。

f）______________________________

g）______________________________

3. 比较的形式

□ 比较这三种结构。

巴黎的房子比罗马贵。

在巴黎，房子比在罗马贵。

巴黎的房价高于罗马。

注意在对抽象的概念（如比率）进行比较时，使用高/低来描述：

20 年前出生率更高。

more/less 必须跟 than 一起使用：

This module is more difficult than the last one.（这个单元比上一个更难。）

Divorce is less common in Turkey than in Germany.（在土耳其，离婚比在德国少见。）

4. 使用最高级（如最大/最小）

使用最高级时，注意要明确范围（“最便宜的汽车”是没有意义的）：

福特旗下/全美国最便宜的汽车。

“最”后面一般跟形容词：

最有趣的例子是爱尔兰的立场。

“最多/最少”用在与数字的关系中：

学习生物遗传学的学生人数是最少的。

5. 练习 B

□ 下表列出了收入最高的十家欧洲足球俱乐部。下面的比较中，每句话都包含一个错误，找到并改正错误。

收入最高的十家欧洲足球俱乐部（2017 年）

俱乐部	收入（百万美元）
曼联	703
皇家马德里	694
巴塞罗那	675
拜仁慕尼黑	570
曼城	558
阿森纳	524
切尔西	505
利物浦	471
尤文图斯	415
托特纳姆热刺	310

（资料来源：Deloitte.）

a）曼联的收入最高。

b）拜仁慕尼黑的收入几乎比托特纳姆热刺多两倍。

c）巴塞罗那的收入略高于尤文图斯。

d）尤文图斯的收入比利物浦高。

e）阿森纳的收入比曼城低得多。

f）阿森纳的收入与切尔西一样。

6. 练习 C

□ 根据下面的表格填写段落中的空格。

结婚率和离婚率（每千人）

国家	结婚率	离婚率
埃及	10.6	1.5
美国	8.4	4.7
伊朗	8.4	0.8
土耳其	8.3	0.6
日本	6.2	1.9
俄罗斯	5.2	2.9
西班牙	5.2	0.8
英国	5.2	3.1
南非	4.0	0.9

（资料来源：UN.）

表格对不同国家的结婚率和离婚率（每千人）进行了比较。结婚 a）________从埃及的每千人 10.6 到南非的 4.0 不等，离婚率的 b）________更大，从美国的 4.7 到南非的 0.9 不等。美国的结婚率和伊朗 c）________，都 d）________西班牙高 e）________。在伊朗和土耳其等国，只有 10% 的婚姻以离婚告终，但是在英国和美国，这个数字 f）________一半。美国的 g）________结婚率可能有一部分源于再婚。

7. 练习 D

□ 研究下面关于伦敦的数据。然后围绕一座你熟悉的城市做笔记，用

300—400 字对两座城市进行比较。

	伦敦
位置	泰晤士河上的港口城市，距离海岸不远
历史	在这一地理位置建设城镇已有约 2 000 年
地位	英国首都
人口	超过 700 万
就业	政府机关，银行，金融业，零售业，娱乐业
文化	240 座博物馆，250 座剧院
公共交通	伦敦拥有世界上第一条地铁线路。现在有 12 条线路、275 座车站。还有红色双层巴士
气候	冬季寒冷潮湿，夏季炎热潮湿。夏季平均气温约为 17℃
住宅	以砖石联排房屋为主，也有现代化公寓
最高建筑	摘星塔（The Shard，310 米）

2.4　定　义

定义通常出现在引言中（参见 1.11“引言和结论”）。不是每篇论文都需要定义，但是如果题目中包含某个不常见的短语，或者作者想要在特定意义上使用某个术语，就有必要让读者明白它在这一语境中究竟是什么意思。本节分别介绍了撰写简单定义和复杂定义的方法。

1. 简单定义

基本定义通过给出范畴和应用构成，就像词典里那样。

词语	范畴	应用
日程	是一系列问题	要在一次会议上讨论
硕士学位	是一项学术资格	授予成功完成学位论文的研究生
补助金	是一笔钱	为特殊目的拨付
研讨班	是一种课程	由导师指导学生学习

2. 范畴词

范畴词对下定义很有帮助。

□ 将左边的例子与右边的范畴连起来，组成一项合适的定义。

例：钢筋混凝土是一种由水泥、骨料和钢筋组成的建筑材料，应用于桥梁等建筑物中。

例子	范畴
钢筋混凝土	疾病
蜥蜴	谷物
链锯	组织
疟疾	工具

续前表

例子	范畴
专制	视觉艺术
编织	政治制度
燕麦	建筑材料
有限公司	惩罚
停车罚款	爬行动物
雕塑	过程

□ 从方框中找出合适的范畴词，完成下面的定义（给出的词语比空格多）。

纤维	理论	行为	组织	过程
仪器	器官	时期	根茎蔬菜	职业

a）气压计是一种科学________，用来测量大气压力。

b）肾脏是将废液从血液中分离出来的________。

c）跨国公司是在多个国家运行的企业________。

d）亚麻线是一种用亚麻制成的________。

e）霸凌是发生在许多学校中的一种反社会的________模式。

f）循环利用是使材料得到再利用的________。

g）衰退是经济活动减少的________。

h）胡萝卜是一种广泛生长在温带气候下的________。

□ 写出下列定义。

i）讲课是________________________________。

j）结核病是________________________________。

k）红十字会是________________________________。

l）习语是________________________________。

□ 写出你专业领域中的两项定义。

3. 复杂定义

你可能觉得有些术语是被普遍使用和理解的，很难对它们进行解释。例如，什么是“市区”或“非政府组织”？正因为如此，你才能够用这些术语清楚地表达你的理解。

□ 阅读下面的例子，划出被定义的术语。

a）失败的项目可以指被放弃的项目，也可以指不能充分发挥潜力的项目，或者进度超期的项目。

b）发展是以提高人民生活水平为主要目标的社会—经济—技术过程。

c）Bowlby（1982）认为，依恋是一种有组织的系统，其目标是让个体感到安全和有保障。

d）……在这种称为“自发亮效应”的非线性效应中，振幅较大的波衰减得比振幅较小的波慢……

e）从经济意义上讲，全球化指的是国家经济向全球市场和全球资本开放，商品、服务、金融、人员、知识和技术在世界各地更自由地流动和扩散。

这些例子展示了下定义时使用的不同方法。

□ 在上述例子中，哪一个（或哪几个）

i）引用了其他作者的定义？

ii）给出了不同的相关情境？

iii）解释了一个过程？

iv）使用了范畴词？

4. 练习

□ 阅读下面的题目，划出值得下定义的术语，并为其中三个写出定义。

例：

题目：高等教育应该免费向所有人开放（讨论）。

定义：高等教育通常指大学层次的学习，目标是获取本科或更高学位，高等教育的对象通常在 18 岁以上。

a）死刑在现代法律制度中没有一席之地（讨论）。

b）创业企业如何通过管理在发展的过程中保持其创业文化？

c）在未来 20 年内，电子书很有可能取代纸质书。你同意这种说法吗？

d）随着全世界城市区域的不断扩大，农业能够养活不断增长的城市人口吗？

e）考虑到肥胖的医学危害，降低肥胖率的最好方法是什么？

2.5　例　子

在学术写作中，例子用于支持和说明。合适的例子能使论点更有力，也能帮助读者理解作者的观点。本节展示了不同的举例方法，并提供了练习。

1. 例子的使用

介绍主题时通常使用归纳：

许多动植物受到全球变暖的威胁。

但是，如果给读者一个例子来说明，观点会变得更加具体：

许多动植物受到全球变暖的威胁。例如，北极熊正为北极冰层减少所困扰。

没有例子，作品可能显得理论性过强：

滥用抗生素可能导致严重的负面后果。

但是，例子能让观点更容易理解：

滥用抗生素可能导致严重的负面后果。在医院感染 MRSA 等超级细菌的病例已经变得越来越难以治疗，这导致了许多人死亡。

例子也能支持作者提出的观点：

过去十年中，国际关系课堂热情地拥抱流行文化。乔治·奥威尔的《1984》一直被视为一种无国界的反乌托邦隐喻……

▶ 参见"2.6　归纳"

2. 用于举例的词语和短语

a）例如、比如

一些汽车制造商，比如起亚（Kia），现在提供七年的质保。

b）像……这样的

像飓风这样的极端天气事件正在变得越来越频繁。

c）特别是、尤其是（用于强调）

某些硕士课程，特别是美国的课程，需要两年时间。

d）一个恰当的例子（用于单个例子）

一些疾病已经被成功消灭。天花就是一个恰当的例子。

□ 使用上述词语或短语，为每句话加上一个合适的例子。

例：

由于出售电视转播权，一些运动已经变得非常有利可图。

由于出售电视转播权，一些运动，比如赛车，已经变得非常有利可图。

a）20世纪的一些发明影响了大多数人的生活。

b）最近，许多国家开始对大学课程收费。

c）许多公司都是靠一种产品建立了自己的声誉。

d）近年来，越来越多的女性成为政治领袖。

e）某些国家经常受到地震的影响。

f）许多乐器用弦来演奏音乐。

g）运河促进了世界贸易。

h）政治家讨论了一系列可能替代监狱的惩罚措施。

3. 练习 A

□ 阅读下面的文章，从方框中选择合适的例子加入其中。

像减肥可乐这样的
包括鸡蛋、黄油、盐、糖、脂肪和熏肉
例如面包或米饭
（如游泳、跑步或骑自行车）
换句话说，一种食物可能遭到一个科学家的批评，却被另一个科学家认可
如水果和肉类

健康饮食

一百年前，大多数人的饮食结构都以既便宜又能填饱肚子的主食为主。今天，许多人能够吃得起更多种类的食物，并且能够经常吃到更贵的食物。但是随着选择范围的扩大，人们开始担心某些食品可能对健康构成威胁。近年来，许多产品被认为存在健康风险。这让许多人感到困惑，因为许多说法背后的“研究”是相互矛盾的。健康食品行业是这个过程的受益者之一，这是一个蓬勃发展的行业，向注重健康的年轻人推销食品和饮料。然而，许多医生认为，与其只关注饮食，加强锻炼更能增进人们的健康。

4. 练习 B

□ 阅读下面的文章，在需要的地方加入合适的例子来说明论点。

新视角

出国留学的学生在到达一个新国家时，往往会经历一种文化冲击。当

然，在一个新的城市里总是有不同的东西要学习。此外，他们在自己的社会中习以为常的风俗习惯在新国家可能不再适用，甚至日常生活的模式也可能不同。再加上每个国家之间不可避免的差异，一开始可能会让学生感到非常困惑。他们会经历情绪的剧烈波动，甚至想要回家。不过，大多数人很快就能交到新朋友，在相对较短的时间内适应新环境。他们可能发现，他们更喜欢新环境的某些方面，有时候甚至忘记了自己不在家！

---

5. 重申

当只有一个“例子”时，需要使用另外一组词语或短语（括号也可以用于这个目的）。这是一种重申，用来进一步澄清意思：

世界领先的黄金生产国，即南非，面临着许多技术上的困难。

常用的有：换句话说、即、也就是（说）、换言之。

□ 从方框中选择合适的短语，加入下面的句子中，使句子的意思更清晰。

a）公司去年的管理费用增加了一倍。

b）罗马帝国是一个独裁统治时期。

c）印度首都有一个繁荣的商业中心。

d）最常见癌症的存活率正在提高。

e）大多数民主国家的投票率正在下降。

也就是说，参与投票的人数减少了
换句话说，固定成本
即新德里
（公元前 27—公元 476 年）
即乳腺癌

2.6 归 纳

归纳通常用于介绍一个主题。归纳是有力的陈述，因为它们简单易懂，但是必须谨慎使用，以避免不准确或过度简化。本节解释了如何清晰有效地进行归纳。

1. 归纳的使用

a）归纳通常用来给出对主题的简单介绍。比较：

在英国，大多数吸烟者是女性。

英国 56.2%的吸烟者是女性，43.8%是男性。

虽然第二句话更准确，但是第一句话更易于理解和记忆。作者必须决定什么时候需要准确性、什么时候需要归纳。

b）必须避免没有研究和证据支持的归纳，或者不清晰的归纳：

猫比狗聪明。

小孩子学习外语更容易。

吸烟导致肺癌。

这种表述很危险，因为可能存在例外。相反，最好使用谨慎的说法：

猫可能比狗聪明。

小孩子学习外语通常更容易。

吸烟可能导致肺癌。

□ 判断下列归纳中哪些是有根据的。

a）英国经常下雨。

b）地震通常很难预测。

c）贫困和疾病之间可能存在联系。

d）女性比男性工作更努力。

e）坐飞机旅行通常比坐火车快。

▶ 参见“3.7　风格”

2. 结构

归纳通常有两种方式。

a）最常见的情况是使用复数。

计算机（computers）改变了我们的生活方式。

b）也可以使用“单数+定冠词”（更加正式）。

计算机（the computer）改变了我们的生活方式。

3. 练习A

□ 归纳下面的主题。

例：

新鲜水果/健康——吃新鲜水果对健康很重要。

a）经常下雨/农作物收成好____________________

b）诚实的法官/对法律的尊重____________________

c）睡眠充足/学习成绩好____________________

d）工业发展/污染____________________

e）天气寒冷/对天然气的需求____________________

f）职业满意度/有趣的工作____________________

g）坚持锻炼/体育成绩好____________________

h）创意和技巧/伟大的艺术____________________

4. 练习 B

□ 用下表中的信息写出五句归纳。

关于大学生更喜欢在哪里学习的调查结果

	本科生（%）		研究生（%）	
	男生	**女生**	**男生**	**女生**
图书馆	20	17	47	32
自己的房间，安安静静地	21	27	26	38
自己的房间，听音乐	25	13	12	14
自己的房间，在床上	15	24	6	10
户外	6	9	4	2
其他	13	10	5	4

（资料来源：作者）

5. 在归纳的基础上

展示研究结果或展开论述时，可以以多种方式使用归纳。

□ 阅读下面的文章，注意用黑体字标出的归纳。回答后面的问题。

女人想要什么

我们择偶的标准似乎因地而异。最近的一项研究（Jones and DeBruine，2010）探讨了女性对伴侣的偏好可能会因其所处的社会而不同的观点。在研究中，他们向来自 30 个国家的近 5 000 名女性展示同样的男性面孔照片，要求她们指出哪一张更有吸引力。在疾病普遍存在的国家，女性会选择男性特征更强的男性；而在医疗水平更高、疾病更少的美国等国家，女性更青睐柔弱的男性。研究人员得出的结论是，**在更健康的社会中，女性对那些可能建立长期关系并帮助她们抚养孩子的男性更感兴趣；而在儿童死亡率高的地方，她们会选择那些似乎更有可能生下健康后代的强壮的男性。**

---

a）第一处归纳的作用是什么？

b）结尾处归纳的基础是什么？

c）结尾处归纳的目的是什么？

6. 练习 C

大部分论文的顺序是从一般到具体，因为归纳需要支持和展开。例如，一篇题为《全球化对中国经济的影响》的论文可以这样展开：

归纳	支持	展开（具体）
自 20 世纪中叶以来，国际贸易有了显著的增长。	这是多种原因综合作用的结果，包括 GATT 等国际贸易协议、交通运输的改善和通信技术的进步。	中国在这个过程中扮演了重要的角色，仅用 20 年，其国际贸易就增长了 16 倍。中国每年的 GDP 增长率接近 10%。

□ 从下面的列表中（或者从你自己的专业中）选择一个题目，写一句归纳，然后用同样的方式展开。

a）旅游业对东道国总是有负面影响吗？

b）政府应该利用税收促进公共健康吗？

c）保护森林和种植粮食哪个更重要？

d）国家把钱花在小学教育上还是大学教育上更好？

归纳	支持	展开（具体）

▶ 参见“1.11　引言和结论”

2.7　问题和解决方案

写作任务经常要求学生考察一个问题并评估一系列解决方案。本节解释了如何组织这类文本。注意有些语言与“2.1　提出论点和讨论”中练习过的有相似之处。

1. 段落结构

□ 考察下面这个段落的组织结构。

如何减少道路拥堵?

现在，道路往往拥挤不堪，从人员流动和货物运输的角度看，这种延误的成本很高。人们普遍认为，修建更多的道路或者拓宽现有道路可以缓解交通拥堵。但是，这项工作不仅成本高昂，而且建设的过程会增加拥堵，新增的道路空间可能鼓励更多的车辆上路，所以只能是一个短期的方案。因此，建设更多的道路不太可能解决这个问题，应该考虑其他补救措施，比如收取拥堵费或者增加公共交通供应。

问题：现在，道路往往拥挤不堪，从人员流动和货物运输的角度看，这种延误的成本很高。

解决方案 A：人们普遍认为，修建更多的道路或者拓宽现有道路可以缓解交通拥堵。

解决方案 A 的反对观点：但是，这项工作不仅成本高昂，而且建设的过程会增加拥堵，新增的道路空间可能鼓励更多的车辆上路，所以只能是一个短期的方案。

倾向于解决方案 B、方案 C 的结论：……应该考虑其他补救措施，比如收取拥堵费或者增加公共交通供应。

2. 其他结构

同样的观点可以重新排列，得出不同的结论。

如何减少道路拥堵?

现在，道路往往拥挤不堪，从人员流动和货物运输的角度看，这种延误的成本很高。人们普遍认为，修建更多的道路或者拓宽现有道路可以缓解交通拥堵。批评者指出，这种补救措施不仅成本高昂，而且可能导致更多的车辆上路。这些批评有一定的道理，但是其他替代方案同样存在问题。收取拥堵费有很多实际困难，而人们往往不愿意使用公共交通。如果不修路的话，似乎只能让路上越来越混乱。

问题：现在，道路往往拥挤不堪，从人员流动和货物运输的角度看，这种延误的成本很高。

解决方案 A：人们普遍认为，修建更多的道路或者拓宽现有道路可以缓解交通拥堵。

解决方案 A 的反对观点：批评者指出，这种补救措施不仅成本高昂，而且可能导致更多的车辆上路。这些批评有一定的道理……

解决方案 B、C 和反对观点：……其他替代方案同样存在问题。收取拥堵费有很多实际困难，而人们往往不愿意使用公共交通。

倾向于解决方案 A 的结论：如果不修路的话，似乎只能让路上越来越混乱。

3. 词汇

下面这些黑体字可以作为“问题”或“解决方案”的同义词。

出现了三个主要**困难**……	最好的**补救措施**可能是……
护士面临的主要**挑战**是……	提出了两个**答案**……
经济衰退期间的一个**担忧**是……	另一个**建议**是……
新流程产生了两个**难题**……	马特森的**提案**最终被接受了。

团队面临的三个主要**议题**是……　由……**纠正/解决**
我们主要**担心/困扰**的是……　另一条值得探索的**道路**是……

4. 练习 A

□ 阅读下面的文章，然后重写这段话，得出不同的结论。

房地产困境

在许多不断扩张的城市地区，由于人们从农村迁往城市寻找机会，住房严重短缺。这个问题有各种可能的解决方案，但每种方案都各有缺点。传统的方案是建造带花园的家庭住宅，这提供了隐私和空间，但是需要大量的土地。建造这种房屋的速度很慢，而且郊区的发展延长了通勤距离。第二种解决方案是建造高层公寓，低成本、高密度地容纳更多的人。然而，入住的家庭可能发现这种房屋过于嘈杂和拥挤。第三种解决方案是建造预制三层房屋，与传统房屋相比，这种房屋的建造速度更快、成本更低，而且可以容纳更高的人口密度。对许多城市来说，这避免了郊区的扩张和高层建筑的增加，可能是最好的解决方案。

5. 练习 B

□ 用下面的观点写一个关于大学扩建的段落。

题目：大学扩建

问题：对大学名额的需求增加，导致课堂和研讨班过度拥挤

解决方案 A：提高学费来减少需求

解决方案 A 的反对观点：对贫困学生不公平

解决方案 B：政府出资扩建大学

解决方案 B 的反对观点：对一般纳税人不公平，用他们的钱补贴了少数人的教育，而这些人未来能获得更高的工资

结论：政府应该为贫困学生提供补贴

6. 练习C

□ 从你的专业领域中找一个类似的问题。填写下面的表格，然后写一个段落，得出一个结论。

题目：______________________________

问题：______________________________

____

解决方案 A：______________________________

____

解决方案 A 的反对观点：______________________________

____

解决方案 B：______________________________

____

解决方案 B 的反对观点：______________________________

____

（解决方案 C 及反对观点：）______________________________

____

结论：______________________________

____

2.8　可视化信息

在许多学科中，用统计数据来支持你的写作是很重要的。图形和表格等可视化工具是一种方便的手段，能够以易于理解的形式显示大量信息。本节解释了与这些工具相关的语言，并提供了练习。

1. 可视化信息的类型

学术文本中使用的主要可视化工具如下表所示。注意它们经常组合使用（如柱状图和折线图）。

□ 将下面各种可视化工具的应用［a）至 i）］和例子（A 至 I）填写到表格中对应位置。

类型	应用	例子
1. 示意图		
2. 表格		
3. 地图		
4. 饼图		
5. 流程图		
6. 折线图		
7. 柱状图		
8. 计划		
9. 散点图		

应用：

a）位置（小规模）

b）位置（大规模）

c）时间变化

d）过程顺序

e）比较

f）比例

g）结构

h）统计显示

i）两组变量的关系

A. 电影票销售额

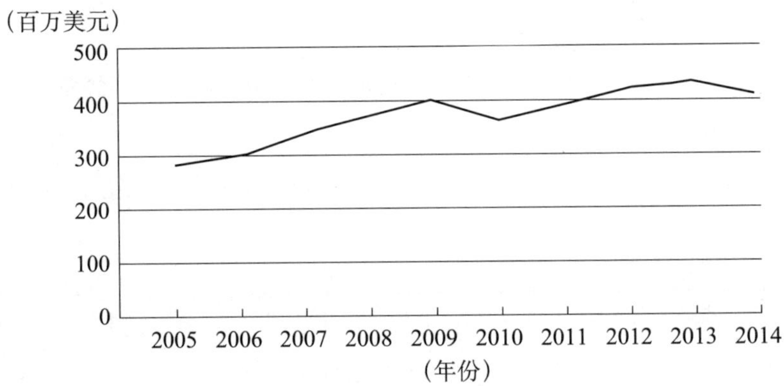

2005—2014年电影票房

B. 平均预期寿命——两性（2015年）

日本	83.7
法国	82.4
美国	79.3
阿联酋	77.1
印度	68.3
南非	62.9
阿富汗	60.5
尼日利亚	54.5
安哥拉	52.4

C. 燃煤发电量（2015 年）

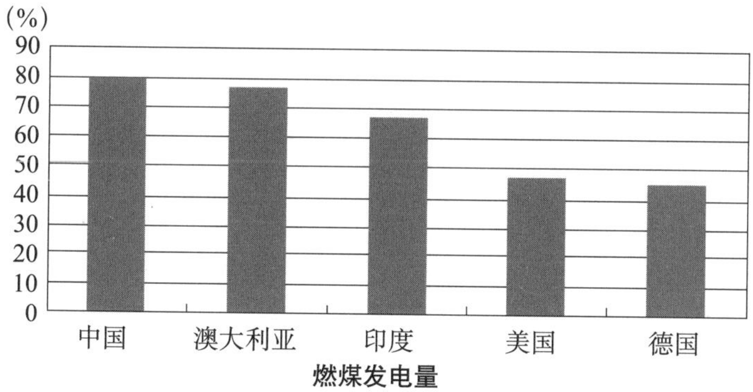

D. 国际学生来源

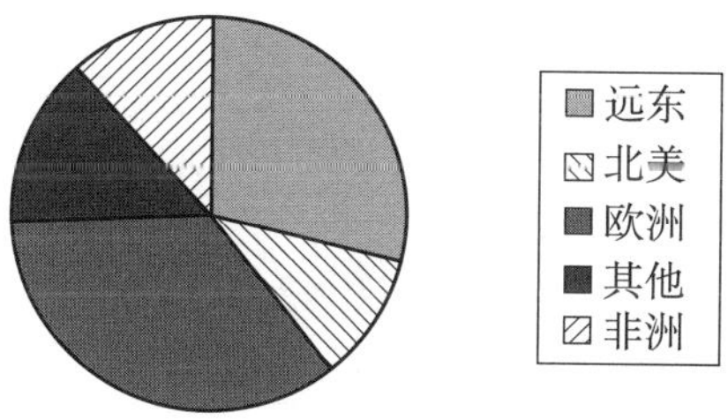

E. 论文计划

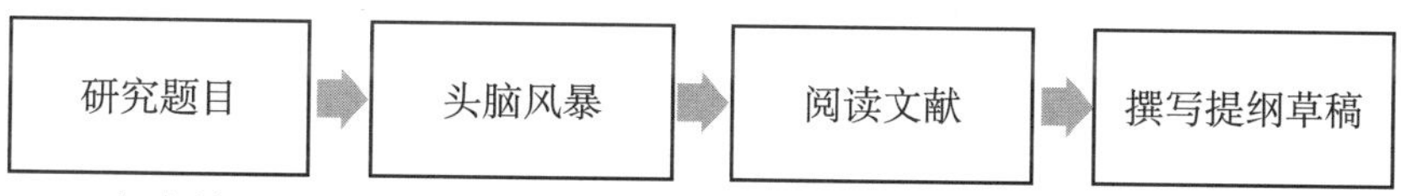

F. 人类的耳朵

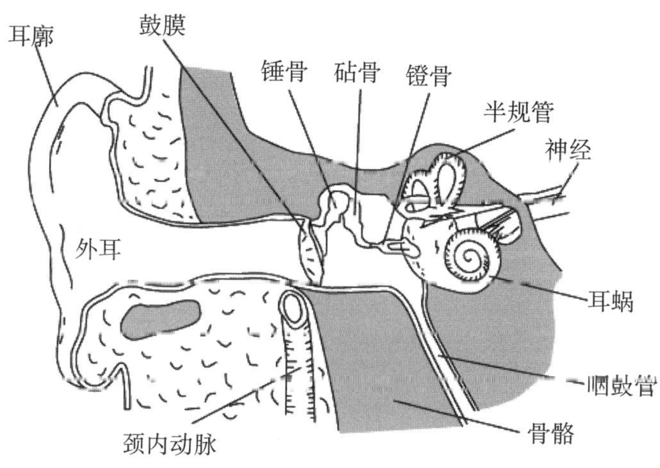

G. 语言中心布局

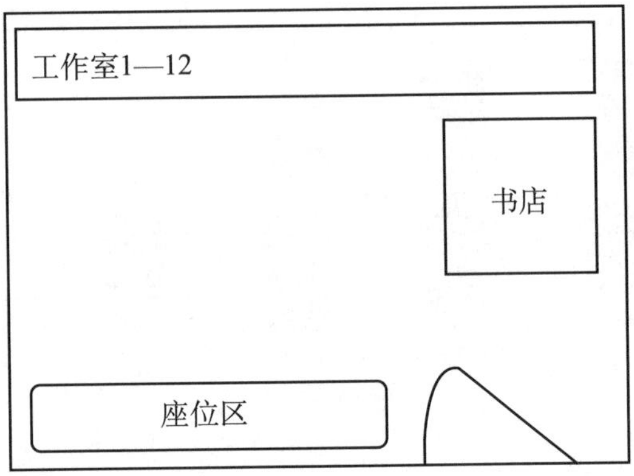

H. 意大利区划示意图

I. 身高与臂展

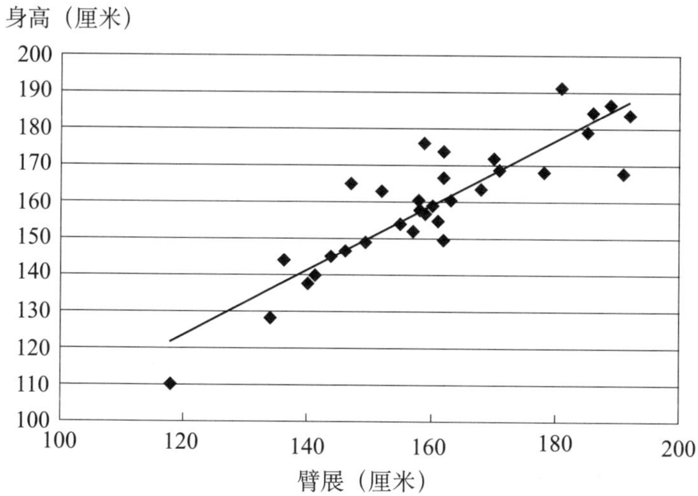

2. 表示变化的语言

动词↗	副词	动词↘	形容词＋名词
grow（增长）	slightly（稍微地）	drop（降低）	a slight drop（略微下降）
rise（上升）	gradually（逐渐地）	fall（下降）	a gradual fall（逐渐缩小）
increase（增加）	steadily（稳定地）	decrease（减少）	a sharp decrease（急剧降低）
climb（升高）	sharply（急剧地）	decline（缩小）	a steady decline（稳定减少）
其他：a peak to peak（峰值），a plateau（稳定水平），to level off（趋平），a trough（低谷）			

2012 年之前，平均气温稳步上升，之后略有下降。

夏季销量急剧下降，然后逐渐上升。

□ 研究下面的图示和描述。

图 1 显示，1 月的通货膨胀率为 2%，2 月上升到 2.5%。这一比率一直稳定到 4 月，然后稳步上升到 7 月的 4%以上。8 月通货膨胀率略有下降，但随后在 9 月攀升至 5%的峰值。从那时起，急剧下降至 12 月的 2%以下。

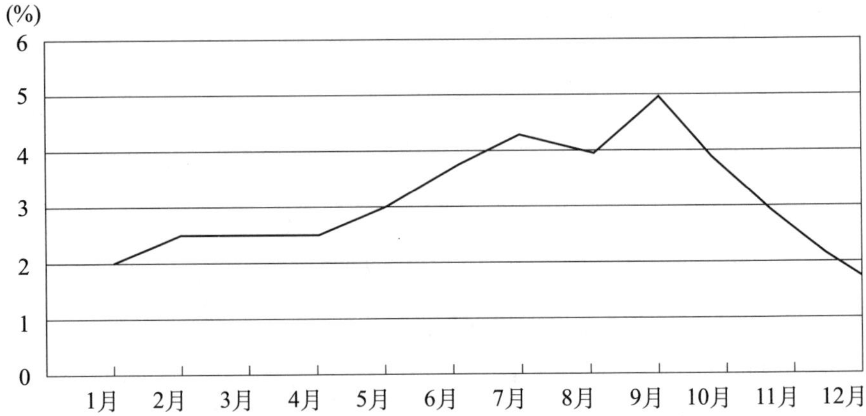

图1　2016年1—12月通货膨胀率

3. 可视化信息的描述

虽然可视化工具在很大程度上是不言自明的，但常见的做法是对其主要特征加以简要评论，帮助读者理解。

图	显示了	自1990年以来石油价格的变化。
地图	说明了	非洲铜金属的主要来源。
示意图	展示了	两家公司的组织结构。

a）□ 阅读图2的图示和描述。哪种描述更好，为什么？

i）图2显示了世界主要茶叶消费国的茶叶消费量。印度和中国总共消费了世界茶叶产量的一半以上，仅印度就消费了约三分之一。其他重要的茶叶消费国还有土耳其、俄罗斯和英国。“其他国家”包括美国、伊朗和埃及。

ii）图2显示，世界上31%的茶叶被印度消费，23%被中国消费，8%被土耳其消费。第四大消费国是俄罗斯、日本和英国，各占7%，而巴基斯坦仅占5%。其余12%来自其他国家。

b）□ 填空，完成对图3柱状图的描述。

图3展示了世界上许多国家的人口 i）________。图中 ii）________了

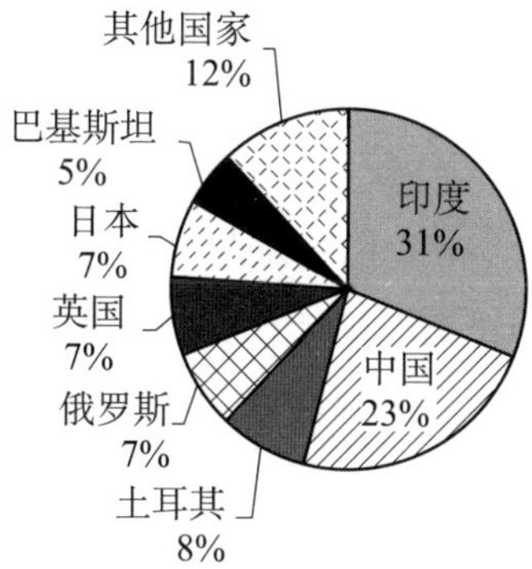

图 2　世界茶叶消费占比

（资料来源：The Tea Council.）

人口密集的国家，如韩国（每平方千米 475 人），iii）________人口相对 iv）________的国家，如加拿大（每平方千米 3 人）之间的极端对比。显然，气候在决定人口密度方面起着重要的 v）________，vi）________人口密度最低的国家 vii）________拥有极端气候（如俄罗斯和加拿大的寒冷、阿尔及利亚的干旱）。

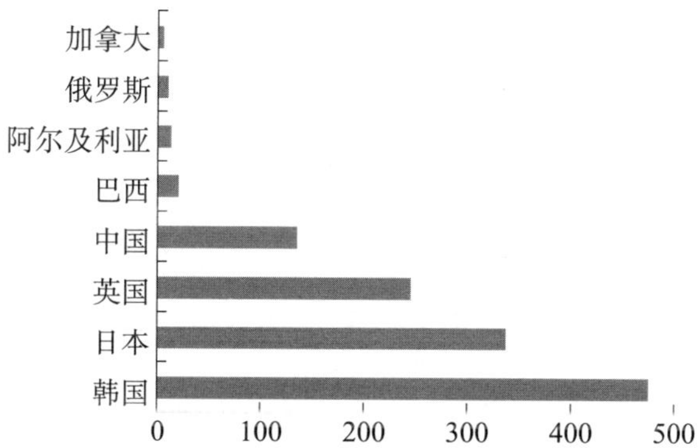

图 3　人口密度（每平方千米人数）

（资料来源：OECD.）

4. 标记

a）当提到文本中的可视化信息时，除表格（参见上面的例子）之外，几乎都可以称为图（如地图、图表和图形）。

b）图和表应该有编号和标题。通常，表的标题写在数据上方，图的标题写在数据下方。

c）与其他数据一样，可视化信息必须给出文献来源。

d）如果你要写一篇长作品，如学位论文，还需要提供图表目录，在目录页之后列出图表的序号、标题和对应页码。

5. 练习 A

□ 完成对表 1 的描述。

表 1　2015—2050 年欧洲各国预计人口变化

国家	2015 年人口（百万）	2050 年预计人口（百万）	变化（百万）
法国	62	67	＋5
德国	82	71	－11
意大利	60	57	－3
波兰	38	32	－6
葡萄牙	10.7	10	－0.7
俄罗斯	140	116	－24
西班牙	45	51	＋6
英国	62	72	＋10

（资料来源：UN.）

表 1a）________了 2015 年至 2050 年 b）________欧洲各国预计人口的变化。能够看出 c）________国家预计人口会下降，有些国家（如德国和俄罗斯）的情况相当 d）________。不过，法国、e）________和英国的人口预计会 f）________，英国的增幅 g）________10％。

6. 练习 B

□ 写一段话，对下图的主要特征做出评论。

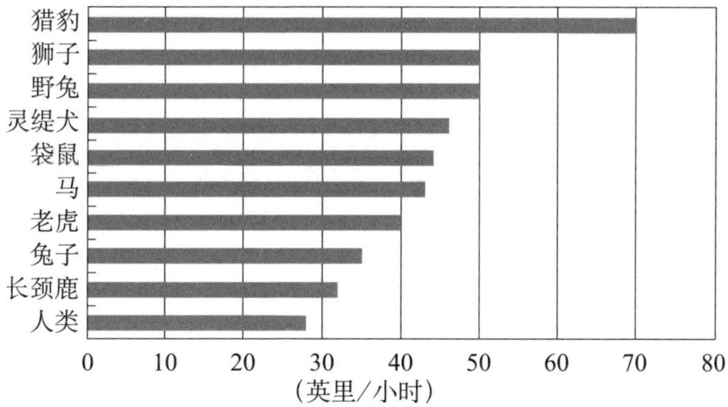

哺乳动物奔跑的最高速度

第 2 章进度检查

这些练习将帮助你评估对第 2 章“写作的要素”的理解。

1. 写出“好处”的两个同义词或短语。

2. 组织论文讨论的纵向和横向方式有什么区别?

3. 什么是反对观点?

4. 为下列结果写出可能的原因：

a）失业率上升

b）铁路事故

c）停电

5. 写三个句子，用下面的数据对澳大利亚和新西兰进行比较。

	澳大利亚	新西兰
面积（平方千米）	760 万	27 万
人口	2 150 万	430 万
人均 GDP	50 750 美元	32 370 美元

6. 写出下述定义：

a）学期

b）锤子

c）助产士

7. 在下面每个句子中插入合适的例子。

a）某些国家的首都比本国的商业中心城市小。

b）许多种类的水果含有重要的维生素。

c）有几种哺乳动物生活在海里。

d）太阳系的大多数行星拥有卫星。

8. 在下面的段落中，划出你认为有问题的归纳。

在过去的一个世纪里，摄影已经从富人专享的爱好变成了每个人都能接触到的东西。主要原因是数码相机的发明。过去 20 年里，拍摄彩色照片变得便宜、简单，并且可以用修图软件很容易地修改照片。现在每个人都有了内置摄像头的智能手机，摄影变得大众化，任何人都可以拍出高质量的照片。

9. 用“问题”或“解决方案”的同义词补充完整下面的句子。

a）工程师面临的主要________是极端严寒。

b）唯一的________是重复试验。

c）歇洛克·福尔摩斯发现消失的面具之谜有一个不同寻常的________。

d）核废料的安全处置是一个________，没有简单的答案。

10. 用下表中的数据写一段评论。

表 2　关于图书馆服务的学生调查：对服务感到满意的学生百分比

图书馆服务	本科生（%）	研究生（%）
开放时间	72	63
馆员的帮助	94	81
电子书目的易用性	65	87
自习空间是否充足	80	76
咖啡馆	91	95
短借期图书是否容易获取	43	35
主要馆藏的质量	69	54

（资料来源：作者）

第3章

语言问题

第3章解决国际学生在英语写作中面临的最具挑战性的语言问题，例如，正确地使用定冠词、正确地使用标点符号和有效地使用恰当的学术风格，任何学生都有可能遇到这些问题。

3.1 衔 接[①]

衔接是指用代词或连词将文字连接起来，使整篇文章清晰易读。本节练习代词的使用，连词的使用将在 4.5 中介绍。

1. 代词

代词用于避免重复。

列奥纳多·达·芬奇（1452—1519 年）是一位 15 世纪的意大利天才，他只创作了少量的成品。然而，它们当中包括《蒙娜丽莎》和《最后的晚餐》，前者可能是世界上最著名的画作。虽然在人们的印象中他主要是一位艺术家，但他也是一位创新工程师、科学家和解剖学家。他的设计包括坦克和飞行器，尽管这些东西在他生前很少被制造出来，但人们仍然记得他是那个看到了这些可能性的人。

代词的功能如下：

列奥纳多·达·芬奇	成品	蒙娜丽莎	设计
他/他的	它们	前者	这些

代词的例子：

代名词　他/她/它/他们（he/she/it/they）

物主代词　他的/她的/它的/他们的/它们的（his/her/its/their/theirs）

宾格代词　她/他/它们（her/him/them）

指示代词　这/那/这些/那些（this/that/these/those）

① 本节内容中文学术写作可参考使用。中文中的代词与英文中有所差别，如不区分主格和宾格等。——译者注

其他　　前者/后者/第一个/第二个/最后一个（the former/the latter/the first/the second/the last）

2. 练习 A

□ 阅读下面的段落并填写表格。

短命的企业

莱比锡大学（University of Leipzig）的研究员 La Ferrera（2016）研究了英国和德国新创业企业的生命周期，发现它们的平均寿命只有3.4年。她认为这主要有两个原因：一个是经济原因，另一个是社会原因。前者可能是缺乏初始营运资金，后者是未能进行充分的市场调查。La Ferrera 认为，这些因素占到了企业失败原因的70%。她的结论是：没有进行市场调查的后果更严重，因为这会影响到整个新企业的设计。

指代对象	代词
La Ferrera	她
新创业企业	
平均寿命只有3.4年	
一个是经济原因	
另一个是社会原因	
前者……后者……充分的市场调查	
没有进行市场调查	

3. 防止混淆

为了避免让读者产生混淆，只有在指代对象清楚明确、没有歧义的时候才能使用代词。例如：

巴勃罗·毕加索1904年移居巴黎，1908年至1909年与乔治·布拉克共事。

他对形式分析产生了兴趣，这导致了立体主义的诞生。

在这种情况下，“他”指的是哪个人（毕加索还是布拉克）并不明确。为了避免歧义，应该这样写：

巴勃罗·毕加索 1904 年移居巴黎，1908 年至 1909 年与乔治·布拉克共事。

毕加索对形式分析产生了兴趣，这导致了立体主义的诞生。

4. 练习 B

□ 在下面的段落中的横线处填入合适的代词。

因为什么而著名?

1987 年，58 岁的安迪·沃霍尔去世时，很少有人猜到 a) ________ 很快会成为全世界最有价值的艺术家。2007 年，b) ________ 作品总拍卖额达到了 4.28 亿美元。一年后，c) ________ 作品《八个猫王埃尔维斯》以超过 1 亿美元的价格售出，d) ________ 是艺术品的最高价格之一。在 e) ________ 工作生涯中，f) ________ 创作了大约 10 000 件作品，交易商相信 g) ________ 未来将继续受到收藏者的青睐。h) ________ 是因为沃霍尔作为超酷的潮流引领者和创新者的巨大声誉。i) ________ 也因为 j) ________ 名言预言了今天的名人文化而被铭记：“未来每个人都会出名 15 分钟。”

5. 省略的语言

在不同的书面形式中，为了方便，可以省略特定的词语。例如，在电子邮件中，主语通常可以省略：

（我）希望周五见到你。

（我们）期待着你的大作。

在其他情况下，可以为了避免重复省略名词：

不同的金属都可以用来制造镍合金。铬就是其中一种（金属）。

自2015年以来，石油（产量）和天然气产量均有所下降。

希望从每年1万名申请者中选出合适的（申请者）。

有时候，可以省略整个短语：

他们希望尽快达到这个目标。到2025年，（这一目标）可能会实现。

比较中也经常存在省略：

农村地区的土地价格比城市（土地价格）便宜得多。

在你成为一个非常自信的作者之前，最好不要省略这些单词或短语，但理解为什么要这样做是有益处的。

6. 练习C

□ 阅读下面的段落，用代词替换黑体字表示的词语。

尼龙搭扣

尼龙搭扣是一种用于衣服和鞋子的织物紧固件。**尼龙搭扣**是瑞士工程师乔治·德·梅斯特拉尔（George de Mestral）发明的。**梅斯特拉尔**的灵感来自对一些植物种子上发现的小钩子的研究。**这些小钩子**附着在动物身上，帮助它们散播种子。尼龙搭扣有两面，一面是小钩子，另一面是环圈。当**钩子和环圈**被压在一起时，会形成牢固的键。

梅斯特拉尔花了8年时间来完善**梅斯特拉尔**的发明，**梅斯特拉尔**将其命名为“Velcro”，源自法语单词“velour”（丝绒）和“crochet”（钩子）。**这项发明**于1955年获得专利，如今每年会售出超过6 000万米尼龙搭扣。

7. 练习D

□ 用下面的信息写一个关于尼龙发明的段落，特别注意代词的使用。

尼龙

发明：　　华莱士·卡罗瑟斯（Wallace Carothers）

公司：	美国杜邦公司（DuPont Corporation）
卡罗瑟斯的职位：	研究中心主任
卡罗瑟斯的背景：	化学专业，专门研究高分子聚合物（由长原子链组成的分子）
性能：	高强度、纤细的合成纤维
获得专利：	1935
大规模生产：	1939
应用：	长筒袜、牙刷、降落伞、钓鱼线、手术线

3.2 定冠词[①]

学生经常发现英语中冠词（a，an和the）的使用规则令人困惑。本节的重点是定冠词the，提供了指南、例子和练习。

1. 冠词的使用

除非是不可数名词，否则所有名词在单数形式下都需要冠词。冠词可以是a/an，也可以是the。比较：

a）Research is an important activity in universities.（研究是高校的一项重要活动。）

b）The research begun by Dr Mathews was continued by Professor Brankovic.（马修斯博士开始的研究由布兰科维奇教授继续进行。）

c）An interesting piece of research was conducted among 200 patients in the clinic.（在该诊所的200名患者中进行了一项有趣的研究。）

在a）中，research通常是不可数的，此处是在一般意义上使用。
在b）中，马修斯博士开始了一项特定的research。
在c）中，research是第一次被提及，用“piece”来为research计数。

▶ 参见“3.6　单数还是复数?”

2. 定冠词的使用

定冠词（the）的使用规则相当复杂。

---

① 本节内容适用于英语学术写作。——译者注

□ 判断在以下例子中为什么使用或者不使用定冠词。

a）The world's fastest animal is the cheetah.（世界上跑得最快的动物是猎豹。）

b）The US was founded in the eighteenth century.（美国成立于 18 世纪。）

c）The government increased taxation in the 1990s.（政府在 20 世纪 90 年代增加了税收。）

d）The French Revolution was partly caused by bad harvests.（法国大革命的部分原因是歉收。）

e）The *New Scientist* is published every week.（《新科学家》每周出版。）

f）The south is characterised by poverty and emigration.（南方的特点是贫穷和移民。）

g）Pablo Picasso，the Spanish artist，was born in Malaga.（西班牙艺术家毕加索出生于马拉加。）

h）The River Seine runs through the middle of Paris.（塞纳河从巴黎市中心流过。）

i）The United Nations was founded in 1945.（联合国成立于 1945 年。）

j）The euro was introduced in 2002.（欧元于 2002 年推出。）

通常，在以下情况下使用定冠词：

i）最高级（最快的）

ii）时间段（18 世纪/20 世纪 90 年代）

iii）独一无二的事物（政府、世界）

iv）特定事物（法国大革命）

v）定期出版物（《新科学家》）

vi）地区及河流（南方/塞纳河）

vii）非常著名的人物和事物（西班牙艺术家）

viii）机构和实体（联合国）

ix）位置（中心）

x）货币（欧元）

在以下情况下不使用定冠词：

xi）一般情况（如歉收）

xii）国名（英国、美国等少数国家例外）

xiii）抽象名词（如贫穷、爱情）

xiv）以人名/地名命名的公司/事物［如塞恩斯伯里公司（Sainsbury's），希思罗机场（Heathrow Airport）］

注意，有时候可以有两种表述方式：

> 澳大利亚的沙漠在扩张。
>
> （使用定冠词：The deserts of Australia are expanding.）
>
> （不使用定冠词：Australian deserts/Australia's deserts are expanding.）

3. 练习 A

有时候很难判断一个名词是不是特定的。比较：

> **Climate change** is a serious threat for many people.（不特定）
>
> （气候变化对许多人来说是一个严重的威胁。）
>
> The **Russian climate** is characterised by long，cold winters.（特定）
>
> （俄罗斯的气候特点是冬天漫长而寒冷。）
>
> **Mobile phones** are vital tools for many businesses.（不特定）
>
> （对许多企业来说，手机是至关重要的工具。）
>
> The **mobile phone** she bought was a Samsung.（特定）
>
> （她买的手机是三星的。）

□ 在下面的句子中，判断黑体字表示的单词或短语是不是特定的，是否应该加上定冠词。

例：

________**inflation** was a serious problem for ________**Brazilian government.**

(Inflation was a serious problem for **the** Brazilian government.)

(对**巴西政府**来说，**通货膨胀**是一个严重的问题。)

a) ________ **engineering** is the main industry in ________ **northern region.**

(**工程**是**北部地区**的主要产业。)

b) ________ **insurance firms** have made record profits in ________ **last decade.**

(**过去十年保险公司**创造了创纪录的利润。)

c) ________ **global warming** is partly caused by ________ **fossil fuels.**

(**化石燃料**是**全球变暖**的部分原因。)

d) ________ **mayor** has been arrested on suspicion of ________ **corruption.**

(**市长**因涉嫌**腐败**而被捕。)

e) ________ **moons of Jupiter** were discovered in ________ **eighteenth century.**

(**木星的卫星**于 **18 世纪**被发现。)

f) ________ **tourism** is ________ **world's** biggest industry.

(**旅游业**是全**世界**最大的产业。)

g) ________ **forests of Scandinavia** produce most of ________ **Britain's** paper.

(**斯堪的纳维亚的森林**是**英国**造纸业的最主要来源。)

h) ________ **Thai currency** is ________ **baht.**

（泰国的货币是泰铢。）

i）________ **computer crime** has grown by 200% in ________ **last five years.**

（过去五年里计算机犯罪增长了 200%。）

j）________ **main causes** of ________ **Industrial Revolution** are still debated.

（工业革命的主要原因还在争论之中。）

k）Three percent of ________ **working population** are employed in ________ **call centres.**

（全部劳动人口的 3%在呼叫中心工作。）

l）________ **latest forecast** predicts ________ **warmer winters** in the next decade.

（最新预测显示未来十年将是暖冬。）

m）Research on ________ **energy saving** is being conducted in ________ **Physics Faculty.**

（物理系在进行关于节能的研究。）

n）________ **best definition** is often ________ **simplest.**

（最好的定义通常是最简单的。）

o）During ________ **last recession** there was a sharp increase in ________ **child poverty.**

（最近的经济衰退期间，儿童贫困率急剧上升。）

4. 练习 B

注意这两种表述方法在含义上有什么区别：

一位政府部长（A government minister）（许多人中的一个）

卫生部部长（The Minister of Health）（唯一的一个）

□ 在下面段落中的横线处加入 a/the（或者什么都不加）。注意，有时候可能有不止一种答案。

A Northern model?

Norway is a) ________ global leader in b) ________ use of electric cars: in 2016 nearly 30% of vehicle sales were battery-powered or hybrid models. In c) ________ past five years sales have increased sharply due to d) ________ development of better batteries, so now e) ________ country's five million people are f) ________ world's largest electric car market. g) ________ Transport Minister talks of ending sales of cars powered by h) ________ fossil fuels by 2025. i) ________ government is subsidising j) ________ installation of charging points on main roads and shopping centres. In addition, drivers of k) ________ zero-emission vehicles pay no sales tax or parking fees and may use bus lanes in cities. But this pattern may not be l) ________ model for other countries: Norway has m) ________ surplus of cheap electricity thanks to n) ________ hydropower, and it taxes petrol and diesel fuel heavily.

北方模式?

挪威是电动汽车使用的全球领导者：2016 年，近 30%的汽车销售是电动或混合动力汽车。在过去五年中，由于电池性能的发展，汽车销量急剧增长，所以现在这个 500 万人口的国家是世界上最大的电动汽车市场。交通部长谈到要在 2025 年前停止销售燃油汽车。政府为在主要道路和购物中心安装充电桩提供补贴。此外，零排放汽车的司机无须缴纳销售税或停车费，并且可以在城市中使用公交车道。但是这种模式可能无法成为其他国家的模板：挪威由于水力发电而拥有过剩的廉价电力，而且对汽油和柴油征收重税。

3.3 数 字

学生经常被要求统计数据一定要清晰、准确。本节解释了数字和百分比的语言，并提供了练习。“2.8 可视化信息”介绍了如何用图表呈现数据。

1. 数字的语言

a）在引言中，数字通常用来给出对情况的准确概括。

选择了大约1 800名5岁至12岁的儿童。

地球大气中每年增加33亿吨碳。

20世纪的5个冬天平均气温偏低2.4℃以上。

英语中，通常意义上的统计数据用figure/number来表示：

需要批判性地阅读报告中的数字（figures/numbers）。

不过，number的使用范围更广泛：

她忘记了电话号码（phone number）。

在某些文化中，13是一个不祥的数字（unlucky number）。

位数用digit来表示：

4 359是一个四位数（four-digit number）。

分数（如1/2）和小数（如0.975）都可以使用。

b）以百/千/百万（hundred/thousand/million）结尾的整数后面不加s：

那里居住着600万（six million）人。

但是，下列用法需要加s：

成千上万的（thousands of）人被迫离开洪水淹没的山谷。

谈到金钱时，货币符号放在数字前：$440 m（4.4 亿美元）。

比率通常用百分比表示（如识字率是 75%），也可以用千分率表示（如奥地利的出生率是 8.7‰）。

通常 10 以内的数字用单词表示，两位数以上的数字用阿拉伯数字表示：

There were 16 students in the class, but only eight came to the lecture.

（班上有 16 名学生，但是只有 8 个人来上课了。）

2. 百分比

变化率通常用百分比来表示：

自 2008 年以来，监狱中的犯人数量增长了 22%。

□ 用表格中的数字填补下面的句子。

a）2014—2015 年，学生人数增长了________%。

b）下一年，人数增长了________%。

c）2014—2017 年，人数增长了________%。

2014—2017 年学习法律和政治的学生人数

2014 年	**2015** 年	**2016** 年	**2017** 年
200（人）	300（人）	600（人）	1 000（人）

3. 简化

虽然准确地使用数字至关重要，但是太多的统计数据会让文章不容易阅读。如果确切的数字并不重要，可以使用“许多”“几十个”“大量”等词语来代替：

暴风雪导致47所学校关闭。

暴风雪导致几十所学校关闭。

a couple（一对）	2个
few（少数）	比较小的数字，低于预期
a few（一些）	根据上下文，大约3—6个
several（几个）	大约3—4个
various（好几个）	大约4—6个
dozens of（几十个）	大约30—60个
scores of（大量/许多）	大约60—100个

□ 用上述列表中的词语重写下面的句子。

例：

只有三个人参加了会议。

只有少数人参加了会议。

a）77名学生申请了奖学金。

b）自1975年以来，53所小学得到了重建。

c）学生为他们的项目想出了四个不错的题目。

d）市场人员为新巧克力棒想出了五个名字，但都被否决了。

e）去年出版了49本关于生物遗传学的书。

4. 更多表示数字的短语

这些表达方式也可以用来呈现和简化统计信息。例如：

学费在两年里从1 200美元涨到了2 500美元。

可以写成：

学费在两年里翻了一番。

在合适的地方还可以加上“大致/大约”：

学费在两年里大约翻了一番。

三分之一	三分之一的工科学生来自中国。
两倍/三倍	学习商法的女生是男生的两倍。
增长了五倍/十倍	石油价格增长了五倍。
翻倍/减半	2001 年以后的感染率减半了。
最高/最低	住房拥有率最低的是德国。
四分之一/五分之一	每年有五分之一的员工离职。
大多数/少数	大多数新生儿是在医院出生的。
平均	每位法官平均每天审理两起案件。
少部分/大部分	大部分销售来自网络。

注意：

5%—20% = 很少一部分（a small minority）

21%—39% = 少部分（a minority）

40%—49% = 相当一部分（a substantial/significant minority）

51%—55% = 微弱多数（a small majority）

56%—79% = 大部分（a majority）

80%及以上 = 很大一部分（a large majority）

□ 从上述列表中选择合适的表达方式，用更简化的方式重写下列句子。

a）1973 年，一升汽油的价格是 12 便士，而现在的价格是 1.2 英镑。

______

b）小组的 18 名学生中有 12 名是女生。

______

c）新的高速列车将去马德里的旅行时间从 7 小时缩短到了 3 小时 20 分钟。

______

d）申请心理学课程的学生人数从去年的 350 人增加到今年的 525 人。

______

e）在英国，超过 80%的学生能够完成他们的本科学位课程；在意大利，这个数字仅为 35%。

____

f）自来水的成本是平均每升 0.07 便士，而瓶装水的成本是每升 50 便士。

____

g）欧洲的失业率从希腊的 23%到挪威的 3%不等。

____

h）57%的成员支持这项建议，但其中 83%的人持怀疑态度。

____

5. 练习

□ 根据下表中的数据，用合适的数字写几个句子。

1896—2012 年奥运会（部分）

年	东道主	大项	小项	运动员人数	女性的比例
1896	雅典	9	43	241	0.0%
1924	巴黎	17	126	3 089	4.4%
1964	东京	19	163	5 151	13.2%
1992	巴塞罗那	32	257	9 356	28.9%
2008	北京	28	302	10 942	42.4%
2012	伦敦	28	302	10 700	45%

（资料来源：IOC.）

a）1924 年的巴黎奥运会上，只有很少一部分运动员是女性。

b）______________________________

c）______________________________

d）______________________________

e）______________________________

f）______________________________

3.4　被动式和主动式[①]

被动语态在学术写作中比在其他类型的作品中更常见。被动式能使文章更客观和更正式，但不应该被滥用。本节解释了如何以一种平衡的风格恰当地使用被动式和主动式，并提供了练习。

1. 被动式和主动式

作者想要强调结果而不是原因或主体时，使用被动式：

Jupiter's moons were discovered in 1610.（被动式）

（木星的卫星于 1610 年被发现。）

Galileo discovered Jupiter's moons in 1610.（主动式）

（1610 年，伽利略发现了木星的卫星。）

第一句话强调的是卫星，第二句话强调的是伽利略。因此，在书面英语中，当原因或主体（人或事物）不重要或不著名时经常使用被动式。

Aluminium was first produced in the nineteenth century.（由某人）

（铝最早是在 19 世纪被生产出来的。）

The colony was abandoned in the 1630s.（原因不详）

（17 世纪 30 年代，殖民地被放弃了。）

也可以用 by 在被动式中加上行为的原因：

The city was flooded by a severe hurricane.

（城市被飓风引起的洪水淹没了。）

---

① 本节内容适用于英语学术写作。——译者注

被动式也可以用于在书面作品中营造非个人化的风格：

The findings were evaluated. 而不是“I evaluated the findings”。
[这些发现受到了评估（而不是“我评估了这些发现”）。]

▶ 参见“3.7　风格”

2. 结构

所有的被动式结构都由两部分组成：

to be 的动词形式	过去分词
is	constructed（构成）
was	developed（发展）
will be	reorganised（重新组织）

□ 把下列句子改成被动式，使其更加非个人化。

a) We collected the data and compared the two groups.（我们收集了数据，并对两组数据进行了比较。）

b) I interviewed 120 people in three social classes.（我采访了三个社会阶层的 120 人。）

c) They checked the results and found several errors.（他们检查了结果，发现了几处错误。）

d) We will make an analysis of the findings.（我们将对调查结果进行分析。）

e) He asked four doctors to give their opinion.（他请四位医生给出他们的意见。）

f) She wrote the report and distributed ten copies.（她写了报告并分发了十份副本。）

3. 被动式的使用

下列情况下通常使用被动式：

a）描述一个过程

Urea can be made cheaply by mixing ammonia and carbon dioxide.（尿素可以通过混合氨气和二氧化碳而产生。）

What causes this antibody to be produced is unclear.（导致这种抗体产生的原因尚不清楚。）

Printed skin might eventually be employed for grafts.（打印皮肤最终可能用于移植。）

b）描述一项研究

The results were adjusted to allow for the variation.（考虑到变量，对结果进行了调整。）

It was found that the smallest were the most effective.（结果发现，最小的是最有效的。）

The process was discovered in the 2000s.（这个过程是在 21 世纪发现的。）

One study was conducted in America and published in 2011.（其中一项研究在美国进行，并于 2011 年发表。）

在这两种情况下，使用被动式都是为了强调行为，而不是强调相关的人员。

□ 把下列句子由主动式改为被动式。

a）The researchers exposed the vaccines to temperatures below the limit.（研究人员将疫苗暴露在极限温度以下。）

b）Some historians believe that the Atacama desert was too dry for animal life.（一些历史学家认为阿塔卡马沙漠太干燥，不适合动物生存。）

c）Dr Weber suggests that foreign competition can damage them.（韦伯博士认为外国竞争会造成损害。）

d）They researched the life cycles of three main bee species.（他们研究了三种主要蜜蜂的生命周期。）

e）She argued that prisons had a negative effect on the inmates.（她认为监狱对犯人有负面影响。）

4. 被动式中的副词

被动式结构中经常插入副词来补充信息：

Emigration was **largely** banned until 1991.（1991年以前，移民基本上是被禁止的。）

The vaccine was **accidentally** frozen.（疫苗被意外地冷冻起来。）

□ 划出下面段落中的被动式，从后面的方框中找出合适的副词加入其中。

火星热

In the past it was commonly believed that creatures lived on Mars. Due to the similarity of size with Earth, the planet was thought to have a climate that would permit life. It was discovered that Mars had four seasons, although they were longer than their equivalents on Earth. In the late nineteenth century, straight lines seen on the surface of Mars were considered to be canals, built by Martian engineers. An invasion of Earth by superior beings from Mars was described by H. G. Wells in his novel *War of the Worlds*. Even today it is claimed that primitive life exists on the planet.

（过去人们相信火星上有生命。由于与地球大小相似，这颗行星被认为具有适宜生命生存的气候。火星被发现有四个季节，不过比地球上的四季要长。19世纪末，火星表面的直线被认为是由火星工程师建造的运河。

H. G. 威尔斯在他的小说《世界大战》中描述过来自火星的高级生物入侵地球的故事。直到今天还有人声称火星上存在原始生命。）

commonly（普遍）	graphically（生动地）	occasionally（偶尔）
generally（一致）	ridiculously（荒谬地）	additionally（还）

▶ 参见“4.4　学术词汇：动词和副词”

5. 练习

过度使用被动式可能让文章看起来过于正式。平衡的风格应该是融合主动式和被动式。

□ 阅读下面的文章，把一些被动式改为主动式。

做面包

Bread is traditionally made from wheat flour, salt, water and yeast. The wholemeal or white flour is mixed with a little salt and yeast, and then lukewarm water is gradually added. Other ingredients such as chopped nuts or seeds may be included. Then the dough is mixed until a soft ball is formed, which can be kneaded by hand. In the kneading process the dough is vigorously pounded and reshaped so that all the ingredients are fully combined. After being thoroughly kneaded the dough is left for a few hours to rise. When this is finished the dough is again worked by hand to shape it into loaves or rolls. After two more hours the loaves will have risen again, due to the action of the yeast. They are baked in a hot oven for about half an hour and then allowed to cool.

（面包传统上是由小麦粉、盐、水和酵母制成的。全麦粉或白面粉被与少许盐和酵母混合，然后温水被逐渐加入。其他成分，如碎坚果或种子也可以被加入。然后，面团被用手揉成一个软软的球形。在揉面过程中，面团被大力碾压，使所有的成分充分结合。彻底揉好后，面团被静置发酵几个小时。一切完成后，面团再次被用手捏成条状或卷状。再过两小时，由于酵母的作用，面包坯会膨胀起来。它们被放进烤箱里烤大约半个小时，然后冷却。）

3.5　标点符号[①]

正确地使用标点符号和大写字母有助于读者准确地理解作者的意思。虽然某些标点符号，如逗号的使用，可能是个人风格引起的差异，但引号等标点符号的正确使用至关重要。

1. 大写字母

今天，现代英语中大写字母的使用有减少的趋势，很难给出准确的规则。但是，在下列情况下应该始终使用大写字母：

a）一句话的第一个单词	In the beginning …（一开始）
b）日期和月份	Friday 21st July（7 月 21 日星期五）
c）国名	Indonesia and the Indonesians（印度尼西亚和印度尼西亚人）
d）各国语言	Most Swiss speak French and German（大多数瑞士人说法语和德语）
e）人名/地名	Dr Martin Lee from Sydney，Australia（来自澳大利亚悉尼的马丁·李博士）
f）书名（仅限主词）	*Power and the State*（《权力与国家》）
g）历史时期	The Bronze Age，the Great Depression（青铜时代，大萧条）
h）组织的名称	Sheffield Hallam University（谢菲尔德·哈莱姆大学）
i）第一人称代词	By Monday I had finished the book（星期

① 本节中大写字母、撇号、连字符等内容适用于英语学术写作。——译者注

一我读完了这本书）

注意：季节不需要大写［课程从秋季（autumn）开始］。

2. 句号

句号用来表示一句话的完结：

第一章对主题做了清晰的说明。

英文句号（.）也用在特定的单词缩写后：

政府/1月/第397页（govt. /Jan. /p. 397）

但是不用于首字母缩写词，比如：

BBC/UN/VIP

▶ 参见“4.2　缩写”

3. 逗号

逗号是最常见的标点符号之一，但也是最难提供使用指南的标点符号之一，因为逗号的使用在一定程度上取决于个人风格。你可以把逗号理解为给读者提供一个短暂的停顿，让他们有时间理解一段文字。过度使用逗号会减缓读者的阅读速度，但同样地，缺少逗号会令人困惑。这里是一些需要使用逗号的例子：

a）在介绍性的单词或短语之后。

However, more cases should be considered before reaching a conclusion.

（然而，在得出结论之前应该考虑更多的情况。）

b）围绕例子或评论（这些短语可以省略而不改变原来的意思）。

Certain crops, for instance wheat, are susceptible to diseases.

（某些作物，例如小麦，容易染病。）

Nationalism, it is widely recognised, has a positive and a negative side.

（人们普遍认为，民族主义有积极的一面，也有消极的一面。）

c）在某些连词之前。

Three hundred people were interviewed, and most of these expressed approval.

（300 人接受了采访，其中大多数人表示同意。）

d）罗列三种或三种以上的项目时[①]。

Tomatoes, beans, cabbages and potatoes were all genetically modified in turn.

（西红柿、豆类、卷心菜和土豆是依次转基因的。）

e）直接引语的结尾[②]。

'Don't forget the deadline', the teacher told them.

（"别忘了最后期限。"老师告诉他们。）

f）显示对比元素。

It was well written, but badly spelt.

（写得很好，但拼写很差。）

g）在一组形容词中[③]。

It was a long, rambling, humorous and controversial book.

（这是一本冗长、松散、幽默而有争议的书。）

---

① 中文中使用顿号。——译者注
② 中文中使用句号。——译者注
③ 中文中使用顿号。——译者注

4. 撇号

撇号可能是英语中最令人困惑的标点符号，主要在两种情况下使用：

a）表示缩写形式	He's the leading authority on Hegel.（他是研究黑格尔的权威。）
注意：缩写在学术英语中并不常见，通常最好使用完整形式（He is the leading authority on Hegel.）。	
b）表示所有格	The professor's secretary（教授的秘书）（单数）
	Students' marks（学生的成绩）（以 s 结尾的复数）
	Dickens's novels（狄更斯的小说）（以 s 结尾的人名）
	Women's rights（女性的权利）（不规则复数）
注意：It's 是 it is 的缩写形式	It's possible the course will be cancelled.（课程有可能被取消。）
第三人称单数的所有格是 its	*Civilization and its Discontents*（《文明及其不满》）

一般复数形式中不需要使用撇号，如：1980s，HGVs。

5. 分号

英语中，分号用于逗号太弱而句号太强时，表示两个连接子句之间的连接。

Seven people applied for the post; six were shortlisted and then interviewed.

（七个人申请了这个职位；其中六人入围，参加了面试。）

Nobody questioned the results; they were quite conclusive.

（没有人对结果提出质疑；它们相当有说服力。）

分号也用于在列表中具有复杂结构的项之间进行分隔，例如在多次引用中：

（Maitland，2006；Rosenor，1997；*New Scientist*，2006b；University of Michigan，2000）。

6. 冒号

冒号有三种主要用途：

a）给出解释　　会议推迟了：迪恩病了。

b）表示列举　　定义了三个方面：经济的、社会的和伦理的。

c）引出引言　　正如温莎公爵夫人说的："财富和苗条永远都不够。"

7. 引号

a）引号用于表示来自其他作家的引文。

Goodwin's（1977）对习惯的分析表明，总的来说，"扭转趋势比强化趋势更困难"。

b）也用于强调一个词语或短语。

"工厂"这个词最早是在 17 世纪使用的。

瑞典的"第三条道路"或福利国家是一种可能的模式。

c）表示一个人说的话。

"有人知道答案吗?"演讲者问。

d）更长的引文通常用增加缩进和/或缩小字体来表示。

最近，她更直接地指出了这一点：

> 我认为，受到尊重和不受羞辱不应该是一个选项……政府应该尊重所有人，不能羞辱他们（Nussbaum，2011b，p. 26）。

e）单引号用于表示引号内的引号（嵌套引号）。

正如 Kauffman 所说："他的'内部空间'概念需要仔细分析。"

▶ 参见"英式书面英语和美式书面英语简要指南"

f）在参考文献中，引号用来表示论文和章节的题目，但书名和期刊名通常用斜体表示。

Russell，T.（1995）'A future for coffee?' *Journal of Applied Marketing* 6，14－17.

▶ 参见"1.8　参考文献和引用"

8. 其他

英文中，连字符用在某些特定的单词，如复合名词，以及某些特定的结构中：

这是一本研究充分、发人深省（well-researched，thought-provoking）的书。

她三岁（three-year-old）的女儿正在学习阅读。

但是要注意，连字符的使用在减少（例如，更多地使用 proofreading，而不是 proof-reading）。

还有感叹号和问号：

"哦！"他喊道，"谁会相信呢？"

括号可以用来在不干扰主要观点的前提下提供更多细节：

在16世纪的俄罗斯，识字的人相对较少（10%—15%）。

9. 练习 A

□ 为下面的句子加上标点符号，并进行其他必要的改动。

a）the study was carried out by Christine zhen-wei qiang of the national university of singapore（这项研究是由新加坡国立大学的克里斯汀甄伟强开展的）

b）professor rowans new book the end of privacy 2017 is published in new york（罗恩教授的新书隐私的终结 2017 年在纽约出版）

c）as keynes said its better to be roughly right than precisely wrong（正如凯恩斯所说的大致正确总比完全错误好）

d）banks such as hsbc and barclays were in penny pinching mode in the 1990s（20 世纪 90 年代汇丰 HSBC 和巴克莱 Barclays 等银行精打细算地过日子）

e）as Matheson 1954 wrote it was the germ that was the villain（正如 Matheson 1954 写的细菌才是罪魁祸首）

f）thousands of new words such as app enter the english language each year（每年都有数以千计的新词如应用程序进入英语）

g）the bbcs world service is broadcast in 33 languages including somali and vietnamese（BBC 世界服务用 33 种语言广播包括索马里语和越南语）

h）she scored 56% on the main course the previous semester she had achieved 67%（上学期她专业课得了 67 分这学期只得了 56 分）

10. 练习 B

□ 为下面的文章加上标点符号，并进行其他必要的改动。

studying will play a vital part in your life as an oxford student but you will also find an enormous amount to do in oxford in your spare time oxford is the youngest city in england and wales and has two universities oxford university and oxford brookes 35% of people who live here are aged 15-29 and 27% 40,000 of a total population of 150,000 are university students if you ever feel like a change of scene the bus to london takes around 90 minutes and runs 24 hours a day there are now two railway stations the central oxford station and the recently opened oxford parkway oxford is a youthful and cosmopolitan city with plenty to see and do there are dozens of historic and iconic buildings including the bodleian libraries ashmolean museum sheldonian theatre the cathedral and the colleges in the city centre you will find lots of shops cafés restaurants theatres cinemas pubs and clubs there are plenty of green spaces too riverside walks englands oldest botanic garden the university parks and college gardens

（作为牛津的一名学生学习将是你生活中至关重要的部分但是你会发现在业余时间还有许多事情要做牛津是英格兰和威尔士最年轻的城市拥有两所大学牛津大学和牛津布鲁克斯大学这里35%的人年龄在15—29岁总人口150 000人中有27%即40 000人是大学的学生如果你想换个环境坐公共汽车去伦敦大约需要90分钟一天24小时运行现在牛津有两座火车站中央牛津大学站和最近开放的牛津大道站牛津是一个年轻的国际化城市有许多要看的东西许多要做的事情这里有很多标志性的历史建筑包括博德莱安图书馆阿什莫尔博物馆谢尔登剧院大教堂和学院在市中心你会发现很多商店咖啡馆餐馆剧院影院酒吧和俱乐部也有大量的绿色空间比如河畔步道英格兰最古老的植物园大学和学院的公园）

3.6　单数还是复数？[①]

在不同情况下单复数的选择可能令人困惑，比如在可数名词和不可数名词的使用中。本节说明了主要的难点，并提供了练习。

1. 五个难点

对国际学生来说，单数/复数问题的主要难点如下：

a）名词应与动词一致，代词应与名词一致。

There are many arguments in favour.（赞成的论据很多。）

Those problems are unique.（这些问题是独特的。）

b）不可数名词和不规则复数末尾通常没有 s。

Most students receive free tuition.（大多数学生可以获得学费减免。）

The main export is tropical fruit.（主要出口产品是热带水果。）

c）一般性陈述通常使用复数。

State universities have lower fees.（州立大学学费较低。）

d）each/every 后面跟名词或动词的单数形式。

Every student gets financial support.（每个学生都能得到财政支持。）

e）两个连在一起的名词的单复数应该一致。

Both the similarities and differences are important.（相似之处和

① 本节内容适用于英语学术写作。——译者注

差异都很重要。）

□ 找出下面句子中的错误，判断它们属于上述 a)至 e)中的哪一种。

i) The proposal has both advantages and disadvantage.（这个建议既有优点也有缺点。）（ ）

ii) A majority of children in Thailand is vaccinated against measles.（大多数泰国儿童接种了麻疹疫苗。）（ ）

iii) There are few young people in rural area.（农村地区的年轻人很少。）（ ）

iv) Many places are experiencing an increase in crimes.（许多地方的犯罪率正在上升。）（ ）

v) Each companies have their own policies.（每家公司都有自己的政策。）（ ）

2. 表示“一组”的短语

□ 学习下列表示“一组”的短语。

单数＋复数	复数＋单数	复数＋不可数名词
half the universities（半数的大学）	two types of institution（两种机构）	three areas of enquiry（三个调查地区）
a range of businesses（一系列企业）	various kinds of course（不同的课程）	several fields of research（几个研究领域）
one of the elements（一个要素）	many varieties of response（各种各样的反应）	different rates of progress（不同的进度）

注意，如果动词的主语不止一个，则必须使用动词的复数形式，即使前面紧挨着的名词是单数的。

Scores of students, some teachers and the president are at the meeting.（许多学生、部分老师和校长参加了会议。）

Their valuable suggestions and hard work were vital.（他们的宝

贵建议和努力工作是至关重要的。）

某些表示“一组”的短语［如 team/army/government（团队/军队/政府）］既可以跟动词的单数形式，也可以跟复数形式。

The team was defeated three times last month.（上个月团队失败了三次。）（集体）

The team were travelling by train and bus.（团队乘火车和巴士旅行。）（分别）

有时候，当句子中有两个名词时，不太容易看出来动词是跟哪个名词的。比较这两个句子：

The quality of candidates was improving.（候选人的素质在提高。）

The majority of candidates were French.（大多数候选人是法国人）

在第一句话中，动词是跟在 quality 之后的；第二句话中，动词是跟在 candidates 之后的。

3. 不可数名词

a）英语中大多数名词是可数的，但是下列名词通常是不可数的（通常不能跟数字一起使用，也不能加 s）。

accommodation（住所）	information（信息）	scenery（风景）
advice（建议）	knowledge（知识）	staff（职员）
chaos（混乱）	money（金钱）	traffic（交通）
commerce（商业）	news（新闻）	travel（旅行）
data（数据）	permission（许可）	trouble（麻烦）
education（教育）	progress（进步）	vocabulary（词汇表）
equipment（装备）	research（研究）	weather（天气）
furniture（家具）	rubbish（垃圾）	work（工作）

其中许多单词可以通过加入额外的名词来“计数”：

a piece of advice（一条建议）

three patterns of behaviour（三种行为模式）

an item of equipment（一项装备）

six members of staff（六名职员）

b）另一组不可数名词包括各种物质。

wood/rubber/iron/coffee/paper/water/oil/stone（木头/橡胶/铁/咖啡/纸/水/油/石头）

Little wood is used in the construction of motor vehicles.（汽车制造中很少使用木头。）

How much paper is needed to produce these magazines?（印刷这些杂志需要多少纸张?）

但是，其中许多名词可以作为可数名词，表示完全不同的意思。

How many daily papers are published in Delhi?（德里有多少种日报?）

Most woods are home to a wide variety of birds.（大多数森林是各种鸟的家园。）

c）最难的一组既可以作为可数名词，也可以作为不可数名词，通常表示不同的意思。

She developed an interest in genetics.（她对遗传学感兴趣。）（可数）

The bank is paying 4% interest.（银行利率为4%。）（不可数）

更多例子：business（企业）/capital（资本）/experience（经验）。

还有一些表示一般概念的名词也遵循类似的规则［例如，love/fear/hope（爱/恐惧/希望）］：

Most people feel that life is too short.（大多数人都觉得生命太短

暂了。)(不可数：一般)

Nearly twenty lives were lost in the mining accident.(矿难夺去了近 20 人的生命。)(可数：特殊)

▶ 参见“4.3　学术词汇：名词和形容词”

4. 练习 A

□ 从下列句子中选出正确的表述。

a) Little/few news about the accident was released.(关于这次事故的消息公布得很少。)

b) He established three successful businesses/business in 2015.(2015 年他成功创办了三家企业。)

c) Substantial experiences/experience of report writing are/is required.(撰写报告需要丰富的经验。)

d) It is often claimed that travel broadens/travels broaden the mind.(人们常说旅行使人心胸开阔。)

e) The college was built of grey stones/stone.(这所大学是用灰色的石头建成的。)

f) How much advice/many advices were they given before coming to Australia?(他们来澳大利亚之前得到了多少建议?)

g) She had little interest/few interests outside her work.(她对工作以外的事没什么兴趣。)

h) The insurance policy excludes the effects of civil war/wars.(保险条款中不包括内战的影响。)

i) Irons were/Iron was first powered by electricity in the twentieth century.(20 世纪第一次用电力驱动了钢铁。)

j) They studied the work/works of three groups of employees over two years.(他们花了两年时间研究了三组员工的工作。)

5. 练习 B

□ 阅读下面的文章，选出正确的表述。

旅行的麻烦

As the volume of traffic/traffics has grown, travel/travels to work/works has become slower for many college staffs/staff. Research/researches on commuting time in five capitals/capital shows that on average drivers spend 125 minutes in their vehicles/vehicle each day/days. This means that they are spending more than 10% of their waking life/lives driving, and also consuming huge quantities of petrol/petrols in traffic jams/jam. Another negative factor/factors is the stress/stresses caused by commuting, so the best advices/advice to drivers are/is to relax by listening to classical music/musics.

（随着交通流量的增长，许多大学教师的通勤时间延长了。对五个首都城市通勤时间的研究表明，司机平均每天要在车里待 125 分钟。这意味着在他们醒着的时候有超过 10%的时间在开车，而且在交通堵塞时还要消耗大量的汽油。另一个负面因素是通勤带来的压力，所以对司机最好的建议是听古典音乐来放松。）

3.7 风 格[①]

学术写作没有所谓正确的风格，但是一般来说，应该力求准确、客观和非个人化。例如，人称代词（如“我”）和习语（即非正式语言）的使用频率要低于其他写作形式。学生应该学习他们自己专业领域的作品实例，找到自己的语言风格。本节介绍了恰当风格的基本原则，并提供了练习。

1. 学术风格的形成

□ 阅读这个段落，划出风格不恰当的例子。

在过去几年里，有很多关于火车的讨论。火车通常由国家运营。国家为新线路和新设备买单。这是因为它们很重要，要把人们送往各地。还有，修建铁路需要花很多钱，只有政府才能找到这么多钱。但是在像英格兰这样的国家，铁路已经私有化，以便为乘客提供更多的选择。问题是私人铁路仍然需要政府资金来维持运行。这是在大城市中让每个人都能去上班的唯一方法。所以无论采用什么方法，我认为这个问题没有简单的答案。

(In the last few years there's been lots of discussion about trains. Trains are often run by the state. The state pays for new lines and new equipment. This is because they do an important job moving people around. What's more, developing the railways costs lots of money, which only governments can find. But in some countries like England the railways have

① 中英文学术写作的风格有一些共同的基本原则，也有各自的细节要求，本节内容可以根据需要对照阅读。——译者注

been privatised, so as to offer more choice to passengers. The problem is that the private trains still need money from the government to keep running. That's the only way to get everyone to work in big cities. So either way I think that there's no easy answer to the problem.)

这段话中的一些风格问题可以分析如下：

不恰当的风格	原因
在过去几年里（In the last few years）	模糊，多少年？
有（there's been）	避免使用缩写形式
很多讨论，很多钱（lots of discussion, lots of money）	避免使用“很多”（lots of）
火车（trains）	用词不准确，应使用“铁路”（railways）
火车通常由国家运营。国家为新线路和新设备买单。（Trains are often run by the state. The state pays for new lines and new equipment.）	重复，句子太短
很重要（do an important job）	非正式
还有（What's more）	习语
像英格兰这样的国家（like England）	避免使用 like，应使用 such as “英格兰”不正确，应使用“英国”
唯一方法……无论采用什么方法（The only way ...either way）	重复
唯一方法（That's the only way）	需要谨慎，使用“最好的方法”
让每个人都能去上班（to get everyone to work）	避免使用 get 打头的短语
所以无论采用什么方法，我认为（So either way I think）	个人化

这段话可以用更恰当的风格来改写：

在过去 20 年里，关于国家铁路网所有权的争论相当激烈。在许多国家，铁路都是由国家经营的，部分原因是公共交通的提供被视为一项公共服务，也因为铁路系统需要大规模的资本投资，而这往往是私人部门无法实现的。不过，有一种铁路私有化的趋势，例如在英国和德国，因为在这些国家，引入竞争被认为是有益的。然而，即便是这些系统，也常常需要公共资金来补贴客运服务，这对数百万人每天的安全通勤至关重要。无论公共模式还是私人模式，似乎都不能为这个问题提供一个完全令人满意的答案。

(In the past two decades there has been considerable debate about the ownership of national railway networks. In many countries these are operated by the state, partly because the provision of mass transit is seen as a public service, but also because railway systems demand large-scale capital investment which is often beyond the reach of the private sector. However, there has been a trend towards railway privatisation, as for example in Britain and Germany, since in these countries it was thought useful to introduce some competition into the industry. Yet even these systems still often require public money to subsidise passenger services, which are essential to allow millions of people to travel safely to work each day. Neither the public nor the private model seems to provide a fully satisfactory answer to the issue.)

2. 基本原则

学术风格没有适用于所有情况和所有学科的规则，下面这些基本原则将帮助你发展出自己的风格。

a）不要使用习语或口语词汇，相反，应该使用标准英语。如“儿童”应使用 children 而不是 kids，“经理”应使用 manager 而不是 boss。

b）使用准确的词语。例如，rule（规则）和 law（法律）、weather（天气）和 climate（气候）之间是有区别的，如果你学习这些专业，就应该了解它们之间的区别。

c）在处理事实或数字时要尽可能精确。避免使用“大约一百年”或

“几百年前”之类的短语。如果有必要估计数字，使用 approximately 而不是 about。

d）结论应使用假设性的语言。避免绝对性的陈述，如“失业导致犯罪”。相反，应该使用谨慎的措辞，如“失业可能导致犯罪”。

e）避免使用表现个人态度的副词。如：luckily（幸运地），remarkably（非常地），surprisingly（令人惊讶地）。

f）不要使用助动词的缩写形式：don't，can't。应该使用完整形式：do not，cannot。

g）避免复杂的性别表达。不要写：

每个候选人都准备好了他或她的报告

要写成：

所有候选人都准备好了他们的报告

尽量不要使用带有性别意味的语言，如“主席”应使用 chairperson 而不是 chairman，“警官”应使用 police officer 而不是 policeman。

h）避免下列表述：

- 举例时不要使用 like。应该使用 such as 或 for instance。
- 不要使用 thing，nothing 或 something。应该使用 factor，issue 或 topic。
- 不要使用 lots of 来表示许多。应该使用 a significant/considerable number。
- 不要使用 little/big 来表示大小。应该使用 small/large。
- 不要使用 get 打头的短语，如 get better/worse。应该使用 improve（改善）和 deteriorate（恶化）。
- 用 good/bad 来表示“好/坏”过于简化了。应该使用 positive/negative（积极/消极）。例如：变化有一些积极的方面。

i）不要使用疑问句的形式，例如：为什么战争在1914年爆发？相反，应该使用陈述句：战争的爆发有三个原因……

j）除了在报告和长论文中，应避免给文章的各个部分编号。使用连词和指向性的表述来引入新的部分（如，谈到检测癌症的问题……）。

▶ 参见“1.10　组织段落”

k）列清单时，避免使用 etc. /and so on（等）。相反，在最后一项之前加入 and（和）：

主要产品是药品、电子产品和糖果。

l）如果有合适的同义词［如 continue（继续）或 raise（提高）］，避免使用两个词的动词，如 go on 或 bring up。

▶ 参见“4.4　学术词汇：动词和副词”

3. 练习 A

□ 在下列句子中，划出风格不恰当的例子，用更合适的方式重写。

a）另一件要考虑的事是犯罪增加的可能性。

______

b）很遗憾，现在很多人都没有工作。

______

c）不久他们就会找到疟疾疫苗。

______

d）幸运的是消防队员很快就控制住了火势。

______

e）你不能总是相信那份报告中的数字。

______

f）不幸的是，糟糕的通货膨胀导致了贫困、社会动荡等。

______

g）他获奖时高兴得一蹦三尺高。

---

h）我认为我们应该付钱给学生让他们学习。

---

i）多年前他们允许妇女投票。

---

j）俄国革命的主要原因是什么？

---

4. 避免重复和冗余

在一段不长的文字中，尽量不要重复同样的单词：

许多家族企业（businesses）雇用不超过十个人。这些企业（businesses）……

使用同义词让文字更有趣：

许多家族企业（businesses）雇用不超过十个人。这些公司(firms)……

▶ 参见“4.8　同义词”

冗余（重复一个观点或者包括不相关的观点）表明作者没有完全掌握资料。这给人的印象是，作者要么没有正确地理解语言，要么试图通过重复相同的观点来“润色”文章。避免使用这样的陈述：

无家可归在全世界都是一个全球性问题。

好的作品应该努力做到简洁而准确：

无家可归是一个全球性问题。

□ 在下面的文章中删除所有的重复和冗余，必要时进行改写。

快餐

现在这些日子，快餐越来越受欢迎。快餐是一种食品，人们可以买来即食或者快速烹饪。叫快餐是因为它不用花很长时间。本文分析了快餐的优点和快餐的缺点。首先，快餐是非常方便的。大多数白领都很忙，所以他们没有时间回家吃午饭。但是，白领可以在麦当劳等餐厅就餐，这类餐厅在很多国家开设了特许经营店，因为它们非常受欢迎。此外，快餐的第二个优点是它很便宜。它们是大批量生产的，这种高产量意味着公司可以降低成本。结果是吃快餐通常比在传统餐厅吃饭便宜，所以人们可以经常购买快餐。

5. 不同的句子长度

短句子清楚易读：

汽车报废计划已经在许多国家推行。

但是，太多的短句读来十分单调：

汽车报废计划已经在许多国家推行。国家向购买新车的人提供补贴。买主必须报废一辆旧车。这种计划旨在刺激经济。它们还能提高燃油效率。

长句子更有趣，但是更难组织和阅读：

为购买新车（必须报废一辆旧车）的买主提供补贴的汽车报废计划已经在许多国家推行。这些计划旨在刺激经济，同时提高燃油效率。

有效的写作是长句和短句结合，通常使用短句来介绍主题：

汽车报废计划已经在许多国家推行。国家为购买新车的人提供补贴，要求他们必须报废一辆旧车。这些计划旨在刺激经济，同时提高燃油效率。

□ 重写下面的段落，把六个短句改为两个长句和两个短句。

Worldwide, enrolments in higher education are increasing. In developed countries over half of all young people enter college. Similar trends are seen in China and South America. This growth has put financial strain on state university systems. Many countries are requiring students and parents to contribute to the cost. This leads to a debate about whether students or society benefit from tertiary education.

（在世界范围内，高等教育的入学人数正在增加。在发达国家，超过一半的年轻人能够上大学。中国和南美也出现了类似的趋势。这种增长给州立大学系统带来了财政压力。许多国家要求学生和家长承担费用。这引发了一场关于学生和社会能否从高等教育中受益的辩论。）

□ 下面的句子太长了，把它分成若干短句。

China is one developing country (but not the only one) which has imposed fees on students since 1997, but the results have been surprising: enrolments, especially in the most expensive universities, have continued to rise steeply, growing 200 per cent overall between 1997 and 2011; it seems in this case that higher fees attract rather than discourage students, who see them as a sign of a good education and compete more fiercely for places, leading to the result that a place at a good college can cost ＄8,000 per year for fees and maintenance.

[中国是自1997年以来对大学生收取学费的一个发展中国家（但不是唯一一个），但结果令人惊讶：入学人数，特别是在学费最贵的大学，继续大幅增长，1997年至2011年，总人数增长了200%。在这种情况下，更高的学费似乎非但没有阻碍，反而吸引了将学费上涨视为良好教育的标志、更加激烈地争夺入学名额的学生，导致一所好大学的学费和生活费可能高达每年8 000美元。]

在你对写作有信心之前，最好使用较短而不是较长的句子。这样做能使你的意思尽可能清楚。

6. 谨慎风格的使用

在学术写作的许多领域，谨慎的风格都是必要的，可以避免在某种意义上自相矛盾的论述：

对医疗保健的需求通常超过供应。

大多数学生发现考试作文很难写。

随着社会富裕程度的提高，生育率往往会下降。

特别需要谨慎风格的领域包括：

a）提出需要检验的假设（如在引言中）。

b）对研究的结果进行讨论，可能并不是结论。

c）评论其他作者的作品。

d）进行预测（通常使用“可能”）。

谨慎还用来避免过度简化的表述：

犯罪与缺乏教育有关。

这种表述很少是完全正确的，通常都有例外需要考虑。谨慎可以有几种表现形式：

犯罪可能与缺乏教育有关。（情态动词）

犯罪经常与缺乏教育有关。（副词）

犯罪倾向于与缺乏教育有关。（动词）

□ 为下面的表格补充更多例子。

情态动词	副词	动词/短语
may（可能）	frequently（经常）	tends to（倾向于）

▶ 参见“2.6　归纳”

7. 修饰语的使用

另一种表示谨慎的方法是在形容词之前使用“相当”“非常”“很”。

一个相当准确的总结（a fairly accurate summary）

一个非常不方便的位置（a rather inconvenient location）

很重要的发现（quite a significant discovery）

注意：quite 通常用在冠词之前，主要用在主动式中，rather 经常用在被动式中。

□ 在下面的句子中加入“相当”“非常”“很”来强调谨慎。

a）公司节约能源的努力是成功的。

b）这项调查是对学生意见的全面研究。

c）他的第二本书受到了不友好的对待。

d）一年级的学生对她的讲座着迷。

e）最新的关节炎药是昂贵的。

f）这种爬山虎已经变得稀有了。

g）学生们发现论文题目有挑战性。

8. 练习 B

□ 用更加谨慎的风格重写下面的句子。

a）私营企业比国有企业更有效率。

b）探索太空是浪费宝贵的资源。

c）大学里年龄大的学生比年龄小的成绩好。

d）口碑是最好的广告。

e）英语的发音很难懂。

f）某些癌症是由心理因素引起的。

g）全球变暖会导致海平面上升。

h）十年内大多数购物将在网上进行。

i）在线教育不如课堂教学。

j）到 2025 年无人驾驶汽车将普及。

3.8 时间标记[①]

当描述一系列事件时，弄清楚什么时候发生了什么是很重要的。"ago (之前)"和"since (自从)"等时间标记经常用来解释事件发生的时间。但是这些单词的应用仅限于特定的时态。本节解释了这些限制，并提供了练习。

1. 如何使用时间标记

□ 阅读下面的表述。

She went on a training course **for** six weeks. (她参加了一个为期六周的培训课程。)(有数字，没有开始日期)

The report must be finished **by** June 12th. (报告必须在 6 月 12 日之前完成。)(也可使用 on 或 before)

He has been president **since** 2007. (他自 2007 年起担任总裁。)(使用现在完成时，必须指明开始日期)

They are studying in Bristol **until** March. (他们将在布里斯托学习到 3 月。)(一个阶段的结束)

The library was opened two years **ago**. (图书馆是两年前开放的。)(通常使用过去式)

The hotel is closed **during** the winter. (旅馆在冬季关闭。)(后面跟名词)

Before writing he studied over 100 sources. (他在写作之前研究了 100 多篇文献。)(后面通常跟-ing 形式；after 也是)

He applied in May and was accepted two months **later**. (他是 5 月提出

① 本节内容适用于英语学术写作。——译者注

申请的，两个月后被录取。）（通常有数字；earlier 也是）

She bought the car **while** working at Harvard.（她在哈佛大学工作期间买了车。）（两件事情同时发生）

2. 练习 A

□ 为每句话选择最好的表述方式。

a）Currently/Recently she has been researching the life cycle of a Brazilian wasp.（最近她一直在研究巴西黄蜂的生命周期。）

b）He worked there until/during he retired.（他在那里一直工作到退休。）

c）Dr Hoffman has lived in Melbourne since/for sixteen years.（霍夫曼博士已经在墨尔本住了 16 年了。）

d）Last month/In the last month a new book was published on genetics.（上个月出版了一本关于遗传学的新书。）

e）Applications must be received by/on November 25th.（申请必须在 11 月 25 日之前收到。）

f）Since/During her arrival last May she has reorganised the department.（自从去年 5 月到这里后，她已经重组了这个部门。）

g）During/For the winter most farmers in the region find work in the towns.（这个地区的大多数农民冬天都在城镇里找工作。）

h）After/While giving the lecture she answered all their questions.（她在演讲后回答了他们所有的问题。）

3. 时态

□ 比较以下时间标记使用的时态。

Last year there **was** an election in Spain.（去年西班牙举行了大选。）（过去时——完成的事件）

While he **was doing** the experiment，he **saw** his mistake. （他做实验时发现了自己的错误。）（过去进行时＋过去时）

In the last year there **has been** a decline in inflation. （去年通货膨胀率有所下降。）（现在完成时——未完成的事件）

Recently，there **has been** a sharp rise in internet use. （最近，互联网的使用有了显著增加。）（现在完成时——未完成的事件）

Currently，there **is** widespread concern about plagiarism. （现在，人们普遍关心抄袭问题。）（现在时——强调现在）

4. 练习 B

□ 研究拿破仑的生平细节，完成人物小传。

1769 年	出生在科西嘉
1784 年	进入巴黎军事学校
1789 年	法国大革命开始
1793 年	升任准将
1796 年	被任命为意大利军队指挥官；与约瑟芬结婚
1799 年	从埃及回国，成为法国第一执政
1807 年	法国控制大部分欧洲大陆
1810 年	与约瑟芬离婚，与奥地利皇帝之女玛丽-路易丝结婚
1812 年	被迫从俄国撤军，成千上万的士兵阵亡
1814 年	被流放到厄尔巴岛
1815 年	滑铁卢战役失败，被流放到圣赫勒拿岛
1821 年	死于流放中

1784 年，15 岁的拿破仑进入军事学校，五年 a) ________ 法国大革命爆发。四年 b) ________ 他被提升为准将，c) ________ 27 岁那年，他成为意大利军队的指挥官，与约瑟芬结婚。1799 年从埃及回国 d) ________，他成为法国的第一执政，e) ________ 1807 年法国控制了欧洲的大部分地区。三年 f) ________，他与约瑟芬离婚，娶了奥地利皇帝的女儿玛丽-路易丝为妻。但是他从俄国撤退 g) ________，成千上万的士兵阵亡，两年

h） ________他在滑铁卢战败。这场战役 i） ________他最终被流放到圣赫勒拿岛。

Napoleon entered military school in 1784 at the age of 15，five years a） ________the French Revolution began. Four years b） ________he was promoted to brigadier-general，and c） ________the age of 27 he became commander of the army in Italy，and also married Josephine. d） ________ returning from Egypt in 1799 he became the First Consul of France，and e） ________1807 France was in control of most of Europe. Three years f） ________ he divorced Josephine and married Marie-Louise，the Austrian emperor's daughter. But g） ________his retreat from Russia thousands of his soldiers were killed，and two years h） ________he was defeated at Waterloo. i） ________the battle he was finally exiled to St Helena.

5. 练习 C

□ 在下文中的横线处填上合适的词语。

外出就餐

在过去的几十年 a） ________，英国人的饮食习惯发生了很大的变化。b） ________20 世纪 80 年代初，外出到餐馆和咖啡厅就餐的人数稳步增加。这种趋势有几个原因。

60 年 c） ________大多数妇女都是家庭主妇，每天为家人做饭。但是 d） ________，随着越来越多的女性外出工作，用于准备食物的时间越来越少。e） ________，20—45 岁的女性中有 75%有工作，f） ________2025 年，这一比例预计将上升到 90%。

另一个因素是 g） ________20 世纪 70 年代末，可支配收入有了显著增长。口袋里有了更多的钱，人们更愿意光顾当地的餐馆，省去购物和做饭的麻烦。在过去的十年 h） ________，商业区的餐馆种类也丰富了很多。外出就餐变得更加令人期待。

a) ________the last few decades there has been a significant change in eating habits in the UK. b) ________the early 1980s eating out in restaurants and cafés has increased steadily. There are several reasons for this trend. Sixty years c) ________most women were housewives and cooked for their families every day. But d) ________, with more women working outside the home, less time has been available for food preparation. e) ________, 75% of women aged 20－45 are at work, and f) ________2025 it is estimated that this will rise to 90%.

Another factor is the growth in disposable income, which has risen significantly g) ________the late 1970s. With more money in their pockets, people are more likely to save the trouble of shopping and cooking by visiting their local restaurant. h) ________the last decade there has also been an enormous increase in the variety of restaurants in the high street. Eating out has become more exciting and adventurous.

第 3 章进度检查[①]

这些练习将帮助你评估对第 3 章“语言问题”的理解。

1. 用合适的代词重写下面的段落。

1564 年，威廉·莎士比亚出生于埃文河畔斯特拉特福的一个拥有土地的富裕家庭。莎士比亚 18 岁时就娶了比威廉大 6 岁的安妮·海瑟薇为妻。安妮后来生了三个孩子，但威廉和安妮唯一的儿子哈姆奈特夭折了。显然，威廉婚后大部分时间都在伦敦度过，他在那里表演并开始写剧本。这些戏剧起初主要是喜剧，非常成功。17 世纪初，莎士比亚的作品变得更加黑暗，这段时间里威廉写出了他最著名的戏剧，如《哈姆雷特》和《李尔王》。这些著名的戏剧为莎士比亚赢得了伟大的剧作家和诗人的世界声誉。威廉·莎士比亚于 1616 年去世，年仅 52 岁，安妮又活了 7 年。

2. 在横线处加入冠词/定冠词（或者什么都不加），完成下面的文章（注意有些情况下可能有不止一种答案）。

@的起源

Giorgio Stabile，a professor of a) ________ history at La Sapienza University in Rome，has demonstrated that b) ________ @ sign，now used in email addresses，was actually invented 500 years ago. Professor Stabile has shown that c) ________ @，now d) ________ symbol of e) ________ internet，was first used by f) ________ Italian merchants during g) ______

① 练习 2、4、6 适用于英语学术写作，练习 5 可以根据需要通过中英文对照完成。——译者注

__sixteenth century.

He claims that it originally represented h) ________ unit of volume, based on i) ________ large jars used to carry liquids in j) ________ ancient Mediterranean world. He has found k) ________ first example of its use in l) ________ letter written in 1546 by m) ________ merchant from Florence. n) ________ letter, which was sent to Rome, announces o) ________ arrival in Spain of p) ________ ships carrying gold from q) ________ South America.

(罗马的拉萨皮恩扎大学的历史学教授乔治·斯塔比尔已经证明，现在用于电子邮件地址的@符号实际上是 500 年前发明的。斯塔比尔教授指出，现在作为互联网象征的@最早使用者是 16 世纪的意大利商人。他声称，它最初代表的是体积单位，基于古代地中海世界用来装液体的大罐子。他在 1546 年佛罗伦萨商人写的信中发现了第一个使用它的例子。这封寄往罗马的信宣布了从南美运送黄金的船只到达西班牙。)

3. 重写下面的段落，简化数字的表述。

我们采访了 250 名国际学生，询问他们的留学经历。其中 51 人来自中国，48 人来自印度，24 人来自尼日利亚，其余的人来自不同的欧洲国家。196 名学生对他们的课程感到满意，但其他 54 名学生对作业量表示担忧。只有 25 人抱怨教学质量。124 名学生表示，他们发现适应一种不同的文化和生活方式很容易，但其他 39 名学生中，有 26 人不喜欢这里的食物，26 人觉得生活成本太高，9 人提到了恶劣的天气。

4. 下面的文章全部使用主动语态，将恰当处改为被动语态。

Our research aimed to find the best taxi business for campus use, so we compared the performance of six local taxi companies. We selected companies that had their offices within a kilometre of the campus. We timed the response of each company to requests made at the same time of day (7 p. m.). Response times varied from ten to 24 minutes. The passengers then asked each driver to take them to the railway station. They recorded the friendliness of the drivers and the length of time taken, as well as the fare the driver asked for. Overall we found that AZ Taxis had the fastest response and the cheapest fare, but not the most friendly driver.

[我们的研究旨在找到最适合校园使用的出租车业务，所以我们比较了当地六家出租车公司的业绩。我们选择了办公地点距离校园在一千米以内的公司。我们对每家公司在一天中同一时间（晚上 7 点）的响应速度进行了计时。反应时间从 10 分钟到 24 分钟不等。乘客要求每位司机送他们去火车站。他们记录了司机的友好程度、所用时间以及索要的车费。总体而言，我们发现 AZ 出租车的反应速度最快，价格也最便宜，但司机却不是最友好的。]

5. 为下面的文章加上标点符号，改正错别字，并进行其他必要的改动。

the school of biomedical sciences at borchester university is offering two undergraduate degree courses in neuroscience this year students can study either neuroscience with pharmacology or neuroscience with biochemistry there is also a masters course which runs for four years and involves a period of study abroad during november and december professor andreas fischer is course leader for neuroscience and enquiries should be sent to him via the website

(波切斯特大学生物医学科学院今年开设两种神经科学本科课程学生可以选修神经科学和药理学或神经科学与生物化学学院也有硕士课程学制四年包括 11—12 月的海外学习安德烈亚斯·费舍尔教授是神经科学课程的负责人可以通过网站向他提交申请)

6. 为每句话选择正确的动词形式。

a) Several types of response was/were recorded.（记录了几种类型的反应。）

b) Three avenues of research were/was suggested.（建议采用三种研

究途径。)

c) One of the groups was/were eliminated from the competition.（一个小组在竞争中被淘汰了。)

d) Half the graduates were/was from Indonesia.（半数的毕业生来自印度尼西亚。)

e) The government was/were defeated at the election.（政府在选举中落败。)

f) The performance of the athletes were/was improved by his training method.（他的训练方法能够提高运动员的成绩。)

7. 用更恰当的学术风格重写下面这段话。

现在很多人没有进行足够的锻炼。遗憾的是，他们反而坐在沙发上看电视。这就是他们变胖的原因。许多研究表明，如果他们每天去散步，他们会更健康。我想他们也会感觉好些。在新鲜空气中锻炼是最好不过的。

8. 研究冈萨雷斯博士的日程表。然后用时间标记填补下面的句子。今天是 6 月 13 日。

June 8　Fly to Berlin for conference

(6 月 8 日　飞往柏林参加会议)

June 9　Give lecture at conference

(6 月 9 日　在会议上做演讲)

June 10　Train to Prague

(6 月 10 日　乘火车前往布拉格)

June 11　Meet colleagues at Charles University, Prague

(6 月 11 日　在布拉格的查尔斯大学会见同事)

June 12　Fly home

(6 月 12 日　乘飞机回家)

a) Dr Gonzalez went to Berlin five days ________

(冈萨雷斯博士五天________去了柏林。)

b）He was in Berlin ________ two days.

（他在柏林待________两天。）

c）________ his stay in Berlin he gave a lecture.

（他在柏林________做了一次演讲。）

d）________ leaving Berlin he went to Prague.

（他离开柏林________去了布拉格。）

e）________ staying in Prague he met colleagues at Charles University.

（在布拉格________他在查尔斯大学会见了同事。）

f）________ June 10th he had travelled 2,300 kilometres.

（________6月10日，他旅行了2 300公里。）

第4章

词汇问题

国际学生可能对阅读学术文章所需要的词汇量和复杂性感到忧虑，这是可以理解的。要掌握英语中有效的词汇表，仅靠背单词是不够的。从学习缩写到识别同义词，第4章各节提供了多种方法来增进学生对这一领域的理解。

4.1　词汇入门

本节分析了学生在阅读学术文章时面临的一些主要困难，例如处理生词、避免与类似词汇相混淆，以及识别来自其他语言的短语。本节还对一些修辞手法进行了讨论，并提供了练习。

1. 词汇问题

□ 这个段落说明了学生在阅读和写作学术文章时面临的一些词汇困难。仔细阅读这段话，要特别注意用黑体字表示的词语。

走向极端?

Muller（2012）**坚称**极端天气事件发生频率的增加与全球变暖有关，**尤其是**与海洋温度上升有关。**然而**，McKenzie（2013）**坚持** Muller 在这个问题上**钻了牛角尖**，因为他使用了一个**失调的**模型，而且没有真正的证据表明洪水和飓风等**现象**正在变得越来越普遍。他认为，**关键**问题在于易受洪水等灾害影响的地区人口不断增长。Muller 的**主要**担忧是，自 1968 年以来，北太平洋的温度上升了 0.5 摄氏度，而 McKenzie 认为这是在历史**波动**的正常范围内的。但是**除此之外**，Javez（2009）和 Simmonds（2011）等人主张，在**联合国教科文组织**的**主持**下开展一个国际研究项目，以监测这些事件，因为自 2000 年以来，保险索赔的成本增加了三倍。

□ 下表列出了将在第 4 章中详细讲解的词汇问题。

项目	词汇问题	章节
maintains（坚称） insists（坚持）	用于总结观点的指示动词	4.4
in particular（尤其是） however（然而）	连词	4.5
a bee in his bonnet（钻了牛角尖）	习语	4.1

续前表

项目	词汇问题	章节
dysfunctional（失调的）	可以通过前缀来理解	4.6
phenomena（现象）	events（事件）的同义词	4.8
key（关键）	隐喻	4.1
principal（主要）	经常与 principle（原则）相混淆	4.1
fluctuation（波动） auspices（主持）	正式或技术词汇	4.1
inter alia（除此之外）	来自其他语言的短语	4.1
UNESCO（联合国教科文组织）	缩写	4.2

2. 如何处理生词

学生在阅读时会遇到两类词汇——专业词汇和一般学术词汇。例如，在上面的文章中，环境专业的学生可能知道“波动”，但不知道“主持”。不要试图学会你遇到的所有生词，你应该筛选出哪些单词是值得学习的。试图学会太多的生词可能是个错误：对大多数学生来说，应该优先考虑特定专业的语言。可以按照这个过程进行：

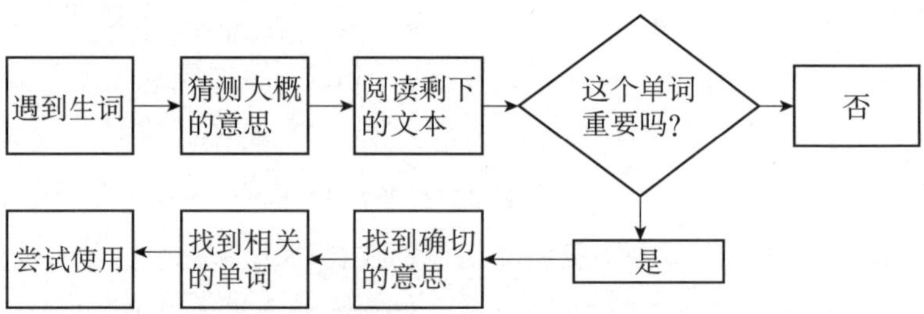

当你学习一个单词或短语时，把它的词性和任何有用的相关单词及其意思都记下来：

fluctuation（波动）（名词）——variation（变化）

to fluctuate（波动）（动词）——to vary（变化）

还应该考察单词或短语的文体。你在学术作品中读到的大多数单词都是标准英语，但是 auspices（主持）（有“权威地”的含义）是相当正式的用语，而 a bee in his bonnet（钻了牛角尖）是习语。一般来说，在你自己的书面作品中最好使用标准英语。

3. 修辞

下面这些单词（全部为名词）用于描述常见的修辞手法。

□ 与同学讨论下列单词，尝试为每个词想出一个例句。

ambiguity（歧义）	可能有多种解释；缺乏清晰度
anecdote（轶事）	用来说明情况或观点的故事
cliché（陈词滥调）	被过度使用的观点或短语；缺乏新鲜感
euphemism（委婉表达）	为了避免直接说出某些令人不快的事物而使用的单词或短语
idiom（习语）	口语中使用的短语，表面意思不明显
metaphor（隐喻）	字面意思指某件事物，实际上指的是其他事物
paradox（矛盾）	似是而非的观点
proverb（谚语）	传统表述或诗句，包含忠告或寓意
saying（俗话）	经常重复的说法，似乎有些道理
simile（比喻）	将两件事物相比较，使用 like/as（像……一样）
slogan（口号）	经常在广告或政治场合中使用的短语
statement（声明）	对情况的相当正式的评论
synopsis（简介）	某件事物的总结

4. 练习

□ 与同学一起阅读并思考下面的句子，判断每句话分别对应上述哪种修辞手法。

a）总统说她为台风造成的生命损失感到遗憾，并对幸存者表示同情。（声明）

b）讲座一开始，张教授给他们讲了她那天早上看到的一起事故。（________）

c）他警告他们，天下没有免费的午餐。（________）

d）该报告的作者于 11 月 21 日过世了。（________）

e）他告诉全班同学，他们的法律课程是在一片未知的海洋上航行。（________）

f）她说年纪越大，知道的似乎越少。（________）

g）价格上涨后，销售就像石头一落千丈。（________）

h）据说早起的鸟儿有虫吃。（________）

i）老师解释说，这部小说由两部分组成：第一部分是历史的，第二部分是当代的。（简介）

j）他获得奖学金时高兴得一蹦三尺高。（________）

k）广告语“如此美味”已经卖出了数百万份鸡肉餐。（________）

l）他对母校的感情是爱恨交加的。（________）

m）巴黎是浪漫之都，情侣之城。（________）

5. 容易混淆的组合[①]

某些常见的单词会引起混淆，因为它们的拼写和含义相似但不同。

干旱影响（affected）了澳大利亚的小麦收成。

价格上涨的直接影响（effect）是需求下降。

affect 和 effect 是两个不同的单词。affect 是动词，effect 是名词。

□ **比较下面这些相似的组合（括号中给出了最常用的形式）。**

a）accept（接受）（动词）/except（除了）（介词）

很难接受（accept）他们的发现。

除了（except）结论，报告已经写完了。

① 这部分内容适用于英语学术写作。——译者注

b）compliment（称赞）（名词/动词）/complement（补充）（动词）

同事们都称赞（complimented）她的演讲。

他的新书补充（complements）了他以前对南非政治的研究。

c）economic（经济）（形容词）/economical（经济的）（形容词）

通货膨胀是战争的经济（economic）后果之一。

合乘一辆车去上班是一种经济的（economical）做法。

d）its（物主代词）/it's（主语代词＋动词）

The car's advanced design was its most distinct feature.（这辆车最显著的特点是设计先进。）

It's widely agreed that carbon emissions are rising.（人们普遍认为碳排放正在增加。）

e）led（导致）（动词 lead 的过去式）/lead（铅）（名词）

他的研究导致（led）他对正统观点提出了质疑。

铅（lead）是一种有价值的矿物。

f）lose（失败）（动词）/loose（松散的）（形容词）

没有哪位将军打算在战斗中失败（lose）。

他强调宗教和心理学之间的松散（loose）联系。

g）principal（主要的）（形容词/名词）/principle（原则）（名词）

苏黎世是瑞士的主要（principal）城市。

所有经济学家都承认供需原则（principle）。

h）rise（增长）（动词，过去式为 rose）/raise（提高）（动词，过去式为 raised）

悉尼的人口在上个世纪增长（rose）了 35%。

这所大学去年把学费提高（raised）了 10%。

i）site（场地）（名词）/sight（视力）（名词）

战场（site）现在被一个机场所覆盖。

他的视力（sight）在八十多岁时开始衰退。

j）tend to（趋向）（动词）/trend（趋势）（名词）

小孩子总是（tend to）喜欢吵闹。

在许多国家，家庭有一种变小的趋势（trend）。

□ 在每句话中选出正确的单词。

a）The company was founded on the principals/principles of quality and value.（公司是建立在质量和价值的原则基础上的。）

b）Millions of people are attempting to lose/loose weight.（数百万人正在努力减肥。）

c）Sunspots have been known to affect/effect radio communication.（人们已经知道太阳黑子会影响无线电通信。）

d）Professor Poledna received their compliments/complements politely.（波莱德纳教授礼貌地接受了他们的赞美。）

e）The ancient symbol depicted a snake eating it's/its tail.（这个古老的符号描绘了一条正在吞吃自己尾巴的蛇。）

f）Both social and economical/economic criteria need to be examined.（需要考察社会和经济标准。）

g）It took many years for some of Einstein's theories to be accepted/excepted.（爱因斯坦的一些理论过了许多年才被接受。）

6. 来自其他语言的单词和短语

在阅读学术文章时，可能会遇到来自其他语言的单词和短语，通常是拉丁语、德语或法语。使用它们通常是因为英语中没有确切的同义词，这些单词和短语通常用斜体字表示：

他主张各州实际上（*de facto*）是独立的。

在你自己的写作中不必使用这些单词和短语，但是有必要在阅读时理解它们。这些单词和短语可以在字典中查到，这里列出了一些比较常见的：

拉丁语

ad hoc	计划外的
de facto	实际上的
de jure	法律上的
inter alia	除此以外
in vitro	在离体器官上进行的研究（生物学）
pro rata	成比例的

法语

à propos de	关于
ancien régime	旧制度
coup d'état	军事政变
déjà vu	似曾相识的感觉
fait accompli	既成事实
raison d'être	存在的理由

德语

Bildungsroman	成长故事
Mitteleuropa	中欧
Realpolitik	现实政治
Schadenfreude	幸灾乐祸
Zeitgeist	时代精神

4.2 缩　写

缩写是现代英语一个不断发展的重要特点，为了方便和节约空间而被广泛使用。学生需要熟悉一般缩写和学术缩写。

1. 缩写的类型

缩写的形式包括节缩词、首字母缩写或字母组合，如下所示。

a）节缩词经常在作者不知道原文形式的情况下使用。bus（公共汽车）这个词来源于 omnibus，而后者在现代英语中很少使用；disco（迪斯科）比 discothèque 更常见，而 refrigerator（冰箱）在书面英语中比非正式的 fridge 更好；用 lab（实验室）代替 laboratory，memo（备忘录）代替 memorandum，vet（兽医）代替 veterinary surgeon，都是可以接受的。

b）首字母缩写是由名字或短语的首字母组成的［如 AIDS（艾滋病）指 Acquired Immune Deficiency Syndrome（获得性免疫缺陷综合征）］。它们被当作单词来读。有时候，使用者已经忘记了它们是首字母缩略词，而把它们当作普通单词来对待［例如，radar（雷达）这个词来源于 radio detection and ranging（无线电探测和测距）］。

c）其他缩写是由单个字母组合而成的。包括国家、组织和公司的名称［US（美国）/BBC（英国广播公司）/IBM］，以及只在书面英语中出现的缩写［例如，PTO 的意思是 please turn over（转下页）］。注意：在许多情况下，缩写被广泛使用，而大多数使用者并不知道单个字母代表什么（如 DNA、DVD）。

2. 常用缩写

标准英语中有成百上千种缩写，这里列出学术语境中最经常使用的一些缩写。

AGM（annual general meeting）	年会
ASAP（as soon as possible）	尽快
BA（Bachelor of Arts）	文学学士
BCE（before the common era）	公元前
BSc（Bachelor of Sciences）	理学学士
CAD（computer-aided design）	计算机辅助设计
CE（common era）	公元
CV（curriculum vitae）	简历
DIY（do-it-yourself）	自己动手
ETA（estimated time of arrival）	预计到达时间
EU（European Union）	欧盟
FE（further education）	继续教育（16/18 岁以上的非大学教育）
GM（genetically modified）	转基因
GNP（gross national product）	国民生产总值
HE（higher education）	高等教育（18 岁以上的大学教育）
HR（M）［human resource（management）］	人力资源（管理）
ICT（information and communications technology）	信息和通信技术
IMF（International Monetary Fund）	国际货币基金组织
LLB（Bachelor of Laws）	法学学士
MA（Master of Arts）	文学硕士
MSc（Master of Science）	理学硕士
PG（Postgraduate）	研究生
PGCE（Postgraduate Certificate of Education）	教育研究生证书

PhD（Doctor of Philosophy）	博士
PLC（public limited company）	有限公司
PR（public relations）	公共关系
UCAS［Universities and Colleges Admissions Service（UK）］	（英国）高等院校招生服务中心
UG（undergraduate）	本科生
UN（United Nations）	联合国
URL（uniform resource locator）	统一资源定位符（网址）
VC（Vice-Chancellor）	副校长
WTO（World Trade Organisation）	世界贸易组织

此外，作者还经常使用本专业领域的专用缩写：

从公司的资源基础观点（resource-based view，RBV）出发，有人认为……

技术准备指数（Technology Readiness Index，TRI）是由 Parasuraman（2000）提出的。

注意，第一次使用一个短语时必须给出完整形式，将缩写写在后面的括号中，之后可以单独使用缩写。

3. 标点符号

许多标准缩写后面都有一个下圆点，表示它是一个单词的缩写形式［如 Tues. = Tuesday（星期二）］。其他的例子还有 government（政府）写作 govt.，company（公司）写作 co.，October（十月）写作 Oct.。现在在首字母缩写和其他缩写中通常不使用下圆点（如 BBC，ABS）。

4. 相同的缩写

缩写可能造成混淆。例如，PC 可以代表"personal computer"（个人电脑），也可以代表"politically correct"（政治正确）或"Police Constable”（警员）。有必要意识到这些可能的混淆。应该善用词典来理解更多不常见的缩写。

5. 写作中的缩写

虽然所有学科专业都有自己的缩写，但大多数学术写作都有一些共同的缩写。下面列举了一些：

anon. （anonymous）	匿名
c. （*circa*）	大约（用于日期）
cf. （compare）	比较
ed. （editor/edition）	版
e. g. （for example）	例如
et al.	等（用于给出多个作者的名字）
etc. （*et cetera*）	等等（不要在正式的学术作品中使用）
Fig. （figure）	图（用于标明图题）
ibid.	同上（参考前面刚刚提到的文献来源）
i. e.	即
K（thousand）	千
NB:	注意
nd. （no date）	未注明日期（即没有日期的文献）
No. （number）	序号
op. cit.	同上（在前面提到的文献中）
p. a. （per annum）	每年
pp. （pages）	页
PS（postscript）	附言
re:	关于
sic	原文如此（用于在引文中指出原文的错误）
vs（versus）	与……相对

▶ 参见“1.8 参考文献和引用”和“3.5 标点符号”

6. 练习

□ 解释下面句子中的缩写。

a）HE 中 ICT 项目的失败率达到 40%（Smith *et al.*，2015）。

b）GM 技术正在引领许多领域的进步（e.g. 林业）。

c）世界上人口最多的国家（i.e. 中国）于 2001 年加入 WTO。

d）NB：CV 必须在 9 月 30 日前提交给 HR。

e）这座城市在 c. BCE 2500 年被摧毁了。

f）EU 希望实现 VAT 标准税率。

g）她的 phD 论文研究了东南亚 TB 的威胁。

h）Fig. 4—西班牙 2008—2016 年 GNP。

i）VC 正在会见 PGCE 的学生。

j）PR 总监要求——工资 approx. $75k。

k）Re：下个月的 AGM：需要报告 ASAP。

l）Dr. 王认为 MSc 和 MA 研究的质量正在下降。

4.3　学术词汇：名词和形容词[①]

为了有效地阅读和撰写学术论文，学生需要熟悉这一领域广泛使用的正式词汇。本节重点介绍名词和形容词；4.4 将介绍动词和副词。

1. 引言

阅读学术文章所需要的词汇量和复杂性经常令国际学生感到忧虑。但是这些词大多是针对你的专业领域的，因此值得记忆。例如，在这句话中：

这种疟疾疫苗的有效性一直是一个有争议的话题。

医科生应该理解“疟疾疫苗”，而“有效性”和“争议”是所有学生都需要理解的一般学术词汇。本节的重点是大多数学科都使用的一般词汇。

2. 名词

□ 学习下列常用的学术名词和使用示例，与同学讨论每个词的含义。

accuracy（准确性）	重复实验将提高结果的准确性。
analysis（分析）	他对合金的分析表明铜的含量很高。
approach（方法）	韩教授给遗传学研究带来了一种新的方法。
assessment（评估）	她第一次单元评估不合格，但是最后一次通过了。

① 这部分内容主要适用于英语学术写作，中文学术写作中可参考使用。其中所提到的名词、形容词主要就英语中的词性而言，我们在翻译中尽量译成对应的中文，但因中英文词性不同，并不能严格一一对应。——译者注

assumption（假定）	他假定所有的学生都说法语。
authority（权威）	詹姆斯博士是海商法方面的权威。
category（类别）	她的著作提出了两种地方治理的类别。
claim（断言）	他们关于该岛在公元前 550 年首次有人居住的断言是错误的。
controversy（争议）	气候变化是一个引起很多争议的问题。
correlation（相关性）	他们发现身高和健康之间存在相关性。
deterrent（阻力）	沙漠的恶劣气候是探险活动的阻力。
emphasis（重点）	他们的老师将重点放在实证研究上。
evidence（证据）	X 光片提供了他肺部感染的证据。
exception（例外）	特斯拉是慢速小型电动汽车的一个例外。
extract（摘录）	他在课堂上朗读了一篇关于黑格尔的论文的摘录。
ideology（意识形态）	军事力量是罗马意识形态的核心。
implication（含义）	这份报告的含义是我们需要做更多的研究。
innovation（创新）	蒸汽动力是 18 世纪的一项重大创新。
intuition（直觉）	直觉被描述为“一种直观的感觉”。
motivation（动机）	金钱常常被认为是大多数人工作的主要动机。
perspective（视角）	西格蒙德·弗洛伊德的著作为人类行为开辟了一个新的视角。
phenomenon（现象）	地震在英国是一种不常见的现象。（注意：其不规则复数为 phenomena）
policy（政策）	本校对抄袭采取零容忍政策。
preference（偏好）	她偏好刑法，但其他领域更有利可图。
process（过程）	药物试验包括三个阶段的过程，历时两年。
proposal（提议）	教授举行更多研讨会的提议被拒绝了。
provision（供应）	图书馆的计算机终端设备供应增加了 100%。

sequence（序列） 写作是一个阅读、记笔记、构思和打草稿的序列。

strategy（战略） 每天游泳是他健身战略的一部分。

substitute（代替品） 天然气能在多大程度上成为石油的替代品？

technique（技术） 她发明了一种收集甲虫的新技术。

validity（有效性） 事件证明了他的预测的有效性。

□ 从上述英文名词中选择合适的填空。

a）The excavation found no ________ of human settlement before 1250 BCE.

（考古挖掘发现，公元前 1250 年以前没有人类定居的________。）

b）The tutor asked the class for their ________ for next semester's topics.

（导师问全班同学对下学期的课程主题有什么________。）

c）Many great discoveries were based on ________ rather than logic.

（许多伟大的发现都是基于________而不是逻辑。）

d）Due to the rising birth rate ________ was made for more school places.

（由于出生率上升，应该扩大学校的空间________。）

e）Few believed Galileo's ________ that the earth went round the sun.

（很少有人相信伽利略关于地球绕着太阳转的________。）

f）Hurricanes and typhoons are both weather ________.

（飓风和台风都是天气________。）

g）The new ________ for making steel boosted production by 60%.

（新的炼钢________使产量提高了 60%。）

h）They looked for a ________ between birth month and longevity.

（他们试图寻找出生月份和预期寿命之间的________。）

3. 名词和形容词

一种扩大词汇量的简单方法是学习相关的单词。上面的列表中，许多名词都有对应的形容词［例如 accuracy/accurate（准确性/准确的）］。

□ 用例句表示下列形容词的意思。

accurate（准确的）

The arrival of railways created a demand for accurate timekeeping.（铁路的出现对准确计时提出了要求。）

analytical（分析的）

approachable（可接近的）

authoritative（权威的）

controversial（有争议的）

emphatic（强调的）

exceptional（非凡的）

ideological（意识形态的）

innovative（创新的）

intuitive（直觉的）

motivational（激励的）

phenomenal（现象级的）

preferential（优先的）

provisional（临时的）

sequential（按顺序的）

strategic（战略的）

technical（技术的）

valid（有效的）

4. 容易混淆的名词和形容词

单词的名词和形容词形式很容易混淆，比如 possibility 和 possible（可能）。

□ 比较这两个句子。

机器的效率（efficiency）取决于其结构的精度（precision）。

精密的（precise）结构造就高效的（efficient）机器。

第一个句子使用名词 efficiency 和 precision，第二个使用形容词 efficient 和 precise。虽然意思相近，但第一句话比较正式。有效的学术写作需要准确地使用名词和形容词。

□ 填写下表中的空格。

名词	形容词	名词	形容词
approximation（近似值）	approximate（近似的）		particular（特殊的）
superiority（优越性）		reason（原因）	
	strategic（战略的）		synthetic（综合的）
politics（政治）		economics/economy *（经济）	
	industrial（工业的）		cultural（文化的）
exterior（外部）		average（平均值）	
	high（高的）		reliable（可靠的）
heat（热量）		strength（力量）	
	confident（确信的）		true（真实的）
width（宽度）		probability（可能性）	
	necessary（必要的）		long（长的）
danger（危险）		relevance（相关性）	

* 比较这两个名词：

经济学（Economics）是一门要求很高的本科课程。（学科专业）

希腊经济（economy）债台高筑。（国民经济，可数）

削减赤字需要节约（economy）。（节约，不可数）

5. 练习 A

□ 从上表中找出合适的名词或形容词，填入每个句子中的横线处。

a）The students were ________ their project would be successful.

（学生们________他们的项目会成功。）

b）One of Tokyo's ________ is its excellent transport system.

（东京的一个________是交通系统很好。）

c）There is a strong ________ that fees will rise next year.

（有一种________是学费明年会上涨。）

d）The students complained that the lecture was not ________ to their course.

（学生们抱怨这个讲座与他们的课程不________。）

e）The results are so surprising it will be ________ to repeat the experiment.

（结果是如此令人惊讶，重复实验是________。）

f）The ________ household size in Turkey is 4.1 people.

（土耳其的________家庭人口为4.1人。）

g）Regularly backing up computer files reduces the ________ of losing vital work.

（定期备份电脑文件可以减少丢失关键文件的________。）

h）Revising for exams is a tedious ________.

（为考试复习令人乏味，但有其________。）

i）These data appear to be ________ and should not be trusted.

（这些数据似乎是________，也不应该被信任。）

j）The ________ date of the founding of Rome is 750 BCE.

（罗马建成的________日期是公元前750年。）

k）The ________ consequences of the war were inflation and unemployment.

（战争的________后果是通货膨胀和失业率。）

l）They attempted to make a ________ of all the different proposals.

（他们试图对所有不同的建议做出________考虑。）

6. 相似的形容词

某些常用的形容词有两种形式，意思略有不同：

高通货膨胀是一个经济（economic）问题。（与经济有关的）

乘公共汽车比乘火车更经济（economical）。（省钱）

马丁·路德·金在华盛顿发表了历史性的（historic）演讲。（难忘的或重要的）

克利奥帕特拉是一个历史（historical）人物，出生于公元前 69 年。（历史上的真实人物）

电（electric）吉他是在 20 世纪 30 年代发展起来的。（出电力驱动的）

电气（electrical）工程是一门很受欢迎的课程。（与电力有关的）

7. 学术形容词

下面这些形容词最好作为成对的反义词来理解和学习：

absolute（绝对的）	relative（相对的）
abstract（抽象的）	concrete（具体的）
accurate（准确的）	inaccurate（不准确的）
ambiguous（模糊的）	unambiguous（清楚的）
analytic（分析的）	synthetic（综合的）
effective（有效的）	ineffective（无效的）
exclusive（排除的）	inclusive（包含的）
logical（合乎逻辑的）	illogical（不合逻辑的）
metaphorical（隐喻的）	literal（字面的）
precise（精确的）	vague/approximate/rough（模糊的/近似的/粗略的）

rational（理性的）	irrational（非理性的）
reliable（可靠的）	unreliable（不可靠的）
relevant（相关的）	irrelevant（不相关的）
specific（明确的）	non-specific（不明确的）
subjective（主观的）	objective（客观的）
theoretical（理论的）	practical/empirical/pragmatic（实际的/经验的/实证的）

通货膨胀是一个抽象的（abstract）概念。

key这个词的隐喻（metaphorical）用法（“关键”）可能比它的字面（literal）意思（“钥匙”）更常见。

工程学的研究与建筑学高度相关（relevant）。

她关于女性教育的论文被批评过于主观（subjective）。

在欧洲，实证（empirical）研究始于16世纪。

8. 练习B

□ 用“7. 学术形容词”中列出的合适的形容词完成每个句子。

a）The teacher complained that the quotes were ________ to the title.

（老师抱怨说这些引言与题目是________。）

b）His ________ approach led him to ignore some inconvenient facts.

（他的________方法使他忽略了一些麻烦的事实。）

c）________ examples are needed to make the argument clear.

（需要________的例子来阐明论点。）

d）It is sufficient to give ________ figures for national populations.

（给出全国人口的________数字就足够了。）

e）Poverty is usually regarded as a ________ concept.

（贫穷通常被认为是一个________概念。）

f）They approached the task in a ________ way by first analysing the title.

（他们以一种________方式来完成这项任务，首先分析题目。）

g）The students preferred examining case studies to ________ discussion.

（在________讨论中学生们更喜欢案例研究。）

h）The results were ________：the victims had definitely been poisoned.

（结果是________：受害者肯定是中毒了。）

9. 练习 C

□ 划出每句话中的形容词，在括号里写出相关的名词。

例：

Several steel producers are <u>likely</u> to shut down next year. (<u>likelihood</u>)

（几家钢铁生产企业明年可能会关闭。）

a）The HR team have just completed a strategic review of pay. (________)

（人力资源团队刚刚完成了对薪酬的战略评估。）

b）Dr Lee adopted an analytical approach to the inquiry. (________)

（李博士在调查中采用了分析的方法。）

c）Nylon was one of the earliest synthetic fibres. (________)

（尼龙是最早的合成纤维之一。）

d）Her major contribution to the research was her study of antenatal care. (________)

（她对这项研究的主要贡献是对产前保健的研究。）

e）All advertising must respect cultural differences. (________)

（所有的广告都必须尊重文化差异。）

f）Some progress was made in the theoretical area. (________)

（在理论领域取得了一些进展。）

g）A frequent complaint is that too much reading is expected.（________）

（常见的抱怨是需要阅读的文献太多。）

h）We took a more critical approach to marketing theory.（________）

（我们对营销理论采取了更为批判的态度。）

i）The Department of Social Policy is offering three courses this year.（________）

（社会政策系今年开设了三门课程。）

j）Finally，the practical implications of my findings will be examined.（________）

（最后，将检验我的研究结果的实际意义。）

有意愿掌握学术词汇的学生可以学习《学术词汇表》。这份词汇表包括570个经常在各学科的学术文章中出现的单词，是由埃夫丽尔·考克斯黑德（Averil Coxhead）总结的。

参见：https：//canvas. bham. ac. uk/courses/12947/pages/vocabulary-and-the-academic-word-list。

4.4　学术词汇：动词和副词[1]

阅读文章时，识别和理解主要动词是很有帮助的，这通常是理解整个句子的关键。本节学习在学术写作中使用的相对正式的动词、用于引出总结的参考动词，并概述副词的用法。

1. 理解主要动词

□ 阅读下面的句子，划出主要动词。

作者得出结论，目前没有任何合理的选择可以取代宪政民主，尽管他并没有完全否定未来建立更好的政治制度的可能性。

要理解作者的意思，读者需要清楚“得出结论”和“否定”是句中的主要动词。

学术写作倾向于使用相对正式的动词来准确地表达作者的意思：

在过去的十年里，变化的步伐加快（accelerated）了。

达尔文想象（envisaged）到他的著作将会引起的争议了吗？

相应地，在英语口语中，我们更倾向于使用 speed up 和 imagine。

□ 阅读下面的列表，为每个动词找出一个同义词。[2] 其中有些动词，如 hold，在学术写作中用于特殊含义。

动词	使用示例	同义词
to adapt（修改）	这个国家的医疗卫生系统由法国的系统修改而来	modified（改造）

① 本节内容适用于英语学术写作，中文学术写作中可参考使用。——译者注

② 中英文动词都有同义词，本练习可以根据需要对照完成。——译者注

续前表

动词	使用示例	同义词
to arise（出现）	当我们把目光转向更小的孩子，也会出现类似的情形	
to conduct（进行）	最大规模的研究在芬兰进行	
to characterise（特点是）	发展中国家的特点是……	
to clarify（澄清）	该项目旨在澄清这些矛盾	
to concentrate on（关注）	这项研究主要关注年龄更大的孩子	
to be concerned with（涉及）	该方案主要涉及……	
to demonstrate（说明）	进一步研究说明，很少有因素……	
to determine（测定）	实验测定了含水量	
to discriminate（辨别）	未能辨别这两个物种	
to establish（建立）	首先建立了北部边界	
to exhibit（表现）	半数病人表现出好转的迹象	
to focus on（聚焦）	她的著作主要聚焦于女性经理	
to generate（产生）	这个问题产生了一系列反应	
to hold（成立）	牛顿第二运动定律 $F=ma$，在任何地方都成立	
to identify（识别）	识别了三个主要领域	
to imply（暗示）	缺课暗示他缺乏兴趣	
to interact（互动）	理解两个系统如何互动	
to interpret（解释）	这个结果可以解释为有限的成功	
to manifest（表现）	表现为反社会行为	
to overcome（克服）	两个困难都在第一周被克服了	
to propose（提出）	他们提出社会阶层是主要因素	
to prove（证明）	事实证明太阳能的使用是成功的	
to recognise（承认）	现在他被承认为一流专家	
to relate to（有关）	这种模式与社会和心理因素有关	
to supplement（补充）	饮食中补充了钙和碘	
to undergo（经历）	系统在 20 世纪 80 年代经历了重大变化	
to yield（产生）	两项调查都产生了复杂的结果	

2. 参考动词的使用

参考动词用来总结其他作者的观点：

Previn **argued** that global warming was mainly caused by the solar cycle.

（Previn 认为，全球变暖主要是由太阳活动周期造成的。）

Bakewell（1992）**found** that most managers tended to use traditional terms.

[Bakewell（1992）发现大多数管理者倾向于使用传统术语。]

也用在引文之前：

As Scott **observed**：'Comment is free，but facts are sacred'.

（正如 Scott 观察到的："评论自由，但事实神圣不可侵犯。"）

这类动词后面大多跟 that 打头的名词从句。

a）下面这些参考动词表示作者在介绍案例。

argue（主张）	suggest（提出）
claim（声称）	believe（相信）
consider（考虑）	think（认为）
hypothesise（假设）	state（声明）

Melville（2007）**suggested** that eating raw eggs could be harmful.

[Melville（2007）提出吃生鸡蛋可能有害健康。]

b）以下参考动词用于描述对之前提到的立场的反应。

accept（接受）	deny（否认）
admit（承认）	doubt（怀疑）
agree with（同意）	

Handlesmith **doubts** Melville's suggestion that eating raw eggs could be harmful.

（Handlesmith 怀疑 Melville 吃生鸡蛋有害健康的观点。）

c）其他参考动词。

assume（假定）　　indicate（指出）

conclude（得出结论）　　maintain（坚持）

discover（发现）　　presume（推测）

explain（解释）　　reveal（揭示）

imply（暗示）　　show（显示）

Patel（2013）**assumes** that inflation will remain low.

[Patel（2013）假设通货膨胀将保持在低水平。]

3. 练习 A

□ 用参考动词提到下面这些作者的说法（可能有不止一个合适的动词）。使用过去时。

例：

Z：'My research shows that biofuels are environmentally neutral'.

Z **claimed/argued** that biofuels were environmentally neutral.

（Z："我的研究显示生物燃料对环境是中性的。"

Z 声称/主张生物燃料对环境是中性的。）

a）A：'I may have made a mistake in my calculations on energy loss'.

（A："在计算能量损失时我可能犯了一个错误。"）

b）B：'I did not say that women make better doctors than men'.

（B："我并不是说女性比男性更适合做医生。"）

c）C：'Small firms are more dynamic than large ones'.

（C："小公司比大公司更有活力。"）

d）D：'I support C's views on small firms'.

（D："我支持 C 对小企业的观点。"）

e）E：'I'm not sure，but most people probably work to earn money'.
（E：“我不确定，但大多数人可能是为了挣钱而工作。”）

f）F：'After much research，I've found that allergies are becoming more common'.
（F：“经过很多研究，我发现过敏越来越普遍了。”）

g）G：'I think it unlikely that electric cars will replace conventional ones'.
（G：“我认为电动汽车不太可能取代传统汽车。”）

h）H：'There may be a link between crime and sunspot activity'.
（H：“犯罪和太阳黑子活动之间可能有联系。”）

4. 更多参考动词

有些参考动词后面跟“某人/某物＋for＋名词/动名词”的形式：

blame（责备）　　condemn（指责）

censure（谴责）　　criticise（批评）

commend（称赞）

Lee（1998）**blamed** the media for creating uncertainty.

[Lee（1998）指责媒体制造了不确定性。]

注意：除了 commend（称赞），这几个词的意思都是负面的。

还有一些参考动词，后面跟“某人/某物＋as＋名词/动名词”的形式：

assess（评价）　　evaluate（评估）

characterise（特点是）　　identify（识别）

classify（分类）　　interpret（解释）

define（定义）　　portray（描绘）

describe（描述）　　present（提出）

Terry **interprets** rising oil prices as a result of the Asian recovery.

（Terry 将油价上涨解释为亚洲经济复苏的结果。）

▶ 参见“1.8　参考文献和引用”

5. 练习B

□ 用“4. 更多参考动词”中列出的动词重写下面的句子。

例：

K：‘Guttman’s work is responsible for many of the current social problems’.

K **blamed** Guttman’s work for many of the current social problems.

（K：“古特曼的工作导致了当前的许多社会问题。”

K将当前的许多社会问题归咎于古特曼的工作。）

a）L：‘She was very careless about her research methods’.

（L：“她对自己的研究方法漫不经心。”）

b）M：‘There are four main types of children in care’.

（M：“寄养儿童有四种主要类型。”）

c）N：‘That company has an excellent record for workplace safety’.

（N：“该公司在工作场所安全方面的记录很好。”）

d）O：‘The noises whales make must be expressions of happiness’.

（O：“鲸鱼发出的声音一定是表达快乐的方式。”）

e）P：‘Wind power and biomass will be the leading green energy sources of the future’.

（P：“风能和生物质能将是未来主要的绿色能源。”）

f）Q：‘Darwin was the most influential naturalist of the nineteenth century’.

（Q：“达尔文是19世纪最有影响力的博物学家。”）

6. 副词的使用

在下面的句子中，副词用来给出关于时间（currently/目前）和程度

（completely/完全）的信息。

作者得出结论，目前（currently）没有任何合理的选择可以取代宪政民主，尽管他并没有完全（completely）否定未来建立更好的政治制度的可能性。

a）副词在学术写作中有多种用法。其中最重要的是：

i）修饰动词和形容词，提供更多的细节。

只有前两年能够获得相当（reasonably）好的数据。

在现代垃圾填埋场中，分解最终（eventually）会停止。

ii）单独使用，通常在句首，用来引入新观点或把句子衔接起来。

目前（currently），地球的大气层似乎正在变暖。

另外（alternatively），非传统的可再生能源的利用也值得探索。

注意，单独使用副词时要小心。过度使用副词是危险的，因为它们看起来像是作者在对主题发表评论。作为一个以客观为目标的学术作者，使用 fortunately（幸运地）、remarkably（非常地）等副词可能是不合适的。

b）修饰动词和形容词的副词通常可以分成三类。

i）表示时间（什么时候）。

之前（previously）出版的

回顾性地（retrospectively）考察了

ii）表示程度（多少）。

大幅（considerably）下降

极大（substantially）贡献

iii）表示方式（以何种方式）。

医学上（medically）复杂的

距离上遥远地（remotely）

更多常见的例子见下表。

时间	程度	方式
recently（最近）	clearly（显然）	surprisingly（令人惊讶地）
increasingly（越来越）	particularly（特别地）	factually（事实上）
originally（最初）	broadly（大体上）	politically（政治上）
presently（现在）	highly（高度地）	locally（局部地）
currently（目前）	wholly（完全地）	alternatively（或者）
traditionally（传统上）	crucially（关键地）	similarly（类似地）
continuously（连续地）	emphatically（强调地）	psychologically（心理上）

▶ 参见“3.4　被动式和主动式”

7. 练习 C

☐ 从上表中找出合适的副词，填入下面句子中的横线处。

a）Most houses do not have electricity. ________，then，there is little chance of improving living standards.

（大多数房屋没有电。________，提高生活水平的可能性很小。）

b）________，the internet was mainly used for academic purposes.

（________，互联网主要用于学术目的。）

c）Some courses are assessed purely by exams. ________，coursework may be employed.

（有些课程纯粹通过考试来评分。________也可以参考课程作业。）

d）________，there has been growing concern about financing the health service.

（________，人们越来越关心医疗服务补贴。）

e）Many birds use bright colours to attract a mate. ________，flowers advertise their position to fertilising insects.

（许多鸟用鲜艳的颜色来吸引配偶。________，花朵向授粉的昆虫展示自己的位置。）

f) ________，the development should be acceptable environmentally.
(________，发展应该是环境友好的。)

g) Despite some disagreement，the team were ________ united on the next step.
(尽管存在一些分歧，但团队________为了下一步团结一致。)

h) Although ________ correct，many details were missing from the report.
(虽然________正确，但报告中缺少了许多细节。)

8. 练习 D

□ 从方框中找出合适的副词，填入下文中的横线处。

virtually（实质上）	conventionally（传统上）	basically（基本上）
originally（最初）	recently（最近）	illicitly（不正当地）
significantly（显著地）	substantially（很多）	

__________，the earliest keys were made by the Egyptians from wood，and __________ improved by the Romans，who used metal. Today's keys are __________ the same：a piece of metal with teeth，__________ produced by cutting and stamping. But __________ a new technology，3D printing，has made it possible to manufacture much more intricate designs which are __________ impossible to copy __________. Although __________ more expensive，these hi-tech keys offer remarkable security.

(历史上已知最早的钥匙是埃及人用木头做的，罗马人用金属对其进行了________改进。今天的钥匙________是一样的：一块有齿的金属，________是通过切割和冲压而成的。但是________，新的 3D 打印技术使制造更加复杂的设计成为可能，这种钥匙________不可能被________复制。虽然这些高科技钥匙要贵________，但是它们提供了卓越的安全性。)

4.5 连　词[①]

连词是将文章各部分连接起来的单词或短语。有效的阅读和写作需要明确连词的具体含义。本节描述了连词的不同功能，并练习了连词的使用。连接文章各部分的其他方法在“3.1　衔接”中进行了说明。

1. 连词如何起作用

阅读一篇文章时，连词就像路标，帮助读者跟随作者的思路。

□ 阅读下面的段落，思考用黑体字表示的连词的功能。

生物燃料

最新发表的研究考察了关于日益增长的生物燃料使用的一些重要问题，**比如**（such as）从玉米中提取的乙醇。最近这些作物的产量急剧增加，**但是**（but）用燃料作物替代粮食作物的做法受到了严厉批评。**尽管**（although）生物燃料最初被认为是一种更环保的燃料，但研究表明，一些生物燃料，**例如**（for instance）棕榈油生物柴油的生产，比使用传统石油造成的污染更严重。**不过**（however），甘蔗生产的乙醇会产生负排放，**换句话说**（in other words），从大气中吸收二氧化碳，这是一个有益的过程。**因此**（consequently），可以看出情况相当复杂，**而且**（and）生物燃料**既不是**（neither）能源问题的神奇解决方案，**也不是**（nor）有些人口中的环境灾难。

注意，有些连词的作用是把句子的各个部分连接起来：

① 本节内容适用于英语学术写作，中文学术写作中可参考使用。——译者注

最近这些作物的产量急剧增加，**但是**（but）用燃料作物替代粮食作物的做法受到了严厉批评。

另外一些连词用于引出新的句子：

……这是一个有益的过程。**因此**（consequently），可以看出情况相当复杂……

2. 连词的类型

注意下面的句子中连词起作用的方式：

对粮食的需求正在增加，因为（because）人口不断增长。

机械化提高了农作物产量，但是（yet）产量仍然不足。

在第一个句子中，“因为”引出了原因；在第二个句子中，“但是”表示句子的两部分是相反的。

□ 划出下列句子中的连词。

a）A few inventions, for instance television, have had a major impact on everyday life.

（一些发明，例如电视，对日常生活产生了重大影响。）

b）Furthermore, many patients were treated in clinics and surgeries.

（此外，许多病人在诊所和外科诊室接受治疗。）

c）The definition of 'special needs' is important since it is the cause of some disagreement.

（“特殊需要”的定义很重要，因为它是一些分歧产生的原因。）

d）The technology allows consumers a choice, thus increasing their sense of satisfaction.

（技术允许消费者选择，从而增强了他们的满足感。）

e）Four hundred people were interviewed for the survey, then the results were analysed.

（400 人接受了调查，然后对结果进行了分析。）

f）However，another body of opinion associates globalisation with unfavourable outcomes.

（但是，另一种观点认为全球化会带来不利的结果。）

□ 连词有六种主要类型。判断上面的句子分别属于下列哪种类型。

i）补充 （___b___）

ii）结果 （________）

iii）原因 （________）

iv）转折 （________）

v）举例 （________）

vi）时间 （________）

□ 阅读“1. 连词如何起作用”中关于生物燃料的段落，判断每个连词的功能［即上述 i）至 vi）］。

连词	类型	连词	类型
a）such as（比如）	举例	f）	
b）		g）	
c）		h）	
d）		i）	
e）			

▶ 参见“2.2　原因和结果”

3. 常见的连词

□ 与同学合作完成下表，列举连词的例子，越多越好。

补充	结果	原因	转折	举例	时间
and （以及）	consequently （结果）	since （因为）	yet （然而）	such as （比如）	then （然后）

4. 练习 A

□ 在横线处填上合适的连词。

a) ________checking the equipment the experiment was repeated.
(检查设备________重复了实验。)

b) ________most people use the train, a minority walk or cycle.
(________大多数人乘坐火车，但仍有少数人选择步行或骑自行车。)

c) Brick is a thermally efficient building material. It is, ________, cheap.
(砖是一种耐热的建筑材料，________便宜。)

d) Demand has increased for summer courses, ________extra ones are offered this year.
(对夏季课程的需求增加了，________今年开设了更多课程。)

e) Many writers, ________Chekhov, have been doctors.
(许多作家，________契诃夫，曾经当过医生。)

f) __________ the increase in residence fees more students are moving out.
(________住宿费的上涨，更多的学生搬走了。)

g) ________teaching at the Sorbonne she was writing a novel.
(________巴黎大学任教时，她正在写一本小说。)

h) ________he was studying Italian he spent a semester in Bologna.
(________学习意大利语，他在博洛尼亚度过了一个学期。)

5. 练习 B

□ 在横线处填上合适的连词。

Geoengineering

Geoengineers believe that it may be possible to counteract the effects of global warming by large-scale engineering projects, a) ________ the 'solar umbrella' designed to reflect sunlight back into space. b) ________ no major schemes have yet been attempted, there is already controversy about the risks involved.

Two different approaches are suggested: c) ________ to block incoming sunlight, d) ________ alternatively to take carbon dioxide out of the atmosphere. One proposal, e) ________ , consists of putting iron into the sea in order to encourage the growth of the tiny sea creatures which absorb carbon dioxide. f) ________ this second approach is unlikely to create major problems, blocking sunlight is potentially dangerous, g) ________ the risk of affecting rainfall patterns h) ________ even ocean currents. i) ________ bioengineers are anxious to establish clear guidelines before any large-scale experiments are carried out.

地球工程

[地球工程师相信，通过大规模的工程项目，a) ________ 设计用来将阳光反射回太空的“太阳伞”，有可能抵消全球变暖的影响。b) ________ 目前还没有尝试任何重大的计划，但关于风险的争议已经产生了。

地球工程师提出了两种不同的方法：c) ________ 阻挡射入的阳光，d) ________ 从大气中吸收二氧化碳。e) ________ ，其中一项建议提出向海洋中注入铁，以促进吸收二氧化碳的微小海洋生物的生长。f) ________ 第二种方法不太可能产生重大问题，但是阻挡阳光有潜在的危险，g) ________ 这样做可能影响降雨模式，h) ________ 有改变洋流的风险。i) ________ 生物工程师急于在进行大规模实验之前制定明确的指导方针。]

6. 容易混淆的连词

在有些情况下，连词可以有两种意思：

虽然（while）这种药物有风险，但他认为风险很小。（转折）

听讲座时（while）她在构思这篇文章。（时间）

自从（since）周二以来他一直在华盛顿。（时间）

因为（since）看不懂俄语，她找人翻译了这篇论文。（原因）

7. 表示转折的连词

在某种程度上，这是最重要的连词类型，也是最难准确使用的。注意下面的例子中连接词的位置：

Although/While there are frequent strikes, the economy is strong.

In spite of/Despite the frequent strikes, the economy is strong.

There are frequent strikes. **However/Nevertheless**, the economy is strong.

The economy is strong, **but/yet** there are frequent strikes.

（虽然经常发生罢工，但是经济仍然表现强劲。）

□ 仿照例句改写。

例：The equipment was expensive/unreliable.

（这种设备很昂贵/不可靠。）

The equipment was expensive but unreliable.

Although the equipment was expensive, it was unreliable.

a) The government claimed that inflation was falling. The opposition said it was rising.

（政府声称通胀率在下降。反对派说通胀率在上升。）

i) ____________________

ii) ____________________

b) This department must reduce expenditure. It needs to install new computers.

（部门必须削减开支。需要安装新电脑。）

i) ____________________

ii）____

c）Sales of the new car were poor. It was heavily advertised.

（新车销量很差。做了大量广告。）

i）____

ii）____

8. 练习 C

□ 用合适的方式写完下面的句子。

a）在美国拥有枪支是很常见的，相反，

b）尽管 14 岁就离开了学校，

c）大多数人对提案表现出积极的态度，但是

d）虽然导师坚持这篇论文很好写，

e）虽然春天寒冷又干燥，

f）他在最后期限之前完成了项目，不过

g）她喜欢说法语，虽然

h）因为天快黑了

4.6　前缀和后缀[①]

前缀和后缀分别是某些单词的开头和结尾部分。理解前缀和后缀的意思可以帮助你理解单词的意思，当你遇到新的专业词汇时尤其有用。

1. 前缀和后缀的作用

unsustainable（不可持续的）是一个既有前缀又有后缀的例子。如果你了解前缀和后缀如何影响单词的意思，理解这种单词就会容易得多。

前缀改变或赋予含义；后缀表示含义或词性（如名词、动词）。

前缀	意思	词根	后缀	词性/含义
un-	否定	sustain（持续）	-able	形容词/能力

增长率是不可持续的（即不能继续下去）。

□ 分析括号内单词的意思。

公寓的预制（prefabrication）加快了建造过程。

在山区度假使他恢复了活力（revitalised）。

pre-	之前	fabric（建造）	-ation	名词
re-	恢复	vital（活力）	-ise	动词

2. 前缀

a）表示否定的前缀：NON-、UN-、IN-、IM-、MIS-、DE-和 DIS-通常赋予形容词和动词否定的含义，如：nonsense（无意义）、unclear（不清

① 本节内容适用于英语学术写作。——译者注

楚）、incapable（无能）、impossible（不可能）、mishear（听错）、decrease（减少）、disagree（不同意）。

注意：也有一些例外，例如，invaluable 的意思是非常有价值。

b）有各种各样的定义含义的前缀。例如，PRE-通常表示之前，所以有 prefer（首选）、prehistory（史前），当然还有 prefix（前缀）！

常见前缀的含义

□ 找出每个前缀的含义（注意：有些前缀有不止一种含义）。

前缀	例子	例句	含义
anti	antidepressant（抗抑郁）	抗抑郁药经常被滥用。	反对
auto	automatically（自动）	年满 18 岁自动获得投票权。	
co	co-ordinator（协调员）	协调员邀请他们参加一个会议。	
ex	ex-president（前总统）	前总统做了一场关于气候变化的演讲。	
ex	exclusive（排外的）	很难加入这样一个排外的俱乐部。	
fore	forecast（预测）	长期预测通胀率可能更高。	
inter	intervention（干预）	早期医疗干预能够拯救生命。	
macro	macroeconomics（宏观经济）	凯恩斯主要关注宏观经济。	
micro	microscope（显微镜）	她用显微镜观察小动物。	
multi	multinational（跨国）	福特公司是一家跨国公司。	
non	nonfiction（非虚构）	他们专门出版非虚构类作品。	
over	oversleep（睡过头）	他因为睡过头没去上课。	
poly	polyglot（通晓多国语言）	她通晓多国语言。	
post	postpone（推迟）	会议推迟到了下周一。	
pro	promote（宣传）	他们的网站宣传了学院的设施。	
re	retrain（重新培训）	公司重新培训员工使用新软件。	
sub	subtitle（字幕）	中国电影在西方上映时有字幕。	
tele	televise（电视转播）	国会于 1989 年首次通过电视转播。	
trans	transmitter（发射机）	早期的无线电发射机是短程的。	
under	undergraduate（本科）	大部分本科课程历时三年。	
under	undercook（未煮熟）	吃未煮熟的肉可能有危险。	

3. 练习 A

前缀使创造新单词成为可能。例如，unfriend（解除好友）的意思是从社交媒体删除一个好友（friend）。

□ 黑体字表示的是最近新造出来的单词，写出它们可能的意思。

a）犯罪活动在**下层阶级**（underclass）中似乎很普遍。

b）一些乘客发现飞机被**超额预定**（overbooked），不得不等待下一个航班。

c）这个地区的**小气候**（microclimate）使早熟蔬菜得以生长。

d）据称计算机创造了**后工业经济**（post-industrial）。

e）大多数电影明星都有**未登记的**（ex-directory）电话号码。

f）全班同学对这堂课都**没有留下深刻印象**（underwhelmed）。

g）这对夫妇决定起草一份**婚前**（prenuptial）协议。

h）公司正在寻找一位**积极主动的**（proactive）经理。

4. 后缀

a）一些后缀，如-ION，-IVE 或-LY 帮助读者识别词性（如名词、形容词或副词）。

b）其他后缀赋予含义。例如，以-FUL 或-LESS 结尾的形容词具有积极或消极的含义，如：thoughtful（考虑周到的）/careless（漫不经心的）。

词性后缀

名词　-ER 通常指角色：teacher（老师），gardener（园丁）

-EE 可以表示从属的人：employee（雇员），trainee（实习生）

-ISM 和-IST 通常用于信仰体系及其支持者：socialism（社会主义）/socialist（社会主义者）

-NESS 把形容词变成名词：sad→sadness（难过）

-ION 把动词变成名词：convert→conversion（转化）

形容词　-IVE：effective（有效的），constructive（建设性的）

-AL：commercial（商业的），agricultural（农业的）

-IOUS：precious（宝贵的），serious（严重的）

动词　-ISE/-IZE 将形容词变成动词：private→privatise（私人的→私有化）

注意：美式英语中只使用-ize，但在英式英语中两种形式都有。

副词　-LY：大多数（但不是全部）副词都有这个后缀，如 happily（快乐地）

含义后缀

一些后缀为单词赋予意义：

- -ABLE 的意思是“能力”：一场值得一看的（watchable）电影，变化无常的（changeable）天气
- -WARDS 的意思是“方向”：船向北方（northwards）航行，他朝家（homewards）走去
- -FUL 和-LESS：有希望的（hopeful）消息，一个没有领导的（leaderless）团队

5. 练习 B

□ 写出下列单词的词性和可能的意思：

a）cancellation　　f）unpredictable

b）coincidental　　g）saleable

c）uncooperatively　　h）interviewee

d）evolutionary　　i）consumerism

e）protester　　j）symbolically

6. 练习 C

□ 阅读下面的句子，写出划线单词的含义。

a）The film is an Anglo-Italian <u>co-production</u> made by a <u>subsidiary</u>

company.

b) When the car crashed, she screamed <u>involuntarily</u> but was <u>unharmed</u>.

c) Using <u>rechargeable</u> batteries has <u>undoubted</u> benefits for the environment.

d) They <u>rearranged</u> the <u>preschool</u> tests.

e) The <u>unavailability</u> of the product is due to the <u>exceptional</u> weather.

f) The <u>miscommunication</u> led to a <u>reorganisation</u> of their software system.

g) Her <u>incorrect</u> pronunciation was <u>laughable</u>.

h) He was told to <u>rewrite</u> his <u>unreadable</u> essay.

▶ 参见“4.3　学术词汇：名词和形容词”

4.7 介　词[①]

介词通常是比较短的单词，如 by 或 at，有多种用法。介词很重要，因为它们可以改变句子的意思。本节解释了如何通过介词与名词、形容词和动词的连接来理解和学习它们。学生可以参考标准英语语法获得介词组合的完整列表。

1. 介词的使用

许多学生发现介词的使用令人困惑。这是因为，虽然介词通常很短，但是，在相同句式中使用不同的介词可以改变句子的意思。

a）□ 比较。

Essays must be handed in on January 15th.（论文必须在 1 月 15 日提交。）

Essays must be handed in by January 15th.（论文最迟必须在 1 月 15 日提交。）

在第一句话中，论文必须在准确的日期提交，但是在第二句话中，日期是最后期限——论文可以提前提交。

b）□ 阅读并思考下文中介词的使用（忽略 to＋不定式）。

The purpose of this paper is to examine the development of the textile industry in Catalonia in the period 1780—1880. This clearly contributed to the region's industrialisation and was valuable for stimulating exports. In conclusion, the paper attempts to demonstrate the relationship between

① 本节内容适用于英语学术写作。——译者注

the decline in agricultural employment and the supply of cheap labour in the factory context.

（本文的目的是考察 1780—1880 年加泰罗尼亚纺织业的发展。这显然对该地区的工业化做出了贡献，对刺激出口也很有价值。在结论中，本文试图说明农业就业人口的减少与工厂中廉价劳动力供给之间的关系。）

c）□ 这里列出了介词的主要使用方式，从文章中每种各找出一个例子。

名词＋介词　　＿＿＿＿

动词＋介词　　＿＿＿＿

形容词＋介词　　＿＿＿＿

介词＋地点　　＿＿＿＿

介词＋时间　　＿＿＿＿

短语　　＿＿＿＿

注意，连接名词、动词和形容词的介词通常放在它们所连接的单词后面，而表示时间和地点的介词通常放在单词前面。

2. 练习 A

□ 阅读以下介词使用的例子，判断它们的类别。

a）There are a number of limitations to be considered...（名词＋　）

（有一些限制需要考虑……）

b）The results would be applicable to all children...（＿＿＿＿）

（结果适用于所有的儿童……）

c）...the data were gathered from a questionnaire（＿＿＿＿）

（……数据收集自问卷调查）

d）All the items were placed within their categories···（＿＿＿＿）

（所有物品都按类别放置……）

e）The results of the investigation are still pertinent...（＿＿＿＿）

（调查结果仍然是相关的……）

f) The respondents had spent on average 4.9 years... (________)
(被调查者平均花费了 4.9 年时间……)

g) ...most countries in sub-Saharan Africa... (________)
(……撒哈拉以南非洲的大多数国家……)

h) ...within a short spell of four years (________)
(……短短四年里)

3. 介词和名词

□ 在下列句子中的横线处填入合适的介词。

a) Evidence is presented in support ________ the value of women's work.
(有证据支持妇女工作的价值。)

b) A small change ________ wind direction can lead to large temperature changes.
(风向的小变化会导致温度的大变化。)

c) Many examples ________ tax evasion were found.
(逃税的例子很多。)

d) The answer ________ the problem was 0.585.
(问题的答案是 0.585。)

e) The head ________ the council has just resigned.
(理事会主席刚刚辞职。)

f) The second point is their impact ________ developing countries.
(第二点是它们对发展中国家的影响。)

4. 短语中的介词

□ 用正确的介词完成下列短语。

a) ________ the whole（整体）

b）point ________ view（观点）

c）in respect ________（关于）

d）________ spite of（尽管）

e）in support ________（支持）

f）________ the other hand（另一方面）

g）________ order to（为了）

h）standard ________ living（生活水平）

5. 表示地点和时间的介词

注意 among 和 between 之间的区别：

Among 14 students in the class，only two were from Africa.

（班上有 14 名学生，只有两人来自非洲。）（一大群人）

He divided his time between the offices in Barcelona and Madrid.

（他在巴塞罗那和马德里的办公室之间分配时间。）（有限的数量）

□ 用合适的表示地点或时间的介词完成下面的句子。

a）________ the respondents，few had any experience of working abroad.

（受访者中，几乎没有人有过在国外工作的经历。）

b）The illiteracy rate declined gradually ________ 1976 ________ 1985.

（1976 年至 1985 年，文盲率逐渐下降。）

c）Most workers ________ the European Union retire before the age ________ 60.

（大多数欧盟的工人在 60 岁之前就退休了。）

d）Leonardo da Vinci was born ________ Florence ________ 1452.

（列奥纳多·达·芬奇出生于 1452 年的佛罗伦萨。）

e）Chocolate sales fall ________ summer and peak ________ Christmas.

（巧克力销售在夏季下降，在圣诞节达到高峰。）

f) ________ the surface, there is no difference ________ male and female responses.

（表面上，男性和女性的反应没有差异。）

g) The countries ________ the Mediterranean held a meeting ________ May 20th.

（地中海周边国家于5月20日举行了一次会议。）

h) ________ 15 and 20 students study chemical engineering every year.

（每年有15—20名学生学习化学工程。）

▶ 参见“3.8　时间标记”

6. 练习B

□ 用合适的介词完成下面的文章。

This study attempts to answer the controversial question a) ________ whether increased food supply b) ________ a country makes a significant contribu-tion c) ________ reducing malnutrition d) ________ children. It uses data collected e) ________ 75 countries f) ________ 1995 and 2005. The findings are that there was a considerable improvement g) ________ the majority h) ________ countries, despite increases in population i) ________ the period. However, a clear distinction was found j) ________ the poorest countries [e. g. k) ________ South Asia], where the improvement was greatest, and the wealthier states such as those l) ________ North Africa. Other factors, notably the educational level m) ________ women, were also found to be critical n) ________ improving childhood nutrition.

[本研究试图回答一个有争议的问题：一个国家粮食供应的增加是否对减少儿童营养不良有重大贡献。使用的数据收集自1995—2005年的75个国家。调查结果表明，尽管这一时期人口有所增加，但大多数国家的情况有了很大的改善。不过，调查发现了一个明显的区别：最贫穷的国家

（如南亚各国）改善最为显著，较富裕的国家（如北非各国）则没有那么显著。其他因素，尤其是妇女的受教育水平，也是改善儿童营养的关键。]

7. 动词和介词

下列动词通常与这些介词一起使用：

动词＋介词	例子
add to（增加）	恶劣的天气增加了团队的困难。
agree with（同意）	Yu（1997）同意 Martin and Jenks（1989）的观点。
associate with（有关）	货币主义是一项与撒切尔夫人有关的经济政策。
believe in（相信）	调查显示，65%的人相信有来世。
blame for（归咎于）	他把考试成绩不好归咎于题目出得不公平。
concentrate on/focus on（专注）	她放弃了所有爱好，专注于工作。
consist of（组成）	国会由两院组成，即下议院和上议院。
depend on/rely on（依靠）	该公司依靠信息通信技术获得销售数据的高速数据流。
derive from（源自）	现代计算机源自战争时期的译码机。
divide into（分类）	树木分为两大类，即针叶树和落叶树。
invest in（投资）	需要在小学教育上加大投资。
learn from（学习）	所有成功的学生都必须从错误中学习。
pay for（付款）	4 月份交付的货物必须在 6 月 30 日前付款。
point out（指出）	Goodson（2001）指出了一般化的危险。
specialise in（专门）	这个系专门研究法国诗歌。

8. 练习 C

□ 用合适的动词和介词完成下面的句子。

a) The enquiry ________ the cause of the accident, not the consequences.

（调查针对事故的原因，而不是结果。）

b）Dr Cracknell ________ that there were only two weeks before the deadline.

（克拉克内尔博士指出离截止日期只有两周了。）

c）After graduating he ________ designing security software.

（毕业后他专门设计安全软件。）

d）Albert Einstein is commonly ________ the theory of relativity.

（爱因斯坦经常被与相对论联系在一起。）

e）A football pitch is ________ two halves.

（一个足球场分为两个半场。）

f）A series of strikes were ________ the decline in production during May.

（5月一系列的罢工被认为是产量下降的罪魁祸首。）

g）Millions of men died for the cause they ________

（成千上万的人为他们的信仰而死。）

h）She ________ French ________ her mother，who came from Rouen.

（她的法语是跟她母亲学的，她母亲来自鲁昂。）

4.8　同义词[①]

> 同义词是指意思相近的不同单词，如 figures 和 numbers。好的作家会使用同义词来避免重复，吸引读者的兴趣。在改写或做笔记时也应该使用同义词，以避免抄袭。

1. 同义词的作用

□ 划出下文中的同义词，填写到表格中。

Royal Dutch Shell is the largest oil company in the world by revenue, with a significant share of the global hydrocarbon market. The giant firm employs over 100, 000 people internationally, including over 8, 000 employees in Britain. Shell produces about 13% of the UK's oil and gas.

（荷兰皇家壳牌公司是全世界收入最高的石油公司，在全球碳氢化合物市场上占有相当大的份额。这家大企业在全世界有 10 万多人，在英国有 8 000多名员工。壳牌公司生产了英国 13%的石油和天然气。）

单词/短语	同义词
largest（最大的）	giant（大的）
oil（石油）	
company（公司）	
in the world（全世界）	
people（人）	
Britain（英国）	

a）同义词的含义并不总是完全相同。在上面的例子中，employees

① 同义词在中英文学术写作中都很重要，本节内容可以根据需要对照阅读。——译者注

（员工）比 people（人）更具体。重要的是不要改变文体：firm（企业）是 company（公司）的同义词，但是 boss（老板）太不正式，不能代替 manager（经理）。

b）许多常用词——如 culture（文化）、economy（经济）或 industry（工业）——没有有效的同义词。

2. 学术写作中常见的同义词

□ 找出下列学术词汇的同义词。

名词		动词	
area（领域）	advantage（优势）	accelerate（加速）	take apart（剖析）
authority（权威）	part（部分）	alter（改变）	help（帮助）
behaviour（行为）	argument（争论）	analyse（分析）	question（质疑）
benefit（好处）	disadvantage（劣势）	assist（辅助）	change（变革）
category（类别）	tendency（倾向）	attach（附加）	explain（解释）
component（成分）	field（范围）	challenge（挑战）	evolve（进展）
controversy（争议）	source（文献）	clarify（澄清）	examine（检查）
difficulty（困难）	emotion（情绪）	concentrate on（专注）	establish（确立）
drawback（缺点）	target（目的）	conduct（进行）	insist（坚持）
expansion（扩张）	explanation（说明）	confine（限制）	speed up（加快）
feeling（感觉）	conduct（进行）	develop（发展）	join（加入）
framework（框架）	topic（主题）	evaluate（评估）	decrease（降低）
goal（目标）	possibility（可能）	found（建立）	demonstrate（说明）
interpretation（解释）	production（成果）	maintain（维持）	increase（增加）
issue（问题）	research（研究）	predict（预言）	reinforce（巩固）
method（方法）	increase（增加）	prohibit（禁止）	focus on（关注）
option（选择）	figures（数字）	raise（提升）	forecast（预测）
results（结果）	type（类型）	reduce（减少）	ban（禁令）
statistics（统计）	structure（结构）	respond（反应）	carry out（执行）
study（研究）	system（体系）	retain（保持）	limit（限定）
trend（趋势）	findings（发现）	show（显示）	keep（维持）
output（产出）	problem（问题）	strengthen（增强）	reply（回应）

注意：这些组合通常是同义词，但不是在所有情况下都如此。

3. 练习 A

□ 为划出的单词或短语找出同义词，必要时可以重写句子。

a) Professor Hicks questioned the findings of the research.
（希克斯教授对这项研究的发现提出了质疑。）

b) The statistics show a steady increase in applications.
（统计数字显示申请人数在稳步增加。）

c) The institute's prediction has caused a major controversy.
（该研究所的预测引起了很大的争议。）

d) Cost seems to be the leading drawback to that system.
（成本似乎是该系统的主要缺点。）

e) They will concentrate on the first option.
（他们将专注于第一个选项。）

f) After the lecture she tried to clarify her concept.
（讲座结束后，她试图澄清她的概念。）

g) Three issues need to be examined.
（需要考察三个问题。）

h) The framework can be retained, but the goal needs to be altered.
（框架可以保留，但目标需要改变。）

i) OPEC, the oil producers' cartel, is to cut production to raise global prices.
（石油生产国卡特尔 OPEC 将减少产量以提高全球油价。）

j) The trend to smaller families has speeded up in the last decade.
（过去十年里，家庭小型化的趋势加快了。）

4. 练习 B

□ 找出这段文章中的同义词，将各组同义词连起来。

例：agency（局）— organization（组织）

The chairman of the UK's food standards agency has said that a national advertising campaign is necessary to raise low levels of personal hygiene. The organization is planning a £3m publicity programme to improve British eating habits. A survey has shown that half the population do not wash before eating, and one in five fail to wash before preparing food. There are over six million cases of food poisoning in this country every year, and the advertising blitz aims to cut this by 20%. This reduction, the food body believes, could be achieved by regular hand washing prior to meals.

（英国食品标准局主席表示，要提高个人卫生水平，有必要开展全国性的广告宣传。该组织正在计划一项耗资300万英镑的推广计划，以改善英国人的饮食习惯。调查显示，一半的人吃饭前不洗手，五分之一的人做饭前不洗手。这个国家每年有600多万起食物中毒事件，而广告宣传的目标是将这一数字减少20%。该食品机构认为，饭前洗手能够实现这一削减目标。）

5. 练习C

□ 在下面的文章中，用合适的同义词替换黑体字表示的单词或短语。

Many motor manufacturers are currently introducing electric cars. Their aim is to **manufacture cars** which are cheaper to run and less polluting. But these **motor manufacturers** face several key difficulties. One **key difficulty** is the limited range of the battery, while another **difficulty** is its cost and weight. But the **motor manufacturers** predict that these **difficulties** will soon be overcome and **predict** that 10% of cars will be powered by electricity in five years' time. However, electrical **power** must be generated by something, and unless it is **generated** by renewables (e. g. wind or solar power) such **cars** may not be as ‘green’ as their makers claim.

[目前，许多汽车制造商正在引进电动汽车。它们的目标是**生产**更便宜、更环保的**汽车**。但是，这些**汽车制造商**面临着几个关键的困难。一个**关键的困难**是电池容量有限，另一个**困难**是电池的成本和重量。但是，**汽车制造商**预计，这些**困难**将很快被克服，并**预计**在五年内 10%的汽车将由电力驱动。然而，**电力**必须是由某种东西产生的，除非它是由可再生能源(如风能或太阳能)**产生**的，否则这些**汽车**可能不会像制造商宣称的那样“绿色”。]

▶ 参见“1.7 总结和改写”

第4章进度检查[①]

这些练习将帮助你评估对第4章“词汇问题”的理解。

1. 学术写作中应该避免什么？

a）陈词滥调　b）简介　c）谚语　d）习语

2. 为每句话选择正确的词语。

a）The Democratic Liberal Party may lose/loose the election.

（民主自由党可能在选举中失利。）

b）I finished the essay accept/except for the conclusion.

（除了结论，我的论文已经写完了。）

c）The site/sight of the accident was guarded by police.

（事故现场有警察守卫。）

3. 解释下面句子中的缩写。

a）IMF修正了明年的GDP预测。

b）cf.《雷雅的传说》（*The Legend of Layla*）（anon.）c. 550 BCE.

c）他的MSc论文是关于GM草莓实验的。

4. 给出意思相反的形容词。

a）relative（相对的）

b）literal（字面的）

① 练习2、5、9、10、11适用于英语学术写作，练习4、12可以根据需要通过中英文对照完成。——译者注

c）objective（客观的）

d）vague（模糊的）

e）concrete（具体的）

5. 给出这些形容词的名词形式。

a）high（高的）

b）synthetic（综合的）

c）long（长的）

d）probable（可能的）

e）relevant（相关的）

6. 用参考动词重写下列句子。

a）X：I have found that eating spiders keeps you healthy.
（X：我发现吃蜘蛛能使你保持健康。）

b）Y：I don't agree with X's theory；it is based on poor research.
（Y：我不同意 X 的理论；它缺乏充分的研究。）

c）Z：I support Y's opinion of X's work.
（Z：我支持 Y 关于 X 作品的观点。）

rarely（很少）	particularly（特别是）	traditionally（传统上）
locally（地方上）	increasingly（越来越）	continuously（持续）
obviously（明显地）		

7. 从上面的方框中找出合适的副词，填入下面的句子中。

a）The site of London has been occupied ________ since Roman times.
（伦敦地区自罗马时代以来就________有人居住。）

b）As central government was weak，decisions were taken ________.
（由于中央政府软弱，________做出了决定。）

c）In the past，there was a high mortality rate among children，________ the youngest.

（过去，儿童死亡率很高，________年龄最小的孩子。）

d） Young adults are ________delaying marriage until their late twenties.

（年轻人________把结婚推迟到二十岁以后。）

e） ________, becoming a carpenter required a seven-year apprenticeship.

（________，当木匠需要7年的学徒期。）

8. 用合适的连词填补下面的段落。

a） ________ she was tired, she had to finish the essay that night, b） ________the deadline was 9 a.m. next morning. c） ________she made a cup of coffee d） ________ sat down to write. e） ________ she could not write a word, f） ________she was feeling so hungry. g） ________she remembered she had not eaten all day, h） ________ she had been on the train. i） ________she cooked an omelette, ate it with some salad, j） ________felt much better.

[a） ________她很累，但那天晚上她必须完成论文，b） ________截止日期是第二天早上9点。c） ________她煮了一杯咖啡 d） ________坐下来写作。e） ________她一个字也写不出来，f） ________她觉得很饿。g） ________她想起自己一整天都没有吃东西，h） ________她在火车上。i） ________她做了一个煎蛋卷，吃了一些沙拉，j） ________感觉好多了。]

9. 说明下列单词的词性。

a） saleable（畅销的）

b） salvation（拯救）

c） privatise（私有化）

d） attendee（出席者）

e） agnosticism（不可知论）

10. 根据前缀将左边的单词与右边的意思连起来。

antidote	皮肤之下
correspondent	书的序言部分
foreword	一件事物与另一件事物的关系
polytechnic	教授许多科学专业的机构
proportion	将某件东西估价过低
subcutaneous	对抗毒素影响的药物
undervalue	与你保持通信联系的人

11. 找出正确的介词，填补下面的文章。

a) ________ the eighteenth century, news travelled as fast as a horseman or sailing ship. It could take weeks b) ________ news c) ________ a battle d) ________ Europe to reach America. e) ________ the mid-nineteenth century railways had accelerated the distribution f) ________ newspapers, so that they reached distant provinces g) ________ hours, and then the telegraph allowed news to be sent h) ________ seconds. Today we can be overwhelmed i) ________ the volume j) ________ news k) ________ all over the world which we can continuously receive l) ________ our phones and laptops.

（18 世纪，新闻传播的速度跟骑马或航船一样。发生在欧洲的战事新闻可能需要几周的时间才能到达美国。19 世纪中期，铁路加快了报纸的分发速度，使报纸可以在几小时内到达遥远的省份，电报则使新闻在几秒钟内就可以发送出去。今天，我们被来自世界各地的海量新闻所淹没，持续不断地从手机和笔记本电脑上接收到这些信息。）

12. 找出划线单词的同义词，如有必要可以重写句子。

a) Their research methods caused serious argument.

（他们的研究方法引起了严重的争论。）

b) The statistics demonstrate the benefits of increased investment.

（统计数据证明了增加投资的好处。）

c）There is a possibility of studying the family records.

（存在研究家庭记录的可能性。）

d）Her findings reinforce Jung's theory.

（她的发现巩固了荣格的理论。）

e）Her area of research was Catherine the Great.

（她的研究领域是凯瑟琳大帝。）

f）They conducted a survey into the behaviour of international students.

（他们对国际学生的行为进行了调查。）

第5章

范 文

学生需要写作的文章类型因年级（本科、研究生）和专业不同而有很大的差异。不过，大多数人都需要撰写案例研究和文献综述，通常作为较长论文的一部分；许多人需要撰写某种类型的报告，几乎所有人都需要在课程中写信和写电子邮件。第5章提供了这些格式的示例，并介绍了小组写作实践。

5.1 案例研究

论文和报告都可以包括案例研究，说明正在讨论的主题的具体例子。一篇论文可以以一个案例研究为主题，也可以包括几个案例，来说明不同的情况。

1. 案例研究的使用

案例研究试图确切说明在特定情况下发生了什么。例如，如果你正在讨论农村地区抗击疟疾的方法，案例研究可以跟踪印度尼西亚特定地区一个医疗队在几个月内的实际工作。

论文中包含案例研究的优点是什么？缺点是什么？

□ 将左边的题目与右边的案例研究对应起来。

题目	案例研究
阅读障碍儿童的教学方法	希腊一家诊所中一项旨在减少孕妇吸烟的计划
提高半沙漠地区的农作物产量	工作与学习——巴西的一项计划是如何鼓励犯人远离监狱的
降低婴儿死亡率	柏林实验——提高垃圾回收和分类的公共参与度
抗震桥梁的建造	在埃塞俄比亚使用太阳能驱动的灌溉水泵
解决犯人再次犯罪的问题	智利的经验——三座建筑是如何挺过2010年地震的
提高大城市的回收率	新加坡针对八岁以下阅读困难儿童的一项试验方法

2. 案例研究范文

□ 下面是从一篇长论文中摘录的案例研究部分，阅读并回答问题。

题目：国际品牌如何适应本地市场

案例研究：宜家（IKEA）在中国的经验

引言

过去30年，中国经济以每年8%左右的速度增长。与此同时，中国的家具行业也在蓬勃发展，最近的年销售额以每年超过20%的速度增长。私有住宅的立法保护和收入水平的迅速提高，使家装市场出现了前所未有的增长。中国目前是全球第二大家具市场。这种需求提振了国内生产，也促使国际家具制造商进入这个利润丰厚的市场。

瑞典家具公司宜家是进入中国的跨国公司之一。宜家是全球28个国家的主要家具零售商，2016年销售额超过350亿欧元（宜家官网）。该公司于1998年进入中国市场，在北京开设了第一家门店，并看到了中国市场的巨大潜力，目前已扩张至拥有10家门店和5家配送中心。尽管取得了成功的增长，但宜家发现自己在文化和商业惯例的地区差异方面还面临着许多挑战。

宜家在中国的营销

营销管理需要在很大程度上适应本地环境。宜家在设计营销战略时一直牢记这一理念，努力在保持盈利的同时吸引本地顾客。公司试图在标准化和适应本地市场之间找到最好的折中方案。其产品政策注重中式风格，有效整合了一系列产品属性（Armstrong and Kotler，2006）。

门店的布局参考了许多中国公寓的户型图，由于许多中国公寓都有阳台，门店也设计了阳台部分。传统的中国家具颜色较深、雕刻较多，与之相反，宜家引入了一种更轻便、更简单的风格。不过，公司也在努力使其产品适应中国人的喜好。例如，每年春节前都会发布一系列产品。2008年是鼠年，费布勒（Fabler）系列的设计使用了红色，因为红色象征着好运。

宜家还对一些产品系列进行了改造。在瑞典，人们习惯睡单人床，或者把两张单人床拼成一张双人床。然而，中国夫妻很难接受这种观念，因为睡在不同的床上象征着糟糕的关系，并被认为会带来坏运气。此外，在中国，品牌名称应该有积极的内涵。宜家的中文名字意为“舒适的家”，这成为公司在市场上的一个优势。

零售商的一个重要特征是它提供的服务。例如，上海的门店有儿童游乐场和一个大餐厅，使它与众不同。不过，中国消费者希望免费送货和安装，尽管宜家已经降低了这方面的收费，但与竞争对手相比，它仍然处于劣势。

价格

公司刚刚进入中国时，目标市场是月入5 000—8 000元的夫妻。随着价格的稳步下降，现在已经降低到月入3 000元以上的家庭。宜家采取了各种战略来实现降价，最有效的办法是就地取材。宜家在中国销售的产品有70%是在中国制造的（Song，2005）。此外，宜家将厚重的年度目录换成了更加轻薄的小册子，每年出版五次。这不仅降低了印刷成本，而且使价格调整更具灵活性。

对中国市场来说，选址也是一个重要问题。在大多数国家，宜家门店都位于主要公路旁，但在中国只有35%的潜在客户拥有汽车，因此方便的公共交通是至关重要的（Miller，2004）。

广告在整个促销组合中起着重要的作用。宜家有效地利用广告，在本地报纸上刊登广告，让顾客随时了解特价商品。所有的电视广告都由中国演员出演。公关对于树立良好的企业形象也至关重要。在中国，宜家与世界自然基金会（WWF）合作开展森林项目。作为塑造良好企业形象努力的一部分，公司在产品包装上坚持使用可回收的环保材料。

讨论和结论

宜家在中国的产品策略是尽可能成功实现标准化和按需定制并重。但它认识到服务也是至关重要的：免费送货和安装是本地市场公认的规则，需要遵守。它还发现，如果不提供免费送货服务，门店选址最好是在公共交通方便的市中心。

在中国经营的跨国公司，比如宜家，面临着比本土企业更为复杂的营销决策。它们必须具备文化自觉，透彻地研究本地需求，而不是简单地引入一个标准的业务模型。

---

a）举例说明该公司在这个市场上遇到的问题。

b）宜家为适应中国市场做了什么？

c）如何改进这篇案例研究？

5.2 文献综述和书评

文献综述是论文的一部分，作者在其中总结了关于该主题最近发表的作品。学位论文中有专门的文献综述，但是在大多数论文中，对相关和最近权威研究的总结可能包括在引言中。

研究生可以为学术期刊撰写书评，以拓宽知识面，并达到出版作品的目的。

1. 文献综述

有时，一篇论文的全部重点可能就是文献综述，篇幅很长，但是在大多数学生的写作中，它只构成论文中相对较短的一部分。只有少数论文有一个单独的章节，标题为“文献”或“文献综述”。但是在所有情况下，都有必要表明你熟悉主要的文献来源，这样你的写作才能建立在这些文献来源的基础之上，你的作品才具有可信性。

文献综述不仅仅是你研究过的文献列表，它还可以用来表明你的作品试图填补研究中的空白：

> 这篇文章的立足点与其他研究不同，相信自新自由主义时代以来，国家对市场的影响有了结构性的增长。
>
> 本文关注的是信息的生产，而不是信息的获取。这是本研究与以往研究的不同之处。

利用文献综述部分来阐明其他研究人员的不同立场也很常见：

> 政治竞争相关文献由两大主线组成，即选民监督和政治生存。

▶ 参见“1.9 整合文献来源”

2. 文献综述示例

□ 下面的例子来自一篇关于动机理论的学生论文，回答后面的问题。

内容与过程理论

各种动机理论通常分为内容理论和过程理论。前者试图“建立对人类基本需求的理解”（Cooper *et al.*，1992：20）。其中最重要的是马斯洛（Maslow）的需求层次理论、麦克莱伦（McClellan）的成就理论和赫茨伯格（Herzberg）的双因素理论。过程理论涉及激励工人的实际方法，包括弗鲁姆（Vroom）、洛克（Locke）和亚当斯（Adams）的作品。

内容理论

马斯洛的需求层次理论首次发表于1943年，设想了一个由五个层次组成的需求金字塔，每一个层次都必须先得到满足，然后才能上升到下一个层次。第一个层次是生理需求，如食物和饮水，然后是安全、爱、尊重和自我实现的需要（Rollinson，2005：195－196）。这一理论后来被奥尔德弗（Alderfer）修正，他把需求减少到三个——存在、联系和成长，并重新命名为ERG理论。此外，他提出这三种需求应该同时解决（Steers *et al.*，2004：381）。麦克莱伦的侧重点略有不同，他认为个人的动机主要来自三个基本需求——成就、归属感和权力（Mullins，2006：199）。

赫茨伯格在20世纪50年代对工程师和会计师进行了多次采访，并在此基础上提出了双因素理论：工作满意度和不满意度有着不同的根源。他声称，如果条件和薪水等所谓的卫生因素不够充分，可能会导致消极态度，积极态度则来自工作本身的性质。换句话说，如果员工发现自己的工作本质上是有趣的，他们就会感到满意，但不会仅仅因为高薪或假期津贴而更加努力地工作。相反，工人需要被赋予更多的责任、更多的权力，或者执行更有挑战性的任务（Vroom and Deci，1992：252）。赫茨伯格的作品可能是该领域所有理论中最具影响力的，至今仍然被广泛使用，但是这一理论也受到了一些批评，将在以后讨论。

过程理论

弗鲁姆的期望理论假设努力、绩效和动机之间存在联系。该理论基于这样一种理念，即员工相信：努力越多，绩效就会越好。这需要个人相信能够在培训和资源方面得到组织的支持（Mullins，2006）。相反，洛克在他的目标理论中强调了设定明确的目标以提高员工绩效的重要性。设定具有挑战性但又现实的目标是提高员工积极性的必要条件："目标明确性、目标难度和目标承诺都有助于提高任务绩效。"（Steers *et al.*，2004：382）。这一理论对设计和执行员工评价体系，以及如何用客观的管理方法实现既定的绩效目标都有影响。

另一种方法是亚当斯在他的公平理论中提出的，基于人们重视公平的概念。他认为，在与其他从事类似工作的员工的比较中，员工喜欢被以透明、公正的方式对待，如果这一点显而易见，他们会做出积极的反应（Mullins，2006）。这种方法采取了比其他一些理论更宽泛的视角，并强调按照每个工人计算的"投入"（付出的努力）和"产出"（获得的回报）之间的平衡。

这些理论家的研究有许多是在60多年前进行的，从那时起，就业的性质显然发生了巨大的变化。因此，值得质疑的是，它们是否仍然适用于现代后工业经济中许多工人的情况，本研究试图回答这个问题。

---

a）本文描述了多少种动机理论？

b）提到了多少不同的理论家？

c）引用了多少个文献来源？

d）为什么作者没有直接引用理论家的著作，而是使用了二手资料？

3. 书评

写书评使学生有机会批判性地审视一个主题。期刊通常会指定它们需要的长度（通常约 400 字）。一般来说，书评应该包括两个部分：

a）描述这本书的范畴和组织结构。作者是谁，他以前写过什么作品？这本书的目标读者是哪一类人？在论文集中，编辑和主要贡献者是谁？

b）第二部分应该评价这本书在多大程度上实现了目标。最好避免过多的赞扬或批评，优点和缺点都应该谈到。这本书是否开辟了新的领域，并为当前的争论增加了重要内容？同样值得评论的还有作者的风格，以及专业或非专业读者的阅读难度。

我们鼓励作者在尝试自己撰写书评之前，先阅读专业领域的一些精选书评。

4. 书评范文

□ 阅读下面的书评，与同学讨论你认为这篇书评还应该包括其他什么内容。

《跨越大西洋：欧洲和美国社会的比较》

马库斯·蒙泰罗，编．约克：约克大学出版社，2008. 378 pp.，£35.00，ISBN 987 0 15 980456 3

这本实用而重要的论文集在一定程度上填补了比较政治学文献的空白。这本书将欧盟（在这里被视为一个单一国家）的社会和政治与美国进行了比较，考察了这两个全球大国之间的“趋同与分歧”：二者在规模和经济实力上相似，但在政治影响力和军事实力上不对等（p. 1）。

全书共八章。引言和结语是由编辑撰写的。第一章简要概述了本研究采用的比较方法和面临的方法论挑战。蒙泰罗（Montero）接着指出，欧盟和美国提供了两种截然不同的西方现代性模式。最后一章认为，建立欧盟的过程导致了欧盟和美国之间的趋同，而不是分歧。中间六章分别展开论述；特别令人感兴趣的是库尔（Kuhl）撰写的第三章，他认为民主经验的质量在大西洋两岸都在下降。

这是一部文笔优美的著作，为把欧盟视为一个单一国家开辟了新视角。不过，这本书是在2008年出版的，这是欧盟扩充到27个国家的第二年。作者没有完全处理好这个“地理边界”问题。整本书中经常可以看到对最新成员国的忽视，使人质疑该书更广泛结论的有效性。

5.3 长论文写作

3 000—5 000 字的长论文可能需要作为课程评估的一部分。长论文比短论文需要更多的时间、研究和组织，本节提供了完成这类作业的指南。

1. 制订计划

长论文作业通常在截止日期的若干个星期之前布置，这意味着学生应该有足够的时间来组织写作。不过，有必要记住，学期末你可能有好几个作业要提交，所以最好是远在截止日期之前完成其中一个。

你还应该查阅所在院系的提交要求，包括参考文献格式、提交方法（即电子版、纸质版或两者都需要），以及提交的地点和时间。弄清楚这些可以避免到最后时刻手忙脚乱。

a）要做的第一件事是为你的作品准备一份时间表。一份八周的时间表可能如下表所示：

周	阶段工作	相关章节
1	研究题目，制定提纲初稿；寻找并评价合适的文献来源。	1.2，1.5
2	阅读和做笔记；为所有使用的文献保留记录。	1.2，1.3，1.6，1.8
3	阅读；做笔记；改写和总结；修改提纲。	1.2，1.3，1.5，1.7
4	撰写正文草稿。	1.10
5	撰写引言和结论草稿。	1.11
6	修改引言、正文和结论，检查观点的逻辑发展以及与题目的相关性。	1.12
7	组织参考文献列表、目录、图表目录和附录；检查所有的文内引用。	1.8
8	在提交之前校对整篇论文；确定整篇文稿清晰、准确（如页码是否正确）。	1.12

b）如何规划时间表取决于你自己，但重要的是有效地安排时间。在某个时间点，你必须停止研究，开始写作（上面表格中的第4周）。不管你做了多少研究，把写作阶段拖到最后一分钟都不会有好成绩。你可能想推迟写作，但越早开始，你就能越早开始完善你的想法。记住，迟交作业通常要受到惩罚。

c）长论文可能包括以下文本要素（顺序如下）：

题名页	除了题目，通常还包括姓名、课程名称和编号。
目录页	目录应该向读者展示论文的基本结构和页码。
图表列表	若论文包括图表等可视化元素，需要列出标题和页码。
引言	
正文	如果使用编号系统，正文的主要部分通常按照“1，2，3”编号，然后继续细分为“1.1，1.2”等。
结论	
致谢	这部分用来感谢老师或其他帮助过作者的人。
参考文献列表	正文中所引用的全部文献的完整列表。有时候也会列出参考书目，指的是那些作者阅读过但未引用的文献。
附录	附录列出读者可能想要参考的与主题相关的数据。每个附录都应该有标题，并在正文中提及。

2. 论文范文

□ 阅读下面关于核能的论文，与同学或小组讨论下面的问题。

a）作者在这个问题上的立场是什么？

b）作者如何表明他的立场？

c）这篇作品的优缺点是什么？如何改进？

评估使用核能作为化石燃料替代品的风险

引言

当人类第一次开始燃烧木头或其他形式的生物质，来产生做饭和冶炼所需的热量时，对能源的探索就开始了。紧随其后的是利用河流的水力和风车的风力。后来，随着煤、石油和天然气用于燃烧，化学能的开发开始了。然后，在20世纪中叶，核能第一次被利用，人们希望它能高效地生产廉价、清洁的能源（Bodansky，2004）。

然而，核能引起了巨大的争议，支持者称其对环境是有益的，因为核能的生产不会产生可能导致全球变暖的二氧化碳（CO_2）。但是，反对者认为它会产生放射性废物，从而破坏环境。放射性还与人类的疾病有关，人们也担心未来核能可能被恐怖分子滥用。这些批评者进一步辩称，太阳能等其他能源可以构成更安全的化石燃料替代品，而不会对环境构成威胁。

本文试图评估与其他能源相比使用核能的风险。首先考虑使用核能的主要理由，然后考察围绕这一能源的安全问题，包括与核废料有关的安全保障问题。

1. 使用核能的理由

1.1　一种替代能源

使用核能的理由是需要找到有限的化石燃料（石油、天然气和煤）的替代能源。由于全球人口的增长以及伴随而来的能源需求的增加，这一问题日益受到关注。Mathew（2006）指出，发达国家的人均年能源消耗率在4 000—9 000千克标准油，而欠发达国家的人均年能源消耗率约为500千克标准油。

因此，预计一次能源总需求将伴随人口增长，从12.1 Mtoe（百万吨标准油）增长到2030年的16.1 Mtoe。如果这种增长成为现实，全球石油和天然气的总储量只够维持250年，因此迫切需要开发其他能源，以免耗尽未来子孙后代的自然资源储备。

1.2　其他能源的局限

风能和太阳能经常被认为是化石燃料的替代能源。这两种能源在世界上许多地方都可以免费获得，而且它们的使用不涉及CO_2排放。Sterrett（1994）声称有足够的风能来替代大约80亿桶石油。然而，风能是不可靠的，因为如果风速过高或过低，风力涡轮机就不能工作。同样，太阳能只在白天有效，在凉爽多云的气候中是不经济的。目前，这两种能源都不能有效和可靠地替代化石燃料产生的能源。

1.3 减少 CO_2 排放

使用核能的一个重要原因是减少燃烧化石燃料产生的 CO_2 排放。Bodansky（2004）指出，这类燃料是大气中 CO_2 增加的主要来源。每种能源产生的 CO_2 量因其氢含量的不同而异。例如，天然气含有一个碳原子和四个氢原子，它们与氧结合产生 CO_2。CO_2 的比例低于其他来源，因为其排放取决于化合物中碳的质量。尽管天然气比其他化石燃料更清洁，但燃烧这三种燃料都会造成温室效应，导致地球升温。

然而，核能不排放 CO_2、二氧化硫（SO_2）或一氧化二氮（N_2O）。据估计，2003 年，使用核能在美国减少了 6.8 亿吨 CO_2、340 万吨 SO_2 和 130 万吨 N_2O 的排放。如果从燃煤电厂排放，这些气体每年将导致 4 万人死亡（Olah *et al.*，2006：127）。Richard（2008：273）认为，在法国，核能的使用在 1980—1987 年减少了 34%的 CO_2 排放。

1.4 能源效率

核能可以比其他现有能源产生更多的电力。Murray（2000：73）解释说，一个典型的反应堆每天消耗 4 千克铀 235，产生 3 000 兆瓦的能量，而其他能源，如天然气、煤或石油，需要若干倍于这个数量的消耗才能产生相同的能量。因此，核能相对更具有成本效益，因为它使用的是一种廉价的原材料。

近年来，石油和天然气价格大幅上涨，这种趋势在未来似乎还会继续。Lillington（2004）认为，与其他能源相比，购买核燃料的成本很可能保持在较低水平，因此，在核能与其他能源的比较中，成本优势似乎将成为一个重要因素。

2. 健康和安全顾虑

2.1 放射性对人体的影响

特别是自 1986 年切尔诺贝利事故以来，核能和核废料对人类健康的危害一直受到深切的担忧。2011年日本福岛核事故（Hatamura，2015）更是加深了这种忧虑。但是，必须明白核能并不是唯一的辐射源，自然环境中可能有一些更为强大的天然辐射源。根据Bodansky（2004：74）的研究，氡和宇宙射线等天然辐射源的辐射量远远大于所有人类来源，如X光和核医学。

一些研究人员认为，氡是铀矿工人罹患癌症的主要原因之一。然而，氡可以在所有含有铀和镭的土壤中找到。Bodansky（2004）指出，土壤中氡的浓度取决于土壤类型。因此，人们对氡的暴露程度取决于他们所处的环境，居住在石灰石或木材建造的房屋中的人比居住在花岗岩建造的房屋中的人接触的氡要少。因此，不仅是铀矿工人，某些地质区域的人也会受到辐射。

根据美国法律，居住在核电站附近的人允许的最大暴露量是1/200 rem（人体伦琴当量）。然而，根据Hoyle（1979）的研究，这个数量仅仅是自然背景辐射的1/20。据估计，全球每年只有20人死于核能，但是这个数字受到反核能人士的质疑，他们声称真实数字高达600人。Hoyle（1979）声称，由于核事故，美国人的平均寿命缩短了1.2小时，并将其与吸烟的风险进行了对比。如果每天吸一包烟，一个人的寿命会减少8年。因此，可以看出，使用核能对人类健康的风险是极低的。

医疗是辐射的第二大来源，X射线会使病人暴露于0.4—1 rad（辐射吸收剂量）的辐射下。例如，手腕骨折可能需要拍四张X光片，总暴露量最高可达4 rad。辐射暴露的测量单位为rem，1 rem等于1 rad X射线造成的损伤；核电站工作人员每年允许的最大暴露量是5 rem，与例行体检时接受的数量相同。

2.2　核废料对环境的影响

产生危险废物的不只是核能。Lillington（2004）估计，核能在产生1 000兆瓦电力的过程中，每年产生约30吨高放射性废物和约800吨中低放射性废物。相比之下，生产同样数量电力的燃煤电厂将产生约32万吨煤灰，其中近400吨是汞和钒等危险废物，以及至少4.4万吨SO_2。由此可见，核能产生的危险废物只是燃煤电厂产生的危险废物的一个零头，而且它不产生温室气体。

2.3　恐怖主义的风险

人们普遍担心恐怖分子可能窃取钚来制造核武器。总的来说，核设施受到严格控制，而且实际上，恐怖分子很难有效地使用这种被盗的材料。其他原材料，如毒气，可以制造同样致命的恐怖主义武器。不过，这些担忧可以通过将铀233与铀238混合来解决，这将防止恐怖组织提取钚和制造炸弹。

结论

核能对人类健康和环境造成的风险一直是广泛辩论和争议的主题。本文试图从人类健康和环境破坏的角度来研究这些风险。许多顾虑似乎被夸大了，核能可以被视为一种安全、可靠和具有成本效益的化石燃料替代品。

所有的能源都有缺点，但是在一种包括可再生能源（如水电和风能）和不可再生能源（如天然气）的能源组合中，核能应该被视为有用的、相对安全的组成部分。石油储量的不断枯竭以及随之而来的价格上涨，可能会凸显这一状况。显然，在未来，我们可以做更多的工作，让核电站更安全、更高效，但是在它们的价值得到认可、它们的设计和建设更完善之前，不太可能发挥它们的全部潜力。

参考文献

Bodansky, D. (2004) *Nuclear Energy: Principles, Practices and Prospects*. New York: Springer.

Hatamura, Y. *et al* (2015) *The 2011 Fukushima Nuclear Power Plant Accident*. Cambridge: Woodhead.

Hoyle, F. (1979) *Energy or Extinction?* London: Heinemann.

Lillington, J. N. (2004) *The Future of Nuclear Power*. Oxford: Elsevier.

Mathew, S. (2006) *Wind Energy: Fundamentals, Resource Analysis and Economics*. Berlin: Springer.

Murray, L. R. (2009) *Nuclear Energy: An Introduction to the Concepts, System and Application of the Nuclear Process*. Oxford: Butterworth.

Olah，A. G.，Goeppert，A. and Parakash，S.（2006）*Beyond Oil and Gas：The Methanol Economy*. Wienheim：Wiley.

Sterrett，T.（1994）*The Energy Dilemma*. London：Multivox.

---

3. 修订

□ 回顾上面的文章，找出下述文本要素的例子。

a）背景信息

b）目的声明

c）提纲

d）定义

e）归纳

f）用括号给出额外的细节

g）被动结构

h）表示因果的短语

i）“能源”（energy）的同义词

j）假设性或谨慎的语言的例子

k）支持作者的观点的例子

l）反对观点

m）引文标注

n）简介

注意：书面作业的格式

一些院系可能希望论文采用上面所示的风格，包括各部分的编号和小标题，而另一些院系可能要求论文不使用这些。有必要跟你的老师确认他们推荐使用什么样的风格。

5.4 报 告

尽管论文是许多学科中最常见的作业，但科学或商学等学科的学生可能经常要写报告。报告和论文在很多方面有相似之处，本节解释和说明了二者的区别。

1. 报告的写作

论文通常涉及抽象或理论性的主题，而报告是对已经发生的情况或事件的描述。用学术术语来说，报告可以描述：

- 进行的一项实验
- 开展的一项调查
- 处理某一情况的备选方案的比较

显然，描述科学实验室里进行的实验和报道学生的政治观点之间有很大的区别。在某些领域（如实验室工作中），你的老师会明确规定你应该遵循什么格式。大多数报告应包括下列文本要素：

引言

- 主题的背景
- 开展工作的理由
- 回顾该领域的其他研究

方法

- 你如何进行研究
- 描述使用的工具/材料/设备

结果

- 你的发现
- 对结果可能的准确性的评价

讨论

- 关于你的主要发现
- 对研究有效性的评价

结论

- 总结你的作品
- 为未来的研究提出建议

2. 论文和报告

与论文相比，报告可能：

- 第一手和第二手研究并重
- 不同部分使用序号（如：1.1，1.2）和小标题
- 更加具体、详细

其他大多数方面，报告与论文类似，二者都：

- 格式清晰，有逻辑
- 采用客观、准确的学术风格
- 包含引文标注和参考文献
- 以图表的形式使用可视化信息
- 如果有需要，包含附录

□ 判断下面的题目更适合写成报告还是论文。

题目	报告	论文
1）南非贸易联盟的发展（1900—2015）		
2）体育中心提升改造的两种方案		
3）你进行的一项比较男性与女性论文写作态度的调查		
4）人类基因组最新研究综述		
5）赞成或反对死刑的观点		

3. 练习

下面的计划展示了大学校园运动场的两种重建方案。

□ 考察两种计划，下面的五个句子［a)—e)］是一份关于重建计划的报告的引言部分。句子的顺序被打乱了，把它们按照正确的顺序排列起来。然后写完报告余下的部分，使用这三个小标题——方案、讨论、推荐。500 字左右。

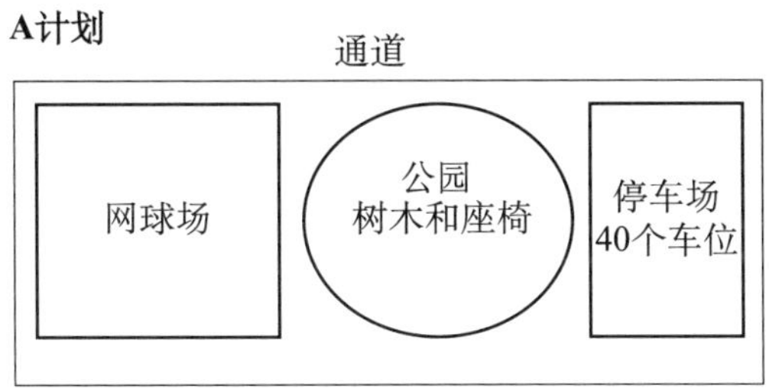

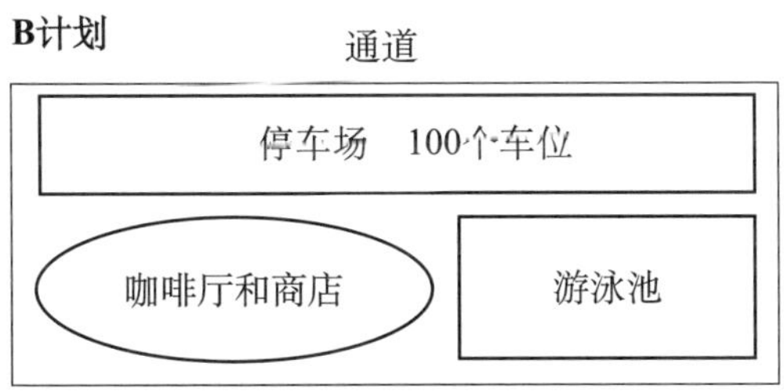

a）报告考虑了去年秋季与教师和学生进行的一次协商。

b）提出了两种可供选择的重建方案，见上文 A 计划和 B 计划。

c）本报告试图比较这两种方案，并确定哪一种更合适。

d）重建的目的是为教师和学生改善设施，同时美化校园这一区域的景观。

e）由于最近维修站关闭，校园西侧有一块约 250 米长、100 米宽的空地闲置，可以用于重建。

4. 科学报告

科学研究通常是为了支持一个假设或验证其他人的工作而进行的。准确的实验记录很重要，因为它可以让其他研究人员分享你的工作。在研究生或以上阶段，你的研究正在为特定研究领域的国际数据集合添砖加瓦。

一般来说，科学报告在风格和词汇方面遵循与其他学术写作相同的指导原则。然而，你所在的院系很可能对如何组织一份报告有自己的要求，所以最好问问你的老师是否存在这种要求。

在格式上，生物、化学和物理等学科的实验报告一般包括以下部分：

a）题目

应该包括报告的基本内容，（理想情况下）不超过12个单词：

温度变化对小麦发芽的影响

b）摘要

摘要的作用是帮助潜在的读者确定你的报告是否与他们的研究兴趣相关。摘要基本上是用约200个单词对报告的各个部分进行总结，因此通常在定稿后撰写。摘要应该包括主要结论，并采用与主报告相同的时态。

c）引言

引言把你的工作与其他类似的研究联系起来。引言应该引用你之前研究过的论文，以解释你作品的目的（例如，确认或扩展他们的发现）。引言必须包含目的陈述（例如，你为什么做这个实验），或者你想要评估的假设，或者两者兼有。

d）方法

这部分解释你是如何进行研究的。为了让其他研究人员能够重复你的工作，需要包括对你使用的设备和材料，以及你遵循的过程的描述。你可能希望用图表或照片说明实验室的设置。这部分通常使用被动语态（three samples were prepared），而不是主动语态（we prepared）；由于研究已经结束，应该始终使用过去时态。

e）结果

这部分仍然使用过去时态，对获得的所有结果进行总结，详细的数据可以以图表的形式呈现，在文字中只强调最重要的特点。这部分必须包括所有的结果，哪怕是不符合你假设的意外结果。

f）讨论

这部分通过将结果与最初的目的或假设进行比较，与引言相呼应，目的是根据你的发现对实验进行评估，并与预期进行比较。可能需要参考相关文献。结论应该表明：你是否认为假设得到了支持；如果重复实验，你是否会对实验的设计做出改变。

g）参考文献

与所有的学术写作一样，这部分列出你在报告中提到的所有文献来源。

▶ 参见“1.8　参考文献和引用”

5. 报告示例：学生的兼职经验

□ 以下报告基于在大学校园开展的一项调查。从方框中找出合适的词，填入文中横线处（给出的词比横线多）。

样本	进行	方法	调查对象	随机	问题
大多数人	询问	提到	受访者	常见	
调查问卷	异常	通常	少数人	稍微	

A　引言

随着大学开始收取学费和学生债务的相应增加，越来越多的学生发现有必要做兼职。这种情况导致人们担心，工作可能会对学生的学习成绩产生不利影响。因此，a) ________这项调查是为了明确工作对学生的生活和学习究竟有何影响。

B　方法

研究通过让从校园中b) ________选择的学生完成一份c) ________来进行（见附录A，略）。4月23日（星期六），50名学生接受了d) ________，男女生人数基本相当。

C 结果

e) ________中，30%的人目前正在做兼职，20%的人曾经做过兼职，但有一半人在大学期间从未做过任何兼职（见表1）。接下来，正在做兼职或曾经做过兼职的f) ________被问到他们工作的原因。最常见的原因是缺钱（56%），但是许多学生说他们发现工作是有用的经验（32%），其他人还g) ________了社会福利（12%）。

接下来，25名有兼职经验的学生被问及工作对他们学习的影响。h) ________（64%）声称没有任何负面影响。然而，24%的人说他们的学业i) ________受到影响，极j) ________（12%）报告了严重的负面结果，如上课疲劳和成绩下降。

进一步的k) ________考察了学生所做的兼职的性质。从货车司机到街头艺人，工作的多样性让人惊讶，但最l) ________的领域是在餐厅和酒吧打工（44%），以及秘书工作（32%）。大多数学生每周工作10到15小时，但有两名学生（8%）每周工作超过25小时。工资水平m) ________接近国家最低工资标准，为平均每小时6.20英镑。

最后一个问题是邀请学生对他们的兼职工作经验发表评论。许多人（44%）认为，学生应该获得助学金，这样他们就可以全身心地投入学习中，但其他人认为他们从这些经历中获得了一些东西，比如结识新朋友和深入了解各种工作环境。一名学生说，她在市中心的一家餐馆工作时遇到了现在的男友。

你在学习期间是否做过兼职？

	男生	女生	合计	%
正在做兼职	8	7	15	30
曾经做过兼职	4	6	10	20
从未做过兼职	14	11	25	50

D 讨论

很明显，兼职现在是学生日常生活的一部分。许多学生在学习的某个阶段都会工作，但是绝大多数（88%）的学生否认工作对他们的学习有破坏性的影响。大多数学生平均每天只工作 2—3 小时，而且相当多的人声称从工作中获得了一些积极的成果。很明显，由于时间的限制，我们的调查仅限于相对较小的 n) ________，更全面的研究可能会以不同的方式修正我们的发现。

5.5 书信和电子邮件写作[①]

在正式场合或者不知道电子邮件地址时，人们仍然使用书信，而且认为书信比电子邮件更可靠。不过，由于其便利性，在半正式和非正式沟通中，电子邮件的使用越来越普遍。它被广泛认为是一种永久记录计划安排或讨论的方式。

1. 书信

你申请了英国一所大学的理学硕士课程。这是你收到的回信。

---

a) Central Admissions Office
Wye House
Park Campus
University of Mercia
Borchester BR3 5HT
United Kingdom

b) Ms P Tan
54 Sydney Road
Rowborough RB1 6FD

c) Ref：MB/373

d) 3rd May 2017

e) Dear Ms Tan,

f) Application for MSc Sustainable Building Technology

① 本节内容适用于英语学术写作。——译者注

g）Further to your recent application，I would like to invite you to the university for an informal interview on Tuesday 21st May at 11 am. You will be able to meet the course supervisor，Dr Schmidt，and look round the School of the Built Environment.

h）A map of the campus and instructions for finding the university are enclosed.

i）Please let me know if you will be able to attend on the date given.

j）Yours sincerely，

k）M. Bramble

l）Mick Bramble

Administrative Assistant

Central Admissions Office

Enc.

a）

中央招生办公室

怀伊楼

公园校区

麦西亚大学

波切斯特 BR3 5HT

英国

b）P. 谭女士

悉尼路 54 号

罗伯鲁斯 RB1 6FD

c）Ref：MB/373

d）2017 年 5 月 3 日

e）亲爱的谭女士，

f）可持续建筑技术理学硕士申请

g）关于你最近的申请，我想邀请你在 5 月 21 日星期二上午 11 点到学校进行一次非正式的面试。你将会见课程主管施密特博士，并参观建筑环境学院。

h）随信附上校园地图和交通指南。

i）请告知你能否在指定的日期出席。

j）你忠实的，

k）M. Bramble

l）迈克·布兰布尔
行政助理
中央招生办公室

Enc.

□ 用字母（a—l）标出正式书信中的以下文本要素。

（d）日期	（ ）结束语	（ ）请求回复
（ ）敬语	（ ）收件人地址	（ ）发件人地址
（ ）更多细节	（ ）写信的理由	（ ）编号
（ ）邮件主题	（ ）签名	（ ）作者的姓名和职务

注意以下要点：

a）上面的例子是写给一个认识的人的，结尾是“Yours sincerely”。但是，当写信给你不知道名字的人（如某某经理）时，要使用“Dear Sir”和“Yours faithfully”。

b）正式的信件通常在问候中使用姓（“亲爱的谭女士”）。不过，某些组织可能会使用姓名全称，甚至单独使用名（“亲爱的宝莉·谭”或“亲爱的宝莉”）。

c）如果来信中包含编号信息，回信中最好也有。

2. 练习 A

□ 假设你是谭女士，给布兰布尔先生写一封回信，提出以下要点：

a）你会在指定的日期参加面试。

b）由于火车时刻表的关系，你希望将面试时间推迟一小时。

3. 电子邮件

开头和结束

如果你认识收件人，电子邮件可以采用以下开头：

Hi Sophie（嘿，苏菲）/Dear Sophie（亲爱的苏菲）/Hello Sophie（你好，苏菲）

如果你没有见过收件人，采用以下形式可能更安全：

Dear Sophic Gratton（亲爱的苏菲·格拉顿）/Dear Ms Gratton（亲爱的格拉顿女士）/Dear Dr Gratton（亲爱的格拉顿博士）

如果你需要将一封邮件发送给一群人（如同事），可以使用：

Hi everyone（大家好）/Hello all（各位好）

在所有的情况下都可以这样结束邮件：

Regards（敬致问候）/Best wishes（祝好）/Best regards（此致敬礼）

在此之前还可以加入一种标准化的表达：

Look forward to meeting next week（期待下周的会议）/Let me know if you need further information（如果需要进一步的信息，请告诉我）

正文

这里可以使用常见的缩写形式（I've，don't）和习语，但是应该遵循标点符号使用的一般规则，以避免混淆。拼写错误在电子邮件中与在其他地方一样容易引起误解。在点击“发送”之前一定要检查拼写和语法问题。注意电子邮件通常很短，较长的文档可以作为附件添加。

回复邮件

如果你收到一封电子邮件，告知你想参加的会议或课程安排，或者给你一些与学习相关的信息，确认收到电子邮件是一种好习惯。回复邮件只需要一分钟：

谢谢你让我知道。

那很有趣，但那天早上我很忙。

你的回复将告诉发件人，你已经阅读并理解了他们的消息。

4. 练习 B

□ 阅读下面的邮件，判断谁是发件人、谁是收件人。蕾切尔期待回复吗？

霍夫曼博士，您好，

我恐怕这周不能去上你的会计学方法课了，因为我必须去参加一个工作面试。下周二我会去上课，并提交我的论文（已按要求发送，见附件）。

到时候见，

蕾切尔

---

5. 练习 C

□ 为以下情境撰写合适的电子邮件。

a）给你的同事马克写信，请他告知明天什么时候能见你。

b）给你的老师特里西娅·詹姆斯写信，请她为你目前的论文推荐另一本书。

c）给一群同学写信，问他们想如何庆祝课程结束。

d）写一封电子邮件回复以下信息（你从来没有借过这本书）。

根据我们的记录，你10月12日从图书馆借的《特殊教育》一书已经超期。目前的罚金为2.15英镑。请尽快归还此书。

祝好！

蒂姆·卡雷

图书馆服务部

5.6 小组写作

> 商学和其他学科的课程可能要求学生以四到八人的小组形式完成书面作业。本节解释了这样做的原因，并提出了完成小组作业的最佳方法，以便学生能从这一过程中获得最大的收益。

1. 为什么要进行小组写作？

□ 阅读下面的文章并完成练习。

小组作业的重要性

一些学生，尤其是来自其他学术文化环境的学生，可能惊讶地发现，他们被要求分组完成一些课程作业。对那些习惯于独立学习的人来说，这可能造成一种文化冲击，尤其是小组里所有的学生通常会因为小组作业而得到相同的分数。此外，学生通常会被告知他们将与谁一起工作，以及他们必须写的主题。不过，在某些类型的项目中，小组可以自己选择主题。在许多讲英语的机构中，强调小组合作有几个很好的理由。

首先，雇主通常要寻找能在团队中工作的人。大多数管理者并不是在寻找优秀的个人，相反，他们想要的是那些能够与拥有不同技能和背景的团队一起工作的员工。因此，熟悉团队合作已成为许多工作的必要条件，而小组写作任务为学生提供了一个机会，通过这种方式增加他们的经验。

而且，与个人努力相比，团队合作可以让学生获得更大的成就。一个团队可以承担远远超出学生个人能力范围的项目，这适用于大学里的大多数研究项目以及公司的业务开发。因此，通过参加这些活动，学生能够在他们的作品集和简历中提供证据，证明他们在这个关键领域取得了成功。

最后，在学术界，许多期刊论文和其他出版物是一组研究人员共同产出的。通过合作，学者能够汇集他们的知识，将不同的专长和背景集中到一个问题上，往往能够比单独工作获得更高的可信度。

□ 与同学一起，判断下面的表述是否正确。

a）大多数学生对小组合作的反应是积极的。

b）所有小组成员得到相同的分数。

c）小组中的学生通常可以选择和谁一起学习。

d）布置小组作业主要有两个原因。

e）大多数雇主要寻找成功的团队成员。

f）大学课程的小组作业与公司的团队合作无关。

2. 成功的小组作业

□ 下面是成功完成小组作业的一系列建议。正确的顺序（1—7）被打乱了。与同学一起，将各项建议按照最有逻辑的顺序排列起来，填写在后面的表格中。

A 分析任务

讨论任务，让每个人都参与进来，并就完成任务的最佳方法达成一致。在这个阶段，重要的是就目标达成一致。

B 根据小组成员的能力公平分配工作

小组成员中可能包括计算机专家或设计天才，要确保他们的才能得到恰当运用。最重要的是确保每个人都感觉自己分配到了公平的工作份额。

C 让每个人都有参与感

没有人会觉得自己是局外人，所以，如果只有一名男生，或者只有一名非英语母语人士，应该做出特别的努力。列出所有成员的电话号码和电子邮件地址，并分发给每个人。

D 按时完成作业

这是对你的团队表现最重要的考验。完成并提交作业后，最好是举行一次最后的会议，讨论你从作业中学到了什么。

E　认识其他成员

通常情况下，你不能选择和谁一起工作，所以在开始工作前自我介绍是很重要的。你们可以在咖啡馆或类似的地方非正式地会面（但要注意，不要选择可能让一些成员感到不舒服的地点，比如酒吧）。

F　选择一名协调员/编辑

需要有人记录会议上达成的共识，并发送给所有成员作为提醒。同一个人还可以充当编辑，以确保所有单独完成的部分都拥有相同的版式和格式。不过，每个人都应该负责校对自己的作品。

G　制订工作计划和明确职责

按周分解任务，并为每个成员分配特定的角色。约定定期会议的时间——可以通过群发邮件来减少一些会议。你可能需要预订一个合适的房间——例如在图书馆——来举行会议。

	成功的小组作业日程表
1）	E　认识其他成员
2）	
3）	
4）	
5）	
6）	
7）	

3. 处理问题

□ 以三人小组的形式，讨论以下情境中的最佳反应。你也可以选择提供的选项之外的战略。

a）在一个六人小组中，你发现两名学生没有做任何作业。他们不仅不来开会，而且没有完成一开始交给他们的任务。你应该……

i）最简单的办法是自己完成不出现的学生的作业。

ii）找到这两名学生，向他们解释他们的行为将会损害所有六名成员的利益。

iii）把这个问题告诉你的老师。

b）你是小组中唯一的英语非母语人士。虽然你能听懂正常的交谈，但其他学生讲得太快，而且英语很地道，你很难参加讨论。你应该……

i）把这个问题告诉你的老师。

ii）保持安静，让小组里的另一名学生稍后再向你解释他们的决定。

iii）向小组成员说明你的问题，请他们说慢一点。

c）小组中有一个成员非常有统治力。他试图控制小组，不能容忍他人的意见。你应该……

i）在小组会议上向他解释，他的行为对小组的任务产生了负面影响。

ii）把这个问题告诉你的老师。

iii）让他完成所有的工作，因为这似乎是他想要的。

4. 需要记住的要点

记住：

a）小组作业是结交新朋友的理想机会——充分利用它。

b）通过倾听别人的想法，你可以学到很多。

c）在小组中，协商很重要——没有人永远是对的。

d）尊重他人的价值观和态度，尤其是拥有不同文化背景的人——从中学到的东西可能令你感到惊讶。

术语表

Abbreviation（缩写）

单词或短语的简短形式（参见 4.2）

Abstract（摘要）

期刊论文的目标和研究范围的简要总结（参见 1.3）

Acknowledgements（致谢）

图书或论文中，作者希望对其帮助表示感谢的人的名单

Appendix（附录）

图书或论文末尾的部分，包含补充信息

Assignment（作业）

给学生布置的任务，通常要进行评分

Authority（权威）

某一学科的著名专家或参考书

Back issue（过刊）

期刊或杂志以往的卷期

Bias（偏见）

对一种观点的主观偏好

Bibliography（参考书目）

作者阅读过但没有明确引用的文献列表

Brainstorm（头脑风暴）

随机收集关于某一主题的观点的过程（参见 1.5）

Case study（案例研究）

论文中详细考察某一个例子的部分（参见 5.1）

Citation（引文标注）

文内引用，给出文献来源的作者姓名（参见 1.4 和 1.8）

Cohesion（衔接）

用代词和连词将文章中的观点连接在一起（参见 3.1）

Conclusion（结论）

一篇论文或报告的最后一部分（参见 1.11）

Contraction（缩写形式）

代词或动词的缩写形式（如 she's，I'd）（参见 3.5）

Coursework（课程作业）

学生需要在一门课程中完成的用于评分的作业

Criteria（标准）

基于的原则或判断依据

Deadline（截止日期）

完成一项工作的最后期限

Draft（草稿）

一篇作品的未完成版本

Edited book（论文集）

由编辑选出的多位作者的作品合集

Extract（摘录）

从一篇较长的作品中提取的一段文字

Flowchart（流程图）

说明一个过程各个阶段的图示

Formality（正式性）

在书面作品中，使用与习语不同的风格和词汇

Format（格式）

一篇文章的标准组织形式

Heading（小标题）

文章某一部分的题目

Higher degree（高等学位）

硕士或博士学位

Hypothesis（假设）

研究者试图探索或检验的理论

Introduction（引言）

论文或文章的第一部分（参见1.11）

Journal（期刊）

专业领域的学术出版物，通常每季度出版（参见1.2）

Literature review（文献综述）

论文中描述关于主题的其他研究的部分（参见5.2）

Main body（正文）

一篇论文的主要部分，位于引言之后、结论之前

Margin（页边距）

一页纸上文字周围的白边

Module（单元）

大多数学术课程都分为不同的单元，每个单元围绕一个特定的主题

Outline（提纲）

一篇文章的准备计划（参见1.5）

Paraphrase（改写）

用完全不同的措辞和组织形式重写一篇文章，但观点不变

Peer review（同行评议）

一篇论文在期刊上发表前收集学术权威的评论的过程。这套系统提高了出版物的可信度。

Phrase（短语）

通常组合在一起使用的几个词（参见1.1）

Plagiarism（抄袭）

使用其他作者的作品，而没有以可接受的方式表示承认（参见 1.4）

Primary research（第一手研究）

初始研究（如实验室实验或社会学调查）

Quotation（直接引用）

用另一位作者的原话来说明一个论点或一种思想（参见 1.8）

Redundancy（冗余）

不必要地重复观点或信息（参见 3.7）

References（参考文献）

论文中引用的所有文献来源的列表（参见 1.8）

Register（文体）

语言的正式程度

Restatement（重申）

重复一个观点，把它解释得更清晰

Scan（浏览）

一种阅读方法，眼睛在书页上快速移动以找到特定的项目

Skim（略读）

一种快速找出文章大意的阅读技巧

Source（文献来源）

用来获取观点或信息的原始文本

Summary（总结）

某一部分的较短版本（参见 1.7）

Synonym（同义词）

与另一个词意思相近的词（参见 4.8）

Synopsis（简介）

一篇论文或一本书的总结

Term（术语）

用来表达特定概念的单词或短语

Word class（词性）

语法类别（如名词、形容词）

答　案

写作课程的答案不像其他语文课程中那么清晰。在一些练习中，只有一个可能的答案，但在其他情况下存在多种可能性。教师需要运用常识，接受任何合理的答案。有些由学生自己选择主题的练习不可能提供明确的答案，不过学生可能仍然希望有一个模板。这里给出了一些范例。

学术写作小测验

1 b（参见 1.1）
2 c（参见 1.1）
3 a（参见 1.5）
4 c（参见 1.11）
5 a（参见 1.11）
6 c（参见 1.6）
7 a（参见 1.8）
8 b（参见 1.7）
9 c（参见 1.10）
10 b（参见 1.12）
11 c（参见 1.3）
12 c（参见 3.5）
13 a（参见 4.8）
14 b（参见 4.4）
15 b（参见 1.3）
16 c（参见 4.6）
17 b（参见 1.6）
18 b（参见 2.8）
19 c（参见 1.1）
20 a（参见 1.11）

第 1 章　写作的过程

1.1　写作的基础

1. 学术写作的目标

其他原因可能包括：

- 提出一个假设供他人考虑
- 为读过、听到或看到的东西做笔记

2. 学术写作的特点

可能包括：

- 半正式的词汇，较少使用习语
- 使用直接引用/参考文献
- 使用被动语态和主动语态
- 精确性
- 谨慎

3. 学术写作的常见类型

笔记——关于文章或课堂内容要点的书面记录，供学生个人使用。

报告——对学生完成的某项调查或实验的描述。

项目——由学生选择主题的个人或小组研究。

论文——书面作业的最常见形式，题目通常由老师给出，1 000 到 5 000字。

学位论文——学生完成的最长的书面作品（20 000 字以上），通常是为了获得更高学位，主题由学生选择。

文章——学术论文、报告、演讲稿或期刊论文的统称。

4. 不同长度写作任务的格式

a）摘要

b）参考文献

c）附录

d）致谢

e）文献综述

f）案例研究

g）前言

5. 学术写作的组成部分

a）标题

b）副标题

c）小标题

d）句子

e）短语

f）段落

7. 简单句和长句

(例句)

a）2016 年教育系以女生为主。

b）法律系女生占微弱多数。

c）工程系的男女比例失衡最为严重，超过 80%是男生。

d）学习商学的女生占大多数，但计算机科学的情况正好相反，男生占大多数。

8. 段落写作

第一个问题参见“1.10　组织段落”。

第 2 段从“最近出现了一种木炭的新用途……”开始

第 3 段从“生物炭的另一个好处……”开始

第 4 段从“但是，有农业科学家……”开始

9. 练习

(例句)

a）生物炭是木炭的新名字。

b）最近的研究表明，生产生物炭可能对农业有益。

c）将燃烧过的植物混合到土壤中可以提高土壤肥力，还可以减缓二氧化碳的释放。

d）这种方法受到了科学家的批评，因为它可能会减少食物的种植量。

1.2　阅读：寻找合适的文献

1. 学术文献

1. 全世界的压力——可能——提到了两个文献来源，包含许多信息，但是有些语言是主观的（如“不计后果”“缺乏控制”“以惊人的速度下

降”）。

2. 濒死的世界？——否——没有提到文献来源，风格非常不正式（如“我们喝的”）。

3. 衡量稀缺性——是——一种更加批判性、正式和客观的风格，提供了引文标注。

（可能的答案）

特点	例子
1　正式或半正式的词汇	更复杂的指标没有得到广泛应用，因为缺乏应用这些指标所需的数据，而且定义也不直观。
2　给出文献来源	Rijsberman（2006）
3　客观、非个人化的风格	要确定全球范围内水资源是在物理意义上真正短缺（供给问题），还是本来可以得到更好的利用（需求问题），是非常困难的。

2. 文献的类型

（可能的答案）

文献类型	优点	缺点
网页	容易获取，可能是最新的	可能不可靠/未经编辑
期刊论文	通常专注于某一专业领域	可能过于专业或复杂
官方报告（如政府报告）	包含大量细节	关注面可能过窄
报纸或期刊文章	容易阅读，最及时	可能不客观，不给出文献来源
电子书	容易获取	只能在屏幕上阅读
论文集	多位贡献者提供不同的视角	可能缺乏焦点

4. 使用图书馆书目系统

前两本书是比较新的，而且似乎与建设问题有关。其他书名更宽泛，但第4本书也比较新，可能包含一些相关内容。其他几本书似乎更多围绕着建筑的外观。

1.3　阅读：掌握批判性方法

1. 阅读方法

选择合适的文献

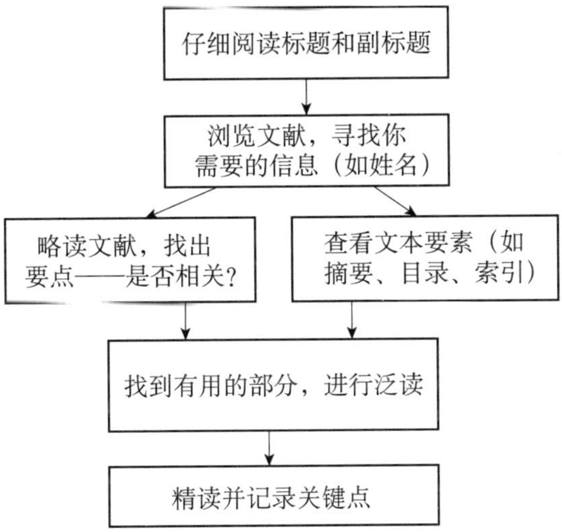

其他阅读技巧——可能的答案：

- 识别文献类型
- 处理生词

3. 阅读摘要

a）背景介绍——越来越多的……感到痛惜。

b）论文的目的和主题——本文对这一观点……为基础的范式转变。

c）研究方法——本文利用……政治参与的影响。

d）研究结果——这种范式……政治参与。

4. 事实和观点

a）事实（不正确）

b）观点

c）事实（不正确）

d）观点

e）事实（正确）＋事实（正确）

f）事实（正确）＋观点

（修正了事实的客观版本）

新西兰是南太平洋上的一个岛国，由两个主要岛屿组成。新西兰位于澳大利亚以东不到 1 000 英里，是地球上最晚有人类定居的地方之一：波利尼西亚人在公元 1250 年左右到达这里，发展出毛利文化。18 世纪，欧洲殖民者开始登陆。1841 年，新西兰成为大英帝国的一部分。由于长时间的隔离，这里进化出许多独特的动植物，比如现在成为这个国家象征的猕猴桃。这个国家地震频发，比如 2011 年袭击克赖斯特彻奇的地震就造成了严重的生命和财产损失。

---

6. 练习

积极的方面：包含一些相关的观点；文中提到的研究可以使用搜索引擎追踪。

消极的方面：风格非常表面化和非正式（例如，第一句话使用疑问句）；一些要点与撒哈拉以南非洲无关；没有引文标注。

7. 批判性思维

对这些问题的答案因人而异，而这正是批判性思维的本质。

（答案模板）

陈述	评论
A　据说，一年当中，哈佛大学有将近一半的历史教授在休假。因此，学生的学习时间减少了……	没有清楚地说明两种情况之间的联系。
B　根据计算……英国的大学毕业生一生中比没有上过大学的人多赚 40 万英镑（约合 60 万美元）。	根据谁的计算？这种说法有什么根据？

1.4　避免抄袭

3. 抄袭的程度

1　是

2 是

3 是

4 否

5 是

6 否

7 是

8 否

9 是/否

10 是

4. 通过总结和改写避免抄袭

a）可接受——正确地参考原文进行了总结

b）抄袭——稍微调整了原文的措辞

c）可接受——正确的直接引用

d）技术抄袭——日期错误意味着引用不正确

e）抄袭——使用了一些原文，没有引文标注

5. 通过养成良好的研究习惯避免抄袭

（可能的更多建议）

- 检查你的直接引用是否与原文措辞完全一致
- 改写时同时改变结构和用词
- 确保你的文内引用都包含在参考文献列表中

6. 练习

Kaufman（2017）认为，国家要在奥运会上取得成功，财富（体现为人均GDP）比人口规模更为关键。

仅靠人口多不能保证国家在奥运会上取得好成绩。国家还必须足够富裕，拥有健康的公民，并能为训练提供资源。正如Kaufman指出的：“当许多人还在忍受贫穷和疾病时，连基本的健康都很难保证，更不用说成为奥林匹克运动员了。”（Kaufman，2017：3）

7. 更多练习

文献来源——观点或信息的来源

引文标注——文内简短标记，给出作者姓名和出版日期

总结——压缩一段文字的长度，同时保留主要观点

直接引用——在你的作品中使用准确的原文

参考文献——文献或其他资源的全部出版细节

欺诈——用不诚实的手段获取优势

改写——用不同的语言重新表述一段文字

1.5 从理解论文题目到制订计划

2. 分析论文题目

分析——将主题分解成各个部分和它们之间的联系

评价/评估——判断主题是否有价值

描述——给出详细说明

讨论——审视主题的不同方面，比较优点和缺点

检查/探究——分几个部分进行批判性的讨论

说明——给出例子

概述/追溯——简明扼要地解释主题

提出/指出——提出建议和支持依据

总结——将复杂问题简化为主要元素

（注意："总结"和"概述/追溯"非常相似）

3. 练习

a）总结/讨论

给出发展背后的因素，并探讨可能的后果。

背景：2010年以来

b）描述

列出这种情况最有可能的原因。

c）是什么/有没有

给出优点和缺点。

背景：小学阶段（6—12 岁）

d）是什么/评估

列出最重要的来源，说明它们对减少二氧化碳排放多么有用。

背景：过去 15 年里

e）讨论/指出

根据土壤特性描述地震对不同类型的建筑物有何影响，并解释如何使建筑物更稳固。

4. 头脑风暴

（答案模板）

可能的好处

小孩子更加开放，更少拘束

他们似乎记忆力更强

可以增进他们对母语的理解

可能的弊端

小孩子可能不理解必要的语法

他们可能不能掌握外语的文化背景

5. 论文的长度

（注意：这些数字仅供参考，每个学生可能有不同的答案。）

a）描述/如何

背景：发展中国家

大约 50%比 50%

b）如何/说明

背景：一个国家

大约 40%比 60%

c）概述/提出

背景：东南亚

大约 50%比 50%

d）<u>什么/如何</u>

背景：国际援助中

大约 30%比 70%

6. 撰写提纲

列表可以建立逻辑结构，使分配篇幅变得更容易，但是相当不灵活。

思维导图更加灵活，可以很容易地添加额外的项目。

7. 练习

（提纲模板：列表）

<u>主要原因</u>

- 在英国，中心仓库可以覆盖大多数家庭
- 智能手机普及，使购物变得简单
- 电子商务节约时间，而且通常更便宜

<u>可能的结果</u>

- 零售商必须就物流（交货时间）展开竞争
- 对仓库空间的需求增加，特别是在大城市附近
- 催生了新的业务（如退货）
- 更多的货运需求→需要更多的司机
- 许多商店将关门
- 商业街将转型→更多的咖啡馆和娱乐场所

1.6 寻找关键点和做笔记

1. 寻找关键点

（题目示例）

宝藏猎人

埋藏的宝藏

关键点：

第 1 段 ……在英国，每年都有成千上万的人在从事这样的活动。寻

宝已经成为一种流行的爱好……

第2段　1996年，《宝藏法》（Treasure Act）从法律层面上澄清了寻宝的规则，任何新发现都必须向当地验尸官报告，否则将受到严厉的惩罚……

2. 寻找相关点

关键点：

第2段　……21世纪初以来，这一数字几乎没有改变，这使得科学家们相信，某些过程正在从空气中吸收额外的二氧化碳。

第3段　这似乎是二氧化碳浓度趋于稳定的一个可能的原因，可以视为对全球变暖的一种抑制……

第3段　……其影响可能是暂时的，因为植物的生长也依赖于水，而且随着降雨模式的改变，干旱和洪水可能会变得更加严重。

第4段　其他研究人员声称，人类活动的进一步后果，例如热带森林的消失，将释放存储在热带雨林中的二氧化碳，抵消极地地区植物生长的有益影响。

3. 练习A

（笔记模板）

题目：植物能抑制全球变暖吗？

1）新研究：额外的植物生长→减缓全球变暖

2）空气中的二氧化碳含量在21世纪初趋于稳定

3）二氧化碳水平越高，光合作用的速度就越快→更多的植物生长

4）但是其他因素，例如缺水，可能会产生相反的效果

5）人类活动，例如砍伐雨林，也会释放二氧化碳

［资料来源：Suarez，M.（2016）*Earth Matters* 3：176.］

4. 为什么要做笔记？

b）避免抄袭

c）保留阅读/课堂记录

d）考前复习

e）帮助记忆要点

5. 做笔记的方法

（可能有其他答案）

- 笔记是改写，不是照抄原文
- 包括资料来源
- 使用符号
- 使用缩写来节约空间
- 笔记以列表的形式组织

7. 练习B

（笔记示例）

睡眠和记忆的过程

1）午睡能够提高记忆力→学习

2）新记忆→海马体（短期）→前额叶皮层（长期）

3）这个过程发生在第二阶段非快速眼动睡眠中

4）加利福尼亚大学团队的研究方法：

- 2个小组：a）保持清醒；b）午睡
- 小组b）在晚间表现出更好的记忆力

［资料来源：Kitschelt，P.（2006）*How the Brain Works*，p. 73.］

1.7 总结和改写

1. 什么是好的总结？

好的总结需要：

- 选择最重要的方面
- 清晰的组织结构
- 准确性

2. 总结的步骤

① c）

② d)

③ b)

④ a)

⑤ e)

3. 练习 A

1) =a)(包含所有的关键点)

2) =c)(包括不必要的例子)

3) =b)[包括原文中没有的信息(如利润的增长),而且没有对机器的描述]

4. 练习 B

(答案模板)

b)

i) 手机帮助非洲建立了新企业。

ii) 手机持有量的增加与 GDP 增长之间存在关联。

iii) 只有一半的非洲人(富裕的城市居民)拥有手机。

iv) 新技术的发展应该降低成本,增强电信服务的可用性。

v) 但是,对电信公司征收的高额税收仍然阻碍了增长。

c)(总结模板)

副标题:手机在非洲的影响

在非洲,手机正在帮助建立新企业。手机持有量的增加与 GDP 增长之间存在关联。然而,只有一半的非洲人(主要是富裕的城市居民)现在拥有手机。新技术的发展应该降低成本,提高电信服务的可用性,但是,对电信公司征收的高额税收仍然阻碍了增长。

d)(总结示例)

尽管手机帮助非洲建立了新企业,但其使用仅限于富人。先进的技术可能使手机更容易获得,但高税收威胁到供应商。

5. 练习 C

(总结示例)

卫洗丽是一套昂贵的卫浴设备，有一系列特色功能，在日本很受欢迎，因为那里的公寓普遍比较拥挤。其制造者东陶公司希望扩大在西方的销售，但欧洲关于浴室设计和电气配件的法规让这个目标非常具有挑战性。

7. 练习 D

1）b. 最好的改写，包括了所有要点，结构明显不同。

2）a. 不错，但是缺乏精确性（当时），使用了不合适的文体（老板）。

3）c. 糟糕的改写，只改变了几个词，加入了额外的、不准确的信息（英国是唯一……）。

9. 练习 E

（有许多可能性，这里仅给出一些建议。）

a）It is **generally considered** that **males and females** think and **behave** in different ways. Women **seem** to have **superior** memories，better social **abilities** and are more **successful** at multitasking. Men，**by comparison**，seem to focus better on single **subjects** and have superior motor and spatial **abilities**, although **obviously** many people **do not follow** these patterns.

（人们广泛认同男人和女人以不同的方式思考和行动。总的来说，女性似乎有更强的记忆力、更好的社交技巧，更擅长多项任务。相比之下，男性似乎更专注于单一主题，拥有更好的运动和空间技能。不过，显然有很多不遵循这种模式的例子。）

b）**The explanation** for these differences may be the way people **behaved** thousands of years ago，when men were **hunters** while women stayed at home as **carers** for their children. But another approach is to see the behaviour **as resulting from** the way our brains function.

（人类数千年来都是这样行动的，或许可以解释这些差异，当时男人是猎人，女人留在家里充当抚育者。但另一种思路是认为大脑的运行方式导致了人类的行为模式。）

c）最近，宾夕法尼亚大学的拉吉尼·维尔马（Ragini Verma）的研究团队通过脑部扫描，来追踪大脑区域周围水分子的运行路径，对 428 名男性和 521 名女性的大脑功能进行了比较。他们发现了惊人的差异。

d）大脑是人脑上部的名称，由左右两个半球组成。人们相信逻辑是由左半球控制的，而右半球处理直觉。维尔马博士的研究发现，女性的分子通路主要位于这两部分之间，而男性的分子通路通常在半球内部。她的结论是：这些发现可以解释两性在能力上的差异，例如，女性的社交能力更强，男性则更专注于有限的领域。

10. 练习 F

(答案示例)

a）考古学家可以通过研究沉船来了解历史社会的诸多方面，但海底的数百万艘沉船中大多数都太深，潜水员无法探测。他们只能在水深 50 米以内作业，这个深度的沿海沉船更有可能受到破坏。深海研究需要昂贵的潜艇及支援船，这限制了可以探索的沉船的数量。但是这种情况可能会因为最新的自动水下航行器（AUV）而改变。这种航行器不需要支援船，可以独立运作，一个美国团队将用它来探索埃及北部海岸一个大约在公元前 2 000年使用过的港口附近的部分海床。

b）海底有数百万艘沉船，为历史学家了解过去的贸易和技术提供了重要的线索。以前，大多数沉船都太深，经济上无法进行探索，现在研制出了一种新型的小型自动潜艇（称为 AUV)，可以对这些更深的遗骸进行调查。

1.8 参考文献和引用

1. 为什么要使用参考文献？

a）否

b）是

c）是

d）否

e）是

f）否

g）是

2. 引文标注和参考文献

Smith（2009）认为，运动型多用途车（SUV）的流行是非理性的，因为尽管成本高昂，但大多数SUV从来没有离开过公路。在他看来，“它们不利于道路安全和环境，并导致道路拥堵”（Smith，2009：37）。

第一处划线是总结，第二处是直接引用。

总结允许作者浓缩观点；而直接引用使用原作者的话，更具可靠性，同时可能很难改进。

6. 练习

（答案示例）

a）Kelman（2016）称，McEwan（2015）指出随着学生和教师群体的日益多元化，缩小他们不同期望之间的差距是至关重要的。

b）McEwan认为“在一定程度上，学生在大学阶段的成功取决于缩小其和教师期望之间的差距”（Kelman，2016：45）。

c）Kelman（2016）称，McEwan（2015）指出随着学生和教师群体的日益多元化，缩小他们不同期望之间的差距是至关重要的：“因为学生群体中包括越来越多的国际学生，他们可能需要更长的时间来适应大学文化。”（Kelman，2016：45）。

9. 组织参考文献列表

a）

i）Bryman，A.（2004）. *Social Research Methods*.

Carroll，J.（2007）. *A Handbook for Deterring Plagiarism in Higher Education*.

Tinto，V.（1987）. *Leaving College：Rethinking the Causes and Cures of Student Attrition*.

ii）Crisp，G.，Palmer，E.，Turnbull，D.，Nettelbeck，T.，Ward，L.，LeCouteur，A.，Sarris，A.，Strelan，P. and Schneider，L.

(2009). 'First year student expectations: results from a university-wide student survey.'

iii) Ryan, J. and Carroll, J. (2005). 'Canaries in the coalmine: international students in Western universities.' In J. Carroll and J. Ryan (Eds). *Teaching International Students-Improving Learning for All*. Abingdon: Routledge.

iv) White, P. (2013). Embracing Diversity. 7th Annual Learning and Teaching Conference, 9th January 2013, [online]. Available from: www.shef.ac.uk/lets/cpd/conf/2013/res/preso [Accessed on 10th July 2014].

v) Killen, R. (1994). 'Differences between students' and lecturers' perceptions of factors influencing students' academic success at university.' *Higher Education Research and Development*, 13 (2), pp. 199 - 211.

Leese, M. (2010). 'Bridging the gap: supporting student transitions into higher education.' *Journal of Further and Higher Education*, 34 (2), pp. 239 - 251.

vi) Moore, D. and McCabe, G. (2006). *Introduction to the Practice of Statistics*. 5th ed. New York: W. H. Freeman and Company.

b)

图书：作者/日期/书名/版次/出版地/出版者

期刊论文：作者/日期/文章名/期刊名/卷期/页码

c) 书名和期刊名

d) 书名和期刊名大写，文章名不大写

e) 出版物名称（如 *The Times*）

f)

i) Bryman (2004)

ii) Carroll (2007)

iii) Cook and Leckey (1999)

iv）Crisp *et al*.（2009）

v）Killen（1994）

1.9 整合文献来源

1. 标明参考文献

a）6

b）Dalglish and Chan

c）学术支持

d）Ramsden

e）他的作品就不同的主题被引用了两次

f）国际学生面临的困难

g）

ii）为了适应新的学术环境，国际学生需要一段调整期

iii）国际学生必须进行文化调整

iv）语言调整

v）这些调整需要的时长

2. 采用批判性的方法

a）（答案示例）

总结	原文
……应该采取措施……减少未来的变暖。	……那么可以预计……化石燃料的燃烧。（2.1）
她提到了历史上气候变化的证据……	一些评论家声称……与二氧化碳水平无关的温暖期。（2.2）

b）指出/坚持/提出/提到/讨论/认为

c）然而

d）但是/另一方面

3. 整合三种文献来源

（答案示例）

此外，Lahav（2010）提出了用于预测未来气候的计算机模型的问题，认为用这些工具做出关键决策可能是不可靠的。他指出，气候变化的批评者认为，考虑到所涉及的不确定性，将资源用于社会进步可能比用于环保技术更好。

4. 练习

（答案示例）

有充分的证据表明，全球化在过去20—30年里导致了世界贸易的大幅增长（Costa，2008）。然而，有人指出（Lin，2012），这种收益并不是平均分享的。尽管跨国公司能够使用最廉价的劳动力进行制造，但最贫穷国家的人民的境况并不比40年前好多少。此外，Brokaw（2014）坚持，这些大公司可以从降低进口关税中获益，因此可以更成功地与本土企业竞争，进一步巩固其市场主导地位。此外，它们通常能够通过把总部设在税率最低的地方来减少税负。

1.10　组织段落

1. 段落的结构

a）主题是：西班牙语是一种世界主要语言。

b）参见iv）。

2. 练习A

标题句　iv）

例子1　v）

例子2　iii）

原因　i）

总结　ii）

3. 练习B

a）

标题句	尽管如此，许多国家鼓励自有住房的增长。
例子	例如，爱尔兰和西班牙允许抵押贷款抵扣所得税。
理由	人们普遍认为，拥有自己的房子能带来社会和经济效益。

续前表

支持论点 1	与租房者相比，业主被认为是社区中更稳定的成员，对当地事务的贡献更大。
支持论点 2	此外，以自住业主为主的社区通常犯罪率更低，学校也更好。
支持论点 3	但最重要的是，自有住房鼓励储蓄，能让家庭积累财富。

b）例如/人们普遍认为/此外/但最重要的是

c）尽管如此

5. 练习 C

（答案示例）

有轨电车

有轨电车最早出现于19世纪末，当时在美国和欧洲的许多城市里，有轨电车提供了廉价和方便的公共交通工具。但它们的缺点是，基于路轨的系统维护成本高昂，而且随着城市的发展，固定轨道使它们变得不灵活。因此，到20世纪50年代，许多欧洲和亚洲城市关闭了有轨电车系统。

不过今天，有轨电车又重新流行起来。它们被认为比汽车污染小，而且运行成本更低。因此，巴黎和曼彻斯特等城市建立了新的系统。尽管如此，路轨建设的高成本和交通拥堵的困难意味着，有轨电车仍然是一个有争议的交通选择方案。

1.11 引言和结论

1. 引言的组成部分

组成部分	是/否
i）题目中不熟悉的术语的定义	是
ii）你对论文主题的个人观点	否
iii）提及你围绕主题阅读的文献	是
iv）提出引起争议的观点或问题，引起读者的兴趣	否
v）来自著名权威的合适的直接引文	否
vi）写作的目的或目标	是

续前表

组成部分	是/否
vii）你用来回答问题的方法	是
viii）关于主题的背景或语境	是
ix）你为自己设定的限制	是
x）正文提纲	是

a）背景（viii）

b）提纲（x）

c）方法（vii）

d）提及文献来源（iii）

e）定义（i）

f）限制（ix）

g）目标（vi）

2. 引言的结构

a）定义：……在本文中，这个术语包含任何由互联网提供内容的学习情境。

b）背景：学习是当代知识经济的重要组成部分。随着计算能力和技术的发展，互联网已经成为知识传播的重要媒介。

c）对其他研究者的参考：不同的研究人员（Webb and Kirstin, 2003；Honig *et al.*，2006）对医疗和商业环境下的网络学习进行了评估……

d）目的：本研究旨在探讨学生在高等教育中的网络学习体验。

e）方法：本文首先对一系列研究进行了回顾，然后对200名学生进行了调查，以评估他们的网络学习体验。

f）限制：显然，这类研究不可避免地受到各种限制，尤其是学生样本规模的限制，本文的调查对象仅限于制药和农业专业的学生。

g）提纲：本文的结构如下……对推广网络学习项目的影响。

3. 起始句

（答案示例）

a）近年来，一直有人批评高级管理岗位上缺乏女性。

b）过去十年中，全球变暖或气候变化已经成为国际议程上最紧迫的问题之一。

c）发展中国家的婴儿死亡率在过去二十年中有所下降，但在许多国家仍进步缓慢。

d）从农村到城市的持续的国内迁徙是许多发展中社会的特征。

4. 结论

a）是

b）是

c）否

d）是

e）是

f）是

g）是

h）否

i=f

ii=b

iii=e

iv=d

v=g

6. 练习

① e）

② c）

③ a）

④ b）

⑤ d）

1.12 修改和校对

2. 练习 A

对初稿的建议，可以包括以下内容：

a）为基本观点分配了太多篇幅。

b）没有给出参考文献。

c）句子太短。

d）风格（例如，“我个人认为”是不合适的）。

e）题目中的问题没有得到恰当的处理。

3. 练习 B

（改写示例）

组织允许研究人员采访员工不可避免地会面临风险，因此必须理解这些风险，并通过研究项目的设计使其最小化。如果员工批评组织中的其他员工，他们可能会受到惩罚，或者相反，他们可能觉得无法表达自己的真实感受，从而使访谈失去效果。因此，研究人员必须仔细解释研究的目的，并通过使用假名严格保持匿名，从而保护组织的声誉和他们自己工作的价值。这种做法使双方都能从研究中受益。

5. 练习 C

i）非洲不是一个国家：such as Nigeria

ii）应该使用形容词：young and innocent

iii）句末应该使用问号。

iv）since 后面应该使用现在完成时：since 2005 there have been…

v）successfulness 不是一个单词：success

vi）pervious 拼写错误：previous

vii）one of…（……之一）需要接名词的复数形式：one of the largest companies（最大的公司之一）

viii）重复：论文的结论是对……的分析

ix）时间段需要使用定冠词：the nineteenth century

x）正确顺序：Three skills are needed for success in the academic world.

6. 练习 D

a）viii 风格——使用 children

b）vii 单复数——their lines

c）v 词汇——torment（折磨）太严重了，使用 inconvenience（困扰）

d）ii 词性——different effects

e）i 事实——in 1973

f）x 词序—— overcome these problems

g）iii 标点符号——its

h）vi 拼写——Hungary

i）ix 遗漏——the world

j）iv 时态——were

7. 练习 E

（改正版）

The bicycle is one of the most efficient machines ever designed. Cyclists can travel four times faster than walkers while using less energy to do so. Various people invented early versions of the bicycle, but the first model with pedals which was successfully mass-produced was made by a Frenchman, Ernest Michaux, in 1861. Later additions included pneumatic tyres and gears. Today hundreds of millions of bicycles are in use all over the world.

（自行车是有史以来设计的最高效的机器之一。骑自行车要比步行快四倍，并且消耗的能量更少。不同的人发明了早期版本的自行车，但第一个成功批量生产的踏板模型是由法国人欧内斯特·米修斯在 1861 年制造的。后来增加的配件包括充气轮胎和齿轮。今天，全世界有数亿辆自行车正在使用中。）

第1章进度检查

1.（可能有其他答案）

a）题目

b）日程表/时间表

c）提纲/计划

d）文献来源

e）整理/记录

f）技巧/技术

g）草稿

h）抄袭

i）结论

j）认真的/仔细的

k）参考文献

l）校对

2.

a）是	f）是	k）是	p）是
b）否	g）是	l）否	q）否
c）是	h）是	m）否	r）是
d）否	i）否	n）否	s）是
e）否	j）是	o）是	t）否

3.

（总结示例）

虽然制造工具的能力被认为是灵长类动物独有的，但牛津大学的一个研究团队最近的研究表明，乌鸦也可以制作工具（Grummitt，2010）。此前，人们曾经在野外观察到乌鸦用树枝觅食，但牛津大学的研究团队给乌鸦提供了一段电线，乌鸦可以弯曲电线从玻璃管中取出肉块。正如Grummitt 解释的那样："牛津大学的实验是为了观察同一种类的鸟能否改造这种能力，用它们的原生森林中找不到的材料（如电线）制作工具。"（Grummitt 2010：15）

第 2 章　写作的要素

2.1　提出论点和讨论

1. 讨论使用的词语

（段落模板）

每年都有数百万学生选择到国外学习。这样做有很多好处，比如有机会体验另一种文化或熟练掌握一门外语。但是也有一些缺点，可能包括孤立感或思乡病。另一个消极的方面可能是高成本，包括学费和生活费。然而，大多数学生似乎发现这种选择利大于弊，有机会加入国际学生团体在未来的职业发展中是一个重要优势。

2. 组织

纵向：相对简单的模式，适合短论文。

横向：在长论文中允许更加复杂的讨论。

3. 练习 A

可能的观点包括：

+（积极的方面）	－（消极的方面）
不会在通勤上浪费时间	员工感到孤立
给员工更多灵活性	可能不适合所有的员工
节约办公空间的费用	在家可能受到干扰
	需要不同的管理风格

纵向结构的提纲示例：

a）引言：在家办公增长的原因：通信技术的发展；对更灵活的工作模式的需求。

b）缺点：员工可能会感到孤立，在家可能受到干扰。可能不适合所有的员工，有些人更喜欢直接管理。

c）优点：公司只需要提供较少的办公空间，更少的通勤时间意味着更多的工作时间，员工有更多的灵活性。

d）讨论：在某些岗位上对某些员工有好处，但需要定期与同事和经理联系。

5. 反对观点

a）作者的立场是对监狱现在的运行方式持批评态度。

b）（答案示例）

反对观点	你的立场
据说员工在家办公会浪费时间。	但实际上似乎并没有证据证明这一点。
尽管在家办公可以减少对办公空间的需求，从而为公司省钱。	但是员工在家中需要设施齐全的工作场所。

6. 提供证据

a）2。

b）对教育系统进行改革。

c）许多年轻人不使用“数字化工具”。

d）怀疑“数字原生代”理论。

e）略。

7. 练习 B

（答案示例）

随着脸书和 Snapchat 等社交媒体变得越来越重要，以及 4G 手机和其他电子设备的普及，孩子们开始接触这些媒体的时间也越来越早。但是，许多批评者警告说，允许小学及以下的儿童访问这些网站会带来负面后果。

然而，有人认为（Dobrowsky，2012），事实上使用这些媒体有很多好处。Dobrowsky 声称，这是一种无害的、愉快的与朋友和家人保持联系的方式，而且对孩子来说，在室内使用手机比在街上玩更安全。还有人认为，使用社交媒体网站能够培养孩子的电脑技能，这对他们以后的生活有好处。

但是，其他人如 Campbell and Childs（2014）表示了强烈的反对。他们指出，年幼的儿童不了解虚拟世界的潜在危险。他们还警告说，长时间盯着屏幕会减少儿童获得现实生活经验的机会，而且在需要进行体育锻炼的年龄，这种被动活动是不健康的。此外，他们说这种行为可能成瘾，导致睡眠不足。总的来说，这些论点是令人信服的，建议家长应该谨慎对待社交媒体。

2.2 原因和结果

2. 练习 A

（答案示例）

b）识字率越高，对中学教育的需求就越大。

对中学教育的需求增加可能源于更高的识字率。

c）由于机场的建设，来了更多的游客。

更多游客的到来是由于新机场的建设。

d）由于去年的全国大选，新政府成立了。

新政府成立是去年的全国大选的结果。

e）在主要道路上安装测速摄像头，降低了致命事故的数量。

致命事故的数量有所下降，是因为在主要道路上安装了测速摄像头。

f）2012 年新医院的开业降低了婴儿死亡率。

婴儿死亡率降低的原因是 2012 年新医院的开业。

g）越来越多的人在网上购物导致了商业街上的店铺关门。

商业街上的店铺关门是由于越来越多的人在网上购物。

3. 练习 B

（答案示例）

a）越来越多的人使用电子邮件来发送信息导致了书信的减少。

b）上周的暴风雨破坏了该地区的电力线路。

c）新的结核病疫苗将降低儿童死亡率。

d）高速铁路的建设将使旅行时间减少 25%。

e）喷气发动机的发明使大规模廉价旅行成为可能。

f）严重的高速公路事故是由浓雾造成的。

g）面包价格高是因为去年夏天收成不好。

h）肥胖率的升高是久坐不动的生活方式的结果。

i）地震常常是由板块运动引起的。

j）监狱中犯人的增加是由于量刑政策更加严厉了。

4. 练习 C

（可能有其他答案）

a）because

b）consequently/therefore/which is why/hence/so

c）because

d）because of/due to/owing to

e）due to/owing to/because of

f）as a result of/because of/due to

g）owing to/because of/due to

a）因为

b）因此/所以

c）因为

d）是因为/是由于

e）是由于/是因为

f）因为/由于

g）由于/因为

5. 练习 D

a）（段落示例）

石油价格上涨25%可能带来许多后果。首先，这将导致交通和货运成本大幅上升，从而影响大多数商品的价格。显然，燃料占成本相当大比例的企业，如航空公司，将难以维持盈利。其次，随着边际用户转向替代燃料（如天然气）或者厉行节约，石油消耗将会减少。再次，由于石油公司试图增加供应，还将增加对石油勘探的投资，而这反过来又将刺激对石油钻探设备的需求。最后，还会有一些更加本地化的影响，例如，需求将从更大的汽车转向更小、更经济的汽车。

2.3　比较

2. 练习 A

a）伦敦的房价是罗马的两倍。

b）莫斯科的房价略低于纽约。

c）东京的房价几乎和巴黎一样高。

d）新加坡的房价明显低于纽约。

e）伦敦的房价是八个城市中最贵的，悉尼是最便宜的。

（可能的答案）

f）巴黎的房价比莫斯科略低。

g）悉尼的房价比纽约便宜50%。

5. 练习 B

a）曼联是欧洲收入最高的足球俱乐部。

b）拜仁慕尼黑的收入几乎是托特纳姆热刺的两倍。

c）巴塞罗那的收入比尤文图斯高得多。

d）尤文图斯的收入比利物浦低。

e）阿森纳的收入略低于曼城。

f）阿森纳和切尔西的收入大致相同。

6. 练习 C

a）率

b）差异/波动

c）相同

d）比

e）得多

f）超过/大约为

g）高

2.4　定义

2. 范畴词

（范例）

蜥蜴是一种有长尾巴的四足爬行动物。

链锯是一种用于砍伐树木的电动工具。

疟疾是由蚊子叮咬传播的疾病。

专制是一种统治者拥有全部权力的政治制度。

编织是用线织布的过程。

燕麦是一种生长在凉爽潮湿气候中的谷物。

有限公司是一种有限责任的商业组织。

停车罚款是对违反停车规定的惩罚。

雕塑是运用金属、木头或石头的视觉艺术的一个分支。

a）仪器

b）器官

c）组织

d）纤维

c）行为

f）过程

g）时期

h）根茎蔬菜

（答案示例）

i）讲课是一种为教学目的而进行的学术谈话。

j）结核病是一种主要影响肺部的疾病。

k）红十字会是一个人道主义组织，帮助受灾难影响的人。

l）习语是一种口语表达。

3. 复杂定义

a）失败的项目

b）发展

c）依恋

d）自发亮效应

e）全球化

i）c

ii）a，e

iii）b，d

iv）b（过程），c（系统），d（效应）

4. 练习

（定义示例）

a）死刑是指国家对已定罪的罪犯的处决。

b）创业企业是由那些证明自己能够有效利用一系列企业家特质，比如创造性、主动性、承担风险、解决问题的能力和自主性，并且经常用自己的资本去冒险的人建立的企业。

c）电子书是可以在电子设备上阅读的图书。

d）城市区域主要是建成区，其中有道路、住宅或商业建筑。

e）肥胖是一个医学术语，意思是不健康的超重。

2.5　例子

2. 用于举例的词语和短语

（答案示例）

a）20 世纪的一些发明，比如电视和互联网，影响了大多数人的生活。

b）最近，许多国家，比如中国，开始对大学课程收费。

c）许多公司都是靠一种产品建立了自己的声誉，微软的视窗操作系统就是一个很好的例子。

d）近年来，越来越多的女性（如安吉拉·默克尔）成为政治领袖。

e）某些国家经常受到地震的影响，比如日本。

f）许多乐器用弦来演奏音乐，比如吉他。

g）运河促进了世界贸易，比如巴拿马运河。

h）政治家讨论了一系列可能替代监狱的惩罚措施，比如社会服务。

3. 练习 A

(答案模板)

一百年前，大多数人的饮食都以既便宜又能填饱肚子的主食为主，例如面包或米饭。今天，许多人能够吃得起更多种类的食物，并且能够经常吃到更贵的食物，如水果和肉类。但是随着选择范围的扩大，人们开始担心某些食品可能对健康构成威胁。近年来，包括鸡蛋、黄油、盐、糖、脂肪和熏肉在内的一系列产品都被认为存在健康风险。这让许多人感到困惑，因为许多说法背后的“研究”是相互矛盾的。换句话说，一种食物可能遭到一个科学家的批评，却被另一个科学家认可。健康食品行业是这个过程的受益者之一，这是一个蓬勃发展的行业，向注重健康的年轻人推销食品和饮料。然而，许多医生认为，与其只关注饮食，加强锻炼（如游泳、跑步或骑自行车）更能增进人们的健康。

4. 练习 B

(段落模板)

出国留学的学生在到达一个新的国家时，往往会经历一种文化冲击。当然，在一个新的城市里总是有不同的东西（如公共交通系统）要学习。此外，他们在自己的社会中习以为常的风俗习惯，例如节假日或问候的方式，在新国家可能不再适用。甚至日常生活模式也可能不同，比如商店的类型和营业时间。再加上每个国家之间不可避免的差异，如语言和货币，一开始可能会让学生感到非常困惑。他们会经历情绪的剧烈波动，例如抑郁或兴奋，甚至想要回家。不过，大多数人很快就能交到新朋友，而且在相对较短的时间，比如两三个月内，就能适应新环境。他们可能发现，他们更喜欢新环境的某些方面，比如自由和独立，有时候甚至忘记了自己不在家！

5. 重申

a）公司去年的管理费用，换句话说，固定成本增加了一倍。

b）罗马帝国（公元前 27 年—公元 476 年）是一个独裁统治时期。

c）印度首都，即新德里，有一个繁荣的商业中心。

d）最常见癌症（乳腺癌）的存活率正在提高。

e）大多数民主国家的投票率正在下降，也就是说，参与投票的人数减少了。

2.6 归纳

1. 归纳的使用

a）没有根据：英国不是一个特别潮湿的国家。

b）被广泛接受的事实，有证据支持。

c）与 b）相似，二者之间的联系经过了充分研究。

d）在某些情况下可能是正确的，但这是一个非常笼统的归纳。

e）在大多数情况下显然是正确的，但并非适用于所有情况（例如短途旅行）。

3. 练习 A

（答案示例）

a）农作物高产需要有规律的降雨。

b）诚实的法官是确保人们尊重法律所必需的。

c）充足的睡眠对学习成绩至关重要。

d）工业发展容易造成污染。

e）寒冷的天气可能会增加对天然气的需求。

f）职业满意度取决于工作是否有趣。

g）坚持锻炼对体育成绩至关重要。

h）创造伟大的艺术需要创意和技巧。

4. 练习 B

（归纳示例）

a）研究生比本科生更喜欢在图书馆学习。

b）女本科生通常喜欢安静地学习。

c）很少有学生选择在户外学习。

d）男研究生更喜欢在图书馆学习，而女研究生更喜欢在自己的房间。

e）本科生比研究生更多地在床上学习。

5. 在归纳的基础上

a）介绍主题

b）比较不同国家女性偏好的研究

c）总结研究结果

6. 练习 C

（例子）

a）旅游业的发展经常被认为对东道国社会有害。据称，游客数量的增长会造成污染、过度拥挤，甚至导致犯罪。但是，通过对几个游客数量迅速增长的国家进行比较，可以发现这一论点的弱点：这些国家发展旅游业的结果截然不同，既有积极的，也有消极的。

2.7　问题和解决方案

4. 练习 A

（答案示例）

在许多不断扩张的城市地区，由于人们从农村迁往城市寻找机会，住房严重短缺。这个问题有各种可能的解决方案，但每种方案都各有缺点。传统的方案是建造带花园的家庭住宅，这提供了隐私和空间，但是需要大量的土地。建造这种房屋的速度很慢，而且郊区的发展延长了通勤距离。

第二种解决方案是建造预制三层房屋，与传统房屋相比，这种房屋的建造速度更快、成本更低，而且可以容纳更高的人口密度。在一些地方，这可能是最好的解决方案，但是这也需要大量的空间，而且对普通人来说太昂贵了。

一个更好的解决方案是建造高层公寓，以相当低的成本容纳更高的人口密度，同时防止城市过度扩张。虽然有些家庭可能觉得这种房屋过于拥挤，但是对大多数人来说，它们是解决住房问题的一种方便快捷并且负担得起的办法。

5. 练习 B

（论证示例）

现在，对大学名额的需求不断增加，经常导致诸如教室等学生设施过于拥挤。有人认为应该提高学费以减少入学需求，但这是对来自贫困家庭的学生的歧视。另一项提议是让政府为大学的扩建买单，但是反对观点认为这将不公平地惠及少数进入大学的人，而这些人以后会挣得更高的薪水。一个更公平的解决方案可能是由政府为最贫困的学生提供助学金。

2.8 可视化信息

1. 可视化信息的类型

类型	应用	例子
1. 示意图	g	F
2. 表格	h	B
3. 地图	a	H
4. 饼图	f	D
5. 流程图	d	E
6. 折线图	c	A
7. 柱状图	e	C
8. 计划	b	G
9. 散点图	i	I

3. 可视化信息的描述

a）

i）更好。对图表的主要特征进行了评论，而不是重复统计数据。

b）

i）密度

ii）展示/说明/显示

iii）与

iv）没那么密集/密度较低

v）作用

vi）因为/由于

vii）通常

5. 练习 A

a）显示/说明

b）期间

c）大多数

d）显著/明显

e）西班牙

f）增长/增加

g）超过

6. 练习 B

（段落示例）

该图比较了地球上一些跑得最快的哺乳动物的最高速度。人类只能以28英里/小时的速度奔跑。而速度最快的动物，即猎豹，能达到70英里/小时。这一速度远远超过狮子或野兔（50英里/小时），而像灵缇犬、马和老虎的速度只能达到40英里/小时—45英里/小时。

第2章进度检查

1. 优点/积极的方面。

2. 纵向方式更适合短论文，横线方式允许考虑多个角度，更适合长论文。

3. 与作者的观点相反的立场。

4. （例子模板）

a）由于经济衰退，失业率上升。

b）火车事故是由一个错误信号引起的。

c）停电是由飓风造成的。

5.

（例子模板）

澳大利亚的面积大约是新西兰的30倍。

新西兰的人口密度远高于澳大利亚。

澳大利亚人明显比新西兰人富有。

6.

（例子模板）

a）学期是组成学年的部分，一学年分为两个学期。

b）锤子是一种有金属头的工具，用来钉钉子。

c）助产士是专门接生婴儿的专业医护人员。

7.

（例子模板）

a）某些国家的首都（如堪培拉）比本国的商业中心城市小。

b）许多种类的水果，如橘子，含有重要的维生素。

c）有几种哺乳动物（如鲸鱼和海豹）生活在海里。

d）太阳系的大多数行星，例如木星，都有卫星。

8.

在过去的一个世纪里，摄影已经从富人专享的爱好变成了每个人都能接触到的东西。主要原因是数码相机的发明。过去20年里，拍摄彩色照片变得便宜、简单，并且可以用修图软件很容易地修改照片。现在每个人都有了内置摄像头的智能手机，摄影变得大众化，任何人都可以拍出高质量的照片。

9.

（可能有其他的同义词）

a）工程师面临的主要挑战/困难/难题是极端严寒。

b）唯一的答案/补救措施/选择是重复试验。

c）歇洛克·福尔摩斯发现消失的面具之谜有一个不同寻常的答案/解答。

d）核废料的安全处置是一个挑战/难题，没有简单的答案。

10.

（例子模板）

该表展示了学生对图书馆服务评价的调查结果，并将本科生和研究生的观点进行了对比。两组学生对大多数服务的评价都很高，尤其是咖啡馆和馆员的帮助。两组学生都对短借期图书很难获取感到最不满意。在大多数方面，研究生似乎比本科生更为挑剔。

第3章 语言问题

3.1 衔接

2. 练习 A

指代对象	代词
La Ferrera	她
新创业企业	它们
平均寿命只有3.4年	这
一个是经济原因	前者
另一个是社会原因	后者
前者……后者……充分的市场调查	这些
没有进行市场调查	这

4. 练习 B

a）他

b）他的

c）他的

d）这

e）他的

f）他

g）它们/他

h）这

i）他

j）他的

6. 练习 C

尼龙搭扣是一种用于衣服和鞋子的织物紧固件。它是瑞士工程师乔治·德·梅斯特拉尔（George de Mestral）发明的。他的灵感来自对一些植物种子上发现的小钩子的研究。它们附着在动物身上，帮助它们散播种子。尼龙搭扣有两面，一面是小钩子，另一面是环圈。当它们被压在一起时，会形成牢固的键。

梅斯特拉尔花了 8 年时间来完善他的发明，他将其命名为“Velcro”（维可牢），源自法语单词“velour”（丝绒）和“crochet”（钩子）。它于 1955 年获得专利，如今每年会售出超过 6 000 万米尼龙搭扣。

7. 练习 D

（答案示例）

美国杜邦公司（DuPont Corporation）研究中心主任华莱士·卡罗瑟斯（Wallace Carothers）于 1935 年为尼龙申请了专利。他之前学习化学，专攻高分子聚合物，这是一种由长原子链组成的分子。尼龙是一种高强度、纤细的合成纤维，1939 年首次大规模生产。它被用来制造各种各样的产品，包括长筒袜、牙刷、降落伞、钓鱼线和手术线。

3.2 定冠词

3. 练习 A

a）Engineering is the main industry in the northern region.

b）Insurance firms have made record profits in the last decade.

c) Global warming is partly caused by fossil fuels.

d) The mayor has been arrested on suspicion of corruption.

e) The moons of Jupiter were discovered in the eighteenth century.

f) Tourism is the world's biggest industry.

g) The forests of Scandinavia produce most of Britain's paper.

h) The Thai currency is the baht.

i) Computer crime has grown by 200% in the last five years.

j) The main causes of the Industrial Revolution are still debated.

k) Three percent of the working population are employed in call centres.

l) The latest forecast predicts warmer winters in the next decade.

m) Research on energy saving is being conducted in the Physics Faculty.

n) The best definition is often the simplest.

o) During the last recession there was a sharp increase in child poverty.

4. 练习 B

A Northern model?

Norway is a/the global leader in the use of electric cars: in 2016 nearly 30% of vehicle sales were battery-powered or hybrid models. In the past five years, sales have increased sharply due to the development of better batteries, so now the country's five million people are the world's largest electric car market. The Transport Minister talks of ending sales of cars powered by fossil fuels by 2025. The government is subsidising the installation of charging points on main roads and shopping centres. In addition, drivers of zero-emission vehicles pay no sales tax or parking fees, and may use bus lanes in cities. But this pattern may not be a/the model for other countries: Norway has a surplus of cheap electricity thanks to hydropower, and it taxes petrol and diesel fuel heavily.

3.3 数字

2. 百分比

a) 50%

b）100%

c）400%

3. 简化

a）许多学生申请了奖学金。

b）自1975年以来，几十所小学得到了重建。

c）学生为他们的项目想出了几个不错的题目。

d）市场人员为新巧克力棒想出了好几个名字，但都被否决了。

e）去年出版了几十本关于生物遗传学的书。

4. 更多表示数字的短语

（答案示例）

a）自1973年以来，汽油价格上涨了十倍。

b）小组里三分之二的学生是女生。

c）新的高速列车将去马德里的旅行时间缩短了一半。

d）自去年以来，申请心理学课程的学生人数增加了50%。

e）完成本科学位课程的英国学生是意大利学生的两倍多。

f）自来水的价格是瓶装水的1/700。

g）欧洲失业率最高的是希腊，最低的是挪威。

h）大多数成员支持这项建议，但其中很大一部分人持怀疑态度。

5. 练习

（答案示例）

b）巴黎奥运会的大项项目数是雅典奥运会的近两倍。

c）从东京奥运会到北京奥运会，参赛运动员人数翻了一番。

d）巴塞罗那奥运会上，女运动员占将近三分之一。

e）从1896年到2008年，奥运会大项项目数增长了两倍。

f）伦敦奥运会上有相当一部分运动员是女性。

3.4 被动式和主动式

2. 结构

a）The data was collected and the two groups（were）compared.（两

组数据被收集和比较。)

b) 120 people in three social classes were interviewed. (三个社会阶层的 120 人接受了采访。)

c) The results were checked and several errors (were) found. (结果经检查，发现了几处错误。)

d) An analysis of the findings will be made. (调查结果将被分析。)

e) Four doctors were asked to give their opinions. (四位医生被要求给出他们的意见。)

f) The report was written and ten copies (were) distributed. (报告写好了，并分发了十份副本。)

3. 被动式的使用

a) The vaccines were exposed to temperatures below the limit. (疫苗被暴露在极限温度以下。)

b) It is believed that the Atacama desert was too dry for animal life. (阿塔卡马沙漠被认为太干燥，不适合动物生存。)

c) It is suggested that they can be damaged by foreign competition. (外国竞争被认为可能造成损害。)

d) The life cycles of three main bee species were researched. (三种主要蜜蜂的生命周期经过了研究。)

e) It was argued that prisons had a negative effect on the inmates. (监狱被认为对犯人有负面影响。)

4. 被动式中的副词

Mars mania

In the past it was commonly believed that creatures lived on Mars. Due to the similarity of size with Earth, the planet was generally thought to have a climate that would permit life. It was additionally discovered that Mars had four seasons, although they were longer than their equivalents on Earth. Straight lines seen on the surface of Mars were ridiculously considered to be canals built by Martians. An invasion of Earth by superior beings from Mars was graphically described by H. G. Wells in his novel *War of the Worlds*. Even today it is occasionally claimed that primitive life exists on the planet.

火星热

过去人们普遍相信火星上有生命。由于与地球大小相似，这颗行星被一致认为具有适宜生命生存的气候。火星还被发现有四个季节，不过比地球上的四季要长。19世纪末，火星表面的直线被荒谬地认为是由火星工程师建造的运河。H.G. 威尔斯在他的小说《世界大战》中生动地描述过来自火星的高级生物入侵地球的故事。直到今天偶尔还有人声称火星上存在原始生命。

5. 练习

(答案模板)

Making bread

Bread is traditionally made from wheat flour, salt, water and yeast. You mix the wholemeal or white flour with a little salt and yeast, and then gradually add lukewarm water. Other ingredients such as chopped nuts or seeds may be included. Then mix the dough until a soft ball is formed, which you can knead by hand. In the kneading process the dough is vigorously pounded and reshaped so that all the ingredients are fully combined. After thoroughly kneading the dough, leave it for a few hours to rise. When this is finished work the dough by hand to shape it into loaves or rolls. After two more hours the loaves will have risen again, due to the action of the yeast. Bake them in a hot oven for about half an hour and then allow them to cool.

做面包

面包传统上是由小麦粉、盐、水和酵母制成的。将全麦粉或白面粉与少许盐和酵母混合，然后逐渐加入温水。也可以加入其他成分，如碎坚果或种子。然后将面团用手揉成一个软软的球形。在揉面过程中，面团被大力碾压，使所有的成分充分结合。面团彻底揉好后，让它静置发酵几个小时。一切完成后，用手将面团捏成条状或卷状。再过两小时，由于酵母的作用，面包坯会膨胀起来。把它们放进烤箱里烤大约半个小时，然后冷却。

3.5　标点符号

9. 练习 A

a）The study was carried out by Christine Zhen-Wei Qiang of the National University of Singapore.（这项研究是由新加坡国立大学的克里斯汀・甄-伟强开展的。）

b）Professor Rowan's new book 'The End of Privacy'（2017）is published in New York. or Professor Rowan's new book *The End of Privacy*（2017）is published in New York. ［罗恩教授的新书《隐私的终结》（2017年）在纽约出版。］

c）As Keynes said：'It's better to be roughly right than precisely wrong'.（正如凯恩斯所说的："大致正确总比完全错误好。"）

d）Banks such as HSBC and Barclays were in penny-pinching mode in the 1990s.（20 世纪 90 年代，汇丰和巴克莱等银行精打细算地过日子。）

e）As Matheson（1954）wrote：'It was the germ that was the villain'.［正如 Matheson（1954）写的："细菌才是罪魁祸首。"］

f）Thousands of new words such as 'app' enter the English language each year.（每年都有数以千计的新词，如"应用程序"，进入英语。）

g）The BBC's World Service is broadcast in 33 languages，including Somali and Vietnamese.（BBC 世界服务用 33 种语言广播，包括索马里语和越南语。）

h）She scored 56% on the main course；the previous semester she had achieved 67%.（上学期她专业课得了 67 分；这学期只得了 56 分。）

10. 练习 B

Studying will play a vital part in your life as an Oxford student, but you will also find an enormous amount to do in Oxford in your spare time. Oxford is the youngest city in England and Wales and has two universities: Oxford University and Oxford Brookes. Thirty-five percent of people who live here are aged 15 – 29, and 27% (40,000 of a total population of 150,000) are university students. If you ever feel like a change of scene, the bus to London takes around 90 minutes and runs 24 hours a day. There are now two railway stations: the central Oxford station and the recently opened Oxford Parkway. Oxford is a youthful and cosmopolitan city with plenty to see and do. There are dozens of historic and iconic buildings, including the Bodleian Libraries, Ashmolean Museum, Sheldonian Theatre, the cathedral and the colleges. In the city centre you will find lots of shops, cafés, restaurants, theatres, cinemas, pubs and clubs. There are plenty of green spaces too: riverside walks, England's oldest botanic garden, the University Parks and college gardens.

[作为牛津的一名学生，学习将是你生活中至关重要的部分，但是你会发现，在业余时间还有许多事情要做。牛津是英格兰和威尔士最年轻的城市，拥有两所大学——牛津大学和牛津布鲁克斯大学。这里35%的人年龄在15—29岁，总人口150 000人中有27%（40 000人）是大学的学生。如果你想换个环境，坐公共汽车去伦敦大约需要90分钟，一天24小时运行。现在牛津有两座火车站——中央牛津大学站和最近开放的牛津大道站。牛津是一个年轻的国际化城市，有许多要看的东西、许多要做的事情。这里有很多标志性的历史建筑，包括博德莱安图书馆、阿什莫尔博物馆、谢尔登剧院、大教堂和学院。在市中心，你会发现很多商店、咖啡馆、餐馆、剧院、影院、酒吧和俱乐部。也有大量的绿色空间，比如河畔步道、英格兰最古老的植物园、大学和学院的公园。]

3.6 单数还是复数?

1. 五个难点

i）...and disadvantages（e）

ii）are vaccinated（a）

iii）rural areas（c）

iv）...in crime（b）

v）Each company has its own policy（d）

4. 练习 A

a）Little	b）businesses
c）experience/is	d）travel broadens
e）stone	f）much advice
g）few interests	h）war
i）Irons were	j）work

5. 练习 B

traffic	Research	lives	stress
travel	capitals	petrol	advice
work	vehicles	jams	is
staff	day	factor	music

3.7 风格

3. 练习 A

(句子示例)

a）另 个要考虑的因素是犯罪增加的可能性。

b）目前失业率很高。

c）在不久的将来可能会发现一种疟疾疫苗。

d）消防员很快控制住了火势。

e）那份报告中的数字不可靠。

f）严重的通货膨胀导致了贫困和社会动荡。

g）他很高兴获奖。

h）应该付钱给学生让他们学习。

i）1987年妇女获得了选举权。

j）俄国革命的主要原因是战争和政府管理不善。

4. 避免重复和冗余

（答案示例）

现在，快餐越来越受欢迎。这是一种人们可以买来即食或快速烹饪的食品。本文分析了快餐的优缺点。首先，它很方便。大多数白领都很忙，没有时间回家吃午饭，但是他们可以在麦当劳等餐厅就餐。第二个优点是便宜。由于快餐是大批量生产的，公司可以降低成本。因此，吃快餐通常比在传统餐厅吃饭便宜。

5. 不同的句子长度

（答案示例）

Worldwide, enrolments in higher education are increasing. In developed countries over half of all young people enter college, while similar trends are seen in China and South America. This growth has put financial strain on state university systems, so that many countries are requiring students and parents to contribute to the cost. This leads to a debate about whether students or society benefit from tertiary education.

（在世界范围内，高等教育的入学人数正在增加。在发达国家，超过一半的年轻人能够上大学，在中国和南美也可以看到类似的趋势。这种增长给州立大学系统带来了财政压力，因此许多国家要求学生和家长承担费用。这引发了一场关于学生和社会能否从高等教育中受益的辩论。）

China is one developing country (but not the only one) which has imposed fees on students since 1997. The results have been surprising: enrolments, especially in the most expensive universities, have continued to rise steeply, growing 200% overall between 1997 and 2011. It seems in this case that higher fees attract rather than discourage students, who see them as a sign of a good education. They compete more fiercely for places, leading to the result that a place at a good college can cost $8,000 per year for fees and maintenance.

(中国从 1997 年开始对大学生收取学费。中国不是唯一一个这样做的发展中国家。结果令人惊讶：入学人数继续大幅增长，特别是在最昂贵的大学，在 1997 年至 2011 年间总人数增长了 200%。在这种情况下，更高的学费似乎非但没有阻碍，反而吸引了学生，因为他们将学费上涨视为良好教育的标志。这些学校的入学竞争更加激烈，导致一所好大学的学费和生活费可能高达每年 8 000 美元。)

6. 谨慎风格的使用

(可能有其他答案)

情态动词：might/may/could/should (可能/应该)

副词：often/usually/frequently/generally/commonly/mainly/apparently (经常/通常/经常/一般/普遍/主要/显然)

动词/短语：seems to/appears to/in general/by and large/it appears/it seems (似乎/一般而言/大体上/看起来)

7. 修饰语的使用

a) 公司节约能源的努力是很/非常成功的。

b) 这项调查是对学生意见的相当/非常全面的研究。

c) 他的第二本书受到了相当不友好的对待。

d) 一年级的学生对她的讲座很着迷。

e) 最新的关节炎药是相当昂贵的。

f) 这种爬山虎已经变得非常/相当稀有了。

g) 学生们发现论文题目非常/相当有挑战性。

8. 练习 B

（答案示例）

a）私营企业通常比国有企业更有效率。

b）探索太空似乎是浪费宝贵的资源。

c）大学里年龄大的学生可能比年龄小的成绩好。

d）口碑通常是最好的广告。

e）英语的发音可能很难懂。

f）某些癌症可能是由心理因素引起的。

g）全球变暖似乎会导致海平面上升。

h）十年内大多数购物可能在网上进行。

i）在线教育可能不如课堂教学。

j）到2025年无人驾驶汽车可能普及。

3.8 时间标记

2. 练习 A

a）Recently　　b）until

c）for　　d）Last month

e）by　　f）Since

g）During　　h）After

4. 练习 B

a）前（before）　　b）后（later）

c）在（at）　　d）后（After）

e）到（by）　　f）后（later）

g）期间（during）　　h）后（later）

i）后（After）

5. 练习 C

a）里/中/期间（In/Over/Dring）

b）自从（Since）　　c）前（ago）

d）最近（recently）　　e）现在（Currently）

f）到（by）　　g）自从（since）

h）里/中（During/In）

第3章进度检查

1.

1564年，威廉·莎士比亚出生于埃文河畔斯特拉特福的一个拥有土地的富裕家庭。年仅18岁时，他与比他大6岁的安妮·海瑟薇结婚。安妮后来生了三个孩子，但他们唯一的儿子哈姆奈特夭折了。显然，威廉婚后大部分时间都在伦敦度过，他在那里表演并开始写剧本。起初主要是喜剧，非常成功。17世纪初，他的作品变得更加黑暗，这段时间里他写出了他最著名的戏剧，如《哈姆雷特》和《李尔王》。它们为他赢得了伟大的剧作家和诗人的世界声誉。他于1616年去世，年仅52岁，安妮又活了7年。

2.

a）/	f）/	k）the	p）/
b）the	g）the	l）a	q）/
c）the	h）a	m）a	
d）a/the	i）the	n）The	
e）the	j）the	o）the	

3.（段落模板）

我们采访了250名国际学生，询问他们的留学经历。其中五分之一来自中国，五分之一来自印度，十分之一来自尼日利亚，剩下的一半来自不同的欧洲国家。绝大多数人对他们的课程感到满意，但五分之一的人对作业量表示担忧。只有10%的人抱怨教学质量。一半的学生表示，他们发现适应一种不同的文化和生活方式很容易，但在其他学生中，有相当一部分人不喜欢这里的食物，五分之一的人觉得生活成本太高，少数人提到了恶劣的天气。

4. （段落模板）

Our research aimed to find the best taxi business for campus use, so the performance of six local taxi companies was compared. Companies that had their offices within a kilometre of the campus were selected. The response of each company to requests made at the same time of day (7 p. m.) was timed. Response times varied from ten to 24 minutes. Each driver was then asked to take the passenger to the railway station. The friendliness of the drivers and the length of time taken were recorded, as well as the fare the driver asked for. Overall AZ Taxis were found to have the fastest response and the cheapest fare, but not the most friendly driver.

[我们的研究旨在找到最适合校园使用的出租车业务，因此对六家当地出租车公司的业绩进行了比较。那些办公地点距离校园不到一千米的公司被选中。对每家公司在一天中同一时间（晚上7点）的响应速度进行了计时。反应时间从10分钟到24分钟不等。每位司机都被要求送乘客去火车站。对司机的友好程度、所用时间以及索要的车费进行了记录。总体而言，AZ出租车的反应速度最快，价格也最便宜，但司机不是最友好的。]

5.

The School of Biomedical Sciences at Borchester University is offering two undergraduate degree courses in Neuroscience this year. Students can study either Neuroscience with Pharmacology or Neuroscience with Biochemistry. There is also a Master's course which runs for four years and involves a period of study abroad during November and December. Professor Andreas Fischer is course leader for Neuroscience and enquiries should be sent to him via the website.

（波切斯特大学生物医学科学院今年开设了两门神经科学本科学位课

程。学生可以选修神经科学和药理学，或者神经科学和生物化学。学院也有硕士课程，学制四年，包括11—12月的海外学习。安德烈亚斯·费舍尔教授是神经科学课程的负责人，可以通过网站向他提交申请。）

6.

a）Several types of response were recorded.

b）Three avenues of research were suggested.

c）One of the groups was eliminated from the competition.

d）Half the graduates were from Indonesia.

e）The government was defeated at the election.

f）The performance of the athletes was improved by his training method.

7.（答案模板）

现在，人们普遍担心由于久坐不动，如看电视，而缺乏锻炼，这似乎是导致肥胖的一个主要原因。有大量研究表明，有规律地散步对身心健康都有好处。

8.

a）Dr Gonzalez went to Berlin five days ago.

（冈萨雷斯博士五天前去了柏林。）

b）He was in Berlin for two days.

（他在柏林待了两天）

c）During his stay in Berlin he gave a lecture.

（他在柏林期间做了一场演讲。）

d）After leaving Berlin he went to Prague.

（他离开柏林后去了布拉格。）

e）While staying in Prague he met colleagues at Charles University.

（在布拉格期间，他在查尔斯大学会见了同事。）

f）By June 10th he had travelled 2,300 kilometres.

（到6月10日，他旅行了2 300公里。）

第4章　词汇问题

4.1　词汇入门

4. 练习

a）声明
b）轶事
c）俗话
d）委婉表达
e）隐喻
f）矛盾
g）比喻
h）谚语
i）简介
j）习语
k）口号
l）歧义
m）陈词滥调

5. 容易混淆的组合

a）principles
b）lose
c）affect
d）compliments
e）its
f）economic
g）accepted

4.2　缩写

6. 练习

a）高等教育/信息和通信技术/和其他人

b）转基因/例如

c）即/世界贸易组织

d）注意/简历/人力资源

e）大约/公元前

f）欧盟/增值税

g）博士/结核病

h）图4/国民生产总值

i）副校长/教育研究生证书

j）公共关系/大约/75 000 美元

k）回复/年会/尽快

l）博士/理学硕士/文学硕士

4.3 学术词汇：名词和形容词

2. 名词

（注意：不是所有这些词都有相近的同义词。这个列表只是大致意思，要获得全面理解应该查字典。）

accuracy（准确性）—precision（精确性）

analysis（分析）—examination（检查）

approach（方法）—angle of study（研究的角度）

assessment（评估）—test（测验）

assumption（假定）—informed guess（有依据的猜测）

authority（权威）—expert（专家）

category（类别）—type（类型）

claim（断言）—argument/thesis（主张/论点）

controversy（争议）—debate（争论）

correlation（相关性）—link（联系）

deterrent（阻力）—disincentive（障碍）

emphasis（重点）—weight put on one area（重视某一领域）

evidence（证据）—proof（证明）

exception（例外）—different thing（不同的事物）

extract（摘录）—part of a longer work（长作品的一部分）

ideology（意识形态）—belief（信仰）

implication（含义）—unstated suggestion（未说明的意见）

innovation（创新）—new introduction（新事物）

intuition（直觉）—understanding without thinking（未经思考的理解）

motivation（动机）—incentive（动力）

perspective（视角）—angle of study（研究的角度）

phenomenon（现象）—unusual event（不经常发生的事件）

policy（政策）—formal guidelines（正式的指导原则）

preference（偏好）—favourite choice（更喜欢的选择）

process（过程）—series of stages（一系列步骤）

proposal（提议）—suggestion（建议）

provision（供应）—supply（供给）

sequence（序列）—series of stages（一系列步骤）

strategy（战略）—plan（计划）

substitute（代替品）—replacement（替代品）

technique（技术）—method（方法）

validity（有效性）—truth（真实性）

a）evidence（证据）

b）proposals（建议）

c）intuition（直觉）

d）provision（供应）

e）claim（主张）

f）phenomena（现象）

g）process（过程）

h）correlation（相关性）

3. 名词和形容词

（例子模板）

Sherlock Holmes solved crimes by analytical methods；examining each clue.（夏洛克·福尔摩斯运用分析的方法破案；检查每一条线索。）

Although quite famous，the professor was always approachable for students.（这位教授虽然很有名，但对学生总是平易近人。）

Her book is the most authoritative work on the subject.（她的书是这

方面最权威的著作。)

Even today, the ideas of Karl Marx remain controversial. (即使在今天，卡尔·马克思的思想仍然是有争议的。)

Their position was emphatic; the library would remain closed all week. (他们的立场很强硬；图书馆整个星期都不开放。)

His performance was exceptional, winning three prizes in his final year. (他的表现非常出色，在最后一年赢得了三个奖项。)

My objection to the book is ideological, despite it being well written. (我对这本书的反对是意识形态上的，尽管它写得很好。)

California offers an innovative culture, where new ideas are welcomed. (加州提供了一种创新文化，在那里新想法受到欢迎。)

She had an intuitive feeling she would get the job. (她凭直觉相信她会得到那份工作。)

In addition to money, praise and recognition are both highly motivational. (除了金钱之外，表扬和认可都具有很强的激励作用。)

The Harry Potter books have been a phenomenal publishing success. (《哈利·波特》系列丛书在出版界取得了现象级的成功。)

First-class passengers are sure of preferential treatment. (头等舱的乘客肯定会受到优待。)

Until it's approved by the council, the agreement is only provisional. (在安理会批准之前，该协议只是临时的。)

The courses in this faculty are sequential: you must pass one to move to the next. (这个系的课程是循序渐进的：你必须通过一门才能选修下一门。)

The general's retreat was just strategic — he lured the enemy into a trap. (将军的撤退只是战略上的，他把敌人诱入了圈套。)

Technical support for computer users is available 24/7. (为计算机用户提供全天候的技术支持。)

Your bus pass is valid until October next year.（你的公交卡有效期到明年10月。）

4. 容易混淆的名词和形容词

名词	形容词	名词	形容词
approximation（近似值）	approximate（近似的）	particularity（特殊性）	particular（特殊的）
superiority（优越性）	superior（优越的）	reason（原因）	reasonable（合理的）
strategy（战略）	strategic（战略的）	synthesis（综合）	synthetic（综合的）
politics（政治）	political（政治的）	economics/economy *（经济）	economic/al（经济的）
industry（工业）	industrial（工业的）	culture（文化）	cultural（文化的）
exterior（外部）	external（外部的）	average（平均值）	average（平均的）
height（高度）	high（高的）	reliability（可靠性）	reliable（可靠的）
heat（热量）	hot（热的）	strength（力量）	strong（有力的）
confidence（确信）	confident（确信的）	truth（真实性）	true（真实的）
width（宽度）	wide（宽的）	probability（可能性）	probable（可能的）
necessity（必要性）	necessary（必要的）	length（长度）	long（长的）
danger（危险）	dangerous（危险的）	relevance（相关性）	relevant（相关的）

5. 练习 A

a) confident（确信）

b) particularities/strengths（特殊性/优越性）

c) probability（可能性）

d) relevant（相关）

e) necessary（必要的）

f) average（平均）

g) danger（危险）

h) necessity（必要性）

i) unreliable（不可靠的）

j) approximate（近似）

k) economic（经济）

l) synthesis（综合）

8. 练习 B

a) irrelevant（不相关的）

b) subjective/irrational（主观的/非理性的）

c) Concrete/Relevant（具体的/相关的）

d) approximate/rough（近似的/粗略的）

e）relative（相对的）

f）logical/rational（逻辑的/理性的）

g）theoretical/abstract（理论的/抽象的）

h）unambiguous（清楚的）

9. 练习 C

a）strategic—strategy

b）analytical—analysis

c）synthetic—synthesis

d）major—majority

e）cultural—culture

f）theoretical—theory

g）frequent—frequency

h）critical—criticism/critic

i）Social—Society

j）practical—practice

4.4 学术词汇：动词和副词

1. 理解主要动词

（大致的同义词——不定式形式）

adapt（修改）=modify（改造）

arise（出现）=occur（发生）

conduct（进行）=carry out（开展）

characterise（特点是）=have features of（特征是）

clarify（澄清）=explain（解释）

concentrate on（关注）=look at closely（仔细研究）

be concerned with（涉及）=deal with（处理）

demonstrate（说明）=show（显示）

determine（测定）=find（发现）

discriminate（辨别）＝distinguish（区分）

establish（建立）＝found（确立）

exhibit（表现）＝show（显示）

focus on（聚焦）＝look at closely（仔细研究）

generate（产生）＝create（制造）

hold（成立）＝be true（是真的）

identify（识别）＝pick out（挑选）

imply（暗示）＝suggest（表示）

interact（互动）＝work together（合作）

interpret（解释）＝explain（说明）

manifest（表现）＝show（显示）

overcome（克服）＝defeat（战胜）

propose（提出）＝suggest（表示）

prove（证明）＝turn out（结果是）

recognise（承认）＝accept（接受）

relate to（有关）＝link to（联系）

supplement（补充）＝add to（添加）

undergo（经历）＝experience（经过）

yield（产生）＝produce（引起）

3. 练习 A

（可能有其他动词）

a）A admitted/accepted that he might have made a mistake…

（A 承认/接受他可能犯了一个错误。）

b）B denied saying that women make/made better doctors than men.

（B 否认女性比男性更适合做医生。）

c）C stated/claimed/argued that small firms are/were more dynamic than large ones.

（C 声明/声称/主张小公司比大公司更有活力。）

d）D agreed with/supported C's views on small firms.

（D 同意/支持 C 关于小公司的观点。）

e）E assumed/presumed that most people work/worked for money.

（E 假设/假定大多数人为了挣钱而工作。）

f）F concluded that allergies are/were becoming more common.

（F 得出结论：过敏正在变得越来越普遍。）

g）G doubted that electric cars will/would replace conventional ones.

（G 怀疑电动汽车能否取代传统汽车。）

h）H hypothesised/suggested a link between crime and sunspot activity.

（H 假设/提出犯罪和太阳黑子活动之间存在联系。）

5. 练习 B

（可能有其他动词）

a）L criticised/censured her research methods.

（L 批评/谴责了她的研究方法。）

b）M identified/classified four main types of children in care.

（M 识别/划分了寄养儿童的四种主要类型。）

c）N commended the company for its record for workplace safety.

（N 赞扬了该公司在工作场所安全方面的记录。）

d）O interpreted the noises whales make/made as expressions of happiness.

（O 把鲸鱼发出的噪音解释为表达快乐的方式。）

e）P identified/presented wind power and biomass as the leading green energy sources of the future.

（P 识别出/提出风能和生物质能是未来主要的绿色能源。）

f）Q described/portrayed Darwin as the most influential naturalist of the nineteenth century.

（Q 将达尔文描述/描绘为 19 世纪最有影响力的博物学家。）

7. 练习C

a）Clearly（显然）

b）Originally（最初）

c）Alternatively（或者）

d）Recently（最近）

e）Similarly（类似地）

f）Clearly/Crucially（显然/关键是）

g）broadly（大体上）

h）factually（事实上）

8. 练习D

The earliest keys known to history were made by the Egyptians from wood and were significantly improved upon by the Romans, who used metal. Today's keys are basically the same: a piece of metal with teeth, conventionally produced by cutting and stamping. But recently a new technology, 3D printing has made it possible to manufacture much more intricate designs which are virtually impossible to copy illicitly. Although substantially more expensive, these high-tech keys offer remarkable security.

（历史上已知的最早的钥匙是埃及人用木头做的，罗马人用金属对其进行了显著改进。今天的钥匙基本上是一样的：一块有齿的金属，传统上是通过切割和冲压而成。但是最近，新的3D打印技术使制造更加复杂的设计成为可能，这种钥匙几乎不可能被不正当地复制。尽管这些高科技钥匙要贵很多，但是它们提供了卓越的安全性。）

4.5 连词

2. 连词的类型

a）A few inventions, for instance television, have had a major impact on everyday life.

（一些发明，例如电视，对日常生活产生了重大影响。）

b）Furthermore, many patients were treated in clinics and surgeries.

（此外，许多病人在诊所和外科诊室接受治疗。）

c）The definition of 'special needs' is important since it is the cause of some disagreement.

（“特殊需要”的定义很重要，因为它是一些分歧产生的原因。）

d）The technology allows consumers a choice，thus increasing their sense of satisfaction.

（技术允许消费者选择，从而增强了他们的满足感。）

e）Four hundred people were interviewed for the survey，and then the results were analysed.

（400 人接受了调查，然后对结果进行了分析。）

f）However，another body of opinion associates globalisation with unfavourable outcomes.

（但是，另一种观点认为全球化会带来不利的结果。）

ii）结果 d

iii）原因 c

iv）转折 f

v）举例 a

vi）时间 e

生物燃料

连词	类型	连词	类型
a）比如（such as）	举例	f）换句话说（in other words）	举例
b）但是（but）	转折	g）因此（consequently）	结果
c）尽管（although）	转折	h）而且（and）	补充
d）例如（for instance）	举例	i）既不是……也不是……（neither… nor…）	转折
e）不过（however）	转折		

3. 常见的连词

（可能有其他答案）

补充：moreover/as well as/in addition/and/also/furthermore/plus（而且/同样/此外/还有/并且/再者/再加上）

结果：therefore/consequently/so/that is why（因此/因而/所以/这就

是为什么）（参见 2.2）

原因：because/owing to/as a result of/as/since/due to（因为/由于/归因于/归结为/应归于/……）（参见 2.2）

转折：but/yet/while/however/nevertheless/whereas/albeit/although/despite（但是/不过/虽然/尽管如此/……）

举例：such as/e. g. /in particular/for instance（例如/如/特别是/举例而言）（参见 2.5）

时间：after/while/then/next/subsequently（后/在……期间/然后/接下来/后来）（参见 3.8）

4. 练习 A

（可能有其他答案）

a）After（后）

b）Although/While（虽然/尽管）

c）moreover/furthermore/additionally（而且/并且/还）

d）therefore/so（因此/所以）

e）for instance/for example（比如/例如）

f）Due to/Because of（由于/因为）

g）While（在）

h）As/Because/Since（因为/为了）

5. 练习 B

（可能有其他答案）

a）such as（比如）

b）Although（尽管）

c）either（要么）

d）or（要么）

e）for instance/for example（比如/例如）

f）While/Although（虽然/尽管）

g）due to/because of（因为）

h）or（或者）

i）Therefore/That is why（因此/这就是为什么）

7. 表示转折的连词

（答案示例）

a）虽然政府声称通胀率在下降，但反对派说通胀率在上升。

i）Although the government claimed that inflation was falling，the opposition said it was rising.

ii）The government claimed that inflation was falling，while the opposition said it was rising.

b）虽然这个部门虽然必须削减开支，但是也需要安装新电脑。

i）This department must reduce expenditure，yet it needs to install new computers.

ii）While this department must reduce expenditure，it also needs to install new computers.

c）虽然做了大量的广告，但新车的销量还是很差。

i）In spite of being heavily advertised，sales of the new car were poor.

ii）Sales of the new car were poor despite it being heavily advertised.

8. 练习 C

（答案示例）

a）在美国拥有枪支是很常见的，相反，日本人很少有枪。

b）尽管 14 岁就离开了学校，但他建立了一家成功的企业。

c）大多数人对提案表现出积极的态度，但是有少数人强烈反对。

d）虽然导师坚持这篇论文很好写，但是学生们感觉很困难。

e）虽然春天寒冷又干燥，但夏天温暖又潮湿。

f）他在最后期限之前完成了项目，不过对它感到不满意。

g）她喜欢说法语，虽然她的英语很好。

h）因为天快黑了，他们不得不停止了实验。

4.6 前缀和后缀

1. 前缀和后缀的作用

“预制”是指在安装之前先制作某些东西的过程。

“恢复了活力”是给某事或某人额外的力量或动力。

2. 前缀

auto 自动

co 一起

ex（i）前

（ii）外面

fore 前面

inter 中间

macro 大

micro 小

multi 许多

non 相反

over 过头

poly 许多

post 后

pro 支持

re 重复

sub 下面

tele 远程

trans 穿越

under（i）以下

（ii）不足

3. 练习 A

a）处于社会底层的阶级

b）售出比座位数更多的票

c）本地小范围内的气候

d）基于信息产业而不是制造业的经济

e）没有在电话簿中列出

f）失望

g）结婚之前

h）能够创造或控制局面

5. 练习 B

a）名词——（事物）取消

b）形容词——巧合的

c）副词——不合作地

d）形容词——进化的

e）名词——抗议者

f）形容词——无法预测的

g）形容词——能够出售的

h）名词——接受采访者

i）名词——相信增加消费能够造福社会的观点

j）副词——象征性地

6. 练习 C

a）这部电影是由一家子公司制作的英意合拍片。

b）当汽车撞毁时，她不由自主地尖叫起来，但没有受伤。

c）使用可充电电池无疑对环境有好处。

d）他们重新安排了学前测试。

e）由于天气异常，产品无法供货。

f）错误的沟通导致了他们必须重组软件系统。

g）她不正确的发音很可笑。

h）他被告知要重写他那篇让人读不懂的文章。

4.7 介词

1. 介词的使用

c）名词+介词=purpose of（目的）/development of（发展）/relationship between（关系）/decline in（减少）/supply of（供给）

动词+介词=contribute to（贡献）

形容词+介词=valuable for（有价值）

介词+地点=in Catalonia（加泰罗尼亚）/in the factory context（工厂中）

介词+时间=in the period（期间）

短语=In conclusion（在结论中）

2. 练习A

b）形容词+介词

c）动词+介词

d）表示地点的介词

e）名词+介词

f）短语

g）表示地点的介词

h）表示时间的介词

3. 介词和名词

a）of　　b）in

c）of　　d）to

e）of　　f）on

4. 短语中的介词

a）on　　b）of

c）of　　d）in

e）of　　f）on

g）in　　h）of

5. 表示地点和时间的介词

a）Among　　b）from…to/between…and

c) in, of　　d) in, in

e) in, at　　f) On, between

g) around, of/on　　h) Between

6. 练习 B

a) of　　b) in/to

c) to/in　　d) among/in

e) from/in　　f) between

g) in　　h) of

i) in/over　　j) between

k) in　　l) in

m) of　　n) to/in

8. 练习 C

a) focused on/concentrated on

b) pointed out

c) specialised in

d) associated with

e) divided into

f) blamed for

g) believed in

h) learned from

4.8 同义词

1. 同义词的作用

单词/短语	同义词
oil（石油）	hydrocarbon（碳氢化合物）
company（公司）	firm（企业）
in the world（全世界）	global/internationally（全球）
people（人）	employees（员工）
Britain（英国）	the UK（英国）

2. 学术写作中常见的同义词

名词		动词	
area（领域）	field（范围）	accelerate（加速）	speed up（加快）
authority（权威）	source（文献）	alter（改变）	change（变革）
behaviour（行为）	conduct（进行）	analyse（分析）	take apart（剖析）
benefit（好处）	advantage（优势）	assist（辅助）	help（帮助）
category（类别）	type（类型）	attach（附加）	join（加入）
component（成分）	part（部分）	challenge（挑战）	question（质疑）
controversy（争议）	argument（争论）	clarify（澄清）	explain（解释）
difficulty（困难）	problem（问题）	concentrate on（专注）	focus on（关注）
drawback（缺点）	disadvantage（劣势）	conduct（进行）	carry out（执行）
expansion（扩张）	increase（增加）	confine（限制）	limit（限定）
feeling（感觉）	emotion（情绪）	develop（发展）	evolve（进展）
framework（框架）	structure（结构）	evaluate（评估）	examine（检查）
goal（目标）	target（目的）	found（建立）	establish（确立）
interpretation（解释）	explanation（说明）	maintain（维持）	insist（坚持）
issue（问题）	topic（主题）	predict（预言）	forecast（预测）
method（方法）	system（体系）	prohibit（禁止）	ban（禁令）
option（选择）	possibility（可能）	raise（提升）	increase（增加）
results（结果）	findings（发现）	reduce（减少）	decrease（降低）
statistics（统计）	figures（数字）	respond（反应）	reply（回应）
study（研究）	research（研究）	retain（保持）	keep（维持）
trend（趋势）	tendency（倾向）	show（显示）	demonstrate（说明）
output（产出）	production（成果）	strengthen（增强）	reinforce（巩固）

3. 练习 A

（还有其他可能的答案）

a）Professor Hicks challenged the results of the study.

b）The figures demonstrate a steady rise in applications.

c）The institute's forecast has caused a major debate.

d）Cost seems to be the principal disadvantage to that method.

e）They will focus on the first possibility.

f）After the lecture she tried to explain her idea.

g）Three topics need to be evaluated.

h）The structure can be kept but the aim needs to be modified.

i）OPEC，the oil producers' cartel，is to reduce output to increase global prices.

j）The tendency to smaller families has accelerated in the last decade.

4. 练习 B

UK（英国）—British（英国）—this country（这个国家）

agency（局）—organisation（组织）—body（机构）

advertising campaign（广告宣传）—publicity programme（推广计划）—advertising blitz（广告宣传）

to raise（提高）—to improve（改善）

to cut（减少）—reduction（削减）

before eating（饭前）—prior to meals（饭前）

5. 练习 C

（答案示例——可能有其他答案）

build/make vehicles（制造车辆）

car makers（汽车生产商）

principal problem（基本问题）

obstacle（障碍）

automobile producers（汽车生产者）

challenges（挑战）

forecast（预测）

energy（电能）

produced（生产）

vehicles/machines（车辆/机器）

第4章进度检查

1. a)，c)，d)

2.

a）lose

b）except

c）site

3.

a）国际货币基金组织/国内生产总值

b）比较/佚名/约/公元前

c）理学学士/转基因

4.

a）absolute（绝对的）

b）metaphorical（隐喻的）

c）subjective（主观的）

d）precise（精确的）

e）abstract（抽象的）

5.

a）height（高度）

b）synthesis（综合）

c）length（长度）

d）probability（可能性）

e）relevance（相关性）

6.

a）X claimed/argued that eating spiders is healthy.

（X声称/主张吃蜘蛛有益健康。）

b）Y disagreed with X，insisting that his theory was based on poor research.

（Y不同意X的观点，坚持他的理论建立在错误的研究基础上。）

c) Z agreed with Y's opinion of X's work.

(Z 同意 Y 对 X 作品的看法。)

7.

a) continuously (持续)

b) locally (地方上)

c) particularly (特别是)

d) increasingly (越来越)

e) Traditionally (传统上)

8. (可能有其他答案)

a) Although (尽管)

b) since/because/as (因为)

c) So/Therefore (所以/因此)

d) and (并)

e) But (但是)

f) because/as/since (因为)

g) Then (然后)

h) because/as/since (因为/由于)

i) Therefore/So (因此/所以)

j) and (并且)

9.

a) 形容词

b) 名词

c) 动词

d) 名词

e) 名词

10.

antidote　　对抗毒素影响的药物

correspondent	与你保持通信联系的人
foreword	书的序言部分
polytechnic	教授许多科学专业的机构
proportion	一件事物与另一件事物的关系
subcutaneous	皮肤之下
undervalue	将某件东西估价过低

11.

In the eighteenth century, news travelled as fast as a horseman or sailing ship. It could take weeks for news of a battle in Europe to reach America. By the mid-nineteenth century railways had accelerated the distribution of newspapers, so that they reached distant provinces in hours, and then the telegraph allowed news to be sent in seconds. Today we can be overwhelmed by the volume of news from all over the world which we can continuously receive on our phones and laptops.

12.

a）systems（体系）/controversy（争议）

b）figures（数字）/show（显示）/advantages（优点）

c）option（选择）/researching（研究）

d）results（结果）/strengthen（强化）

e）field（范围）/study（研究）

f）carried out（开展）/conduct（行动）

第5章　范文

5.1　案例研究

1. 案例研究的使用

案例研究的优点是能够提供具体的经验/例子。

缺点是受到时间和地点的局限，而且例子可能不适用于其他情境。

题目	案例研究
阅读障碍儿童的教学方法	新加坡针对八岁以下阅读困难儿童的一项试验方法
提高半沙漠地区的农作物产量	在埃塞俄比亚使用太阳能驱动的灌溉水泵
降低婴儿死亡率	希腊一家诊所中一项旨在减少孕妇吸烟的计划
抗震桥梁的建造	智利的经验——三座建筑是如何挺过 2010 年地震的
解决犯人再次犯罪的问题	工作与学习——巴西的一项计划是如何鼓励犯人远离监狱的
提高大城市的回收率	柏林实验——提高垃圾回收和分类的公共参与度

2. 案例研究范文

（可能有其他答案）

a)

竞争对手提供免费送货。

一些产品（如单人床）不符合中国人的喜好。

b)

门店布局仿照中国公寓。

推出春节主题产品。

通过本地采购降低价格。

使用更轻薄的频繁更新的目录。

在广告中使用本地演员。

努力提供更好的服务。

将门店开设在公共交通方便的市区。

c)

关于宜家在中国市场的销售和利润的更多财务细节。

关于宜家在这个市场的主要竞争对手的信息。

5.2　文献综述和书评

2. 文献综述示例

a）2（内容理论和过程理论）

b）7

c）5

d）在这类简短的文献综述中，使用二手资料更为方便。如果你只研究这些理论家中的一个（如赫茨伯格），可能会使用原始资料。

4. 书评范文

书评可以指出哪个层次的学生（如本科/硕士/博士）能够从阅读这本书中获益。

5.3 长论文写作

2. 论文范文

a）作者似乎赞成核能。

b）作者首先提出了支持核能的论点，并将其与替代能源进行了比较；然后考察了各种替代能源的安全性。在结论中，作者总结了他的立场（“核能可以被视为……化石燃料替代品”）。

c）文章很均衡，包含了一些有用的统计数据。但是可以认为，作者忽略了核能的一些负面因素，例如建造核电站的高成本和处理核废料的困难。使用的一些文献来源似乎相当过时。

3. 修订

(答案示例)

a）见第一段。

b）“本文试图评估与其他能源相比使用核能的风险。”

c）“首先考虑使用核能的主要理由，然后考察围绕这一能源的安全问题，包括与核废料有关的安全保障问题。”

d）“化石燃料（即石油、天然气和煤）的替代能源。”

e）“风能和太阳能经常被认为是化石燃料的替代能源。”

f）Mtoe（百万吨标准油）

g）“……自1986年切尔诺贝利事故以来，核能和核废料对人类健康的危害一直受到……”

h)“……燃烧这三种燃料都会造成温室效应，导致地球升温。”

i)“能量”(power)

j)“如果这种增长成为现实，全球石油和天然气的总储量只够维持250年……”

k)“据估计，2003年，使用核能在美国减少了6.8亿吨CO_2……”

l)“但是，反对者认为它会产生放射性废物，从而破坏环境。”

m) Bodansky (2004)

n)“Lillington (2004) 认为，与其他能源相比，购买核燃料的成本很可能保持在较低水平……”

5.4　报告

2. 论文和报告

1) 论文

2) 报告

3) 报告

4) 报告/论文

5) 论文

3. 练习

引言

由于最近维修站关闭，校园西侧有一块约250米长、100米宽的空地闲置，可以用于重建。(e)

重建的目的是为教师和学生改善设施，同时美化校园这一区域的景观。(d)

提出了两种可供选择的重建方案，见上文A计划和B计划。(b)

本报告试图比较这两种方案，并确定哪一种更合适。(c)

报告考虑了去年秋季与教师和学生进行的一次协商。(a)

(报告示例)

方案

A 计划的核心特点是场地中央的圆形公园区域，包括树木和座椅。一边是一个小停车场，可以停放40辆车。另一边是网球场。B 计划沿着通道提供了更大的停车场，可以停放100辆车。场地的另一半包括一座建筑，一端是咖啡厅和一系列商店，另一端是游泳池。

讨论

显然，这两个方案提供了不同的便利设施。A 计划提供了放松身心的绿地，以及网球场和有限的停车位。这是一个相对节制的计划，建设成本较低。相比之下，B 计划造价更高，但是能够提供餐饮和体育设施，以及额外的停车位。

推荐

B 计划的支持者可能主张，游泳池比网球场更具吸引力，而且校园停车位严重短缺。然而，现在还不清楚大学是否真的需要更多的商店和咖啡厅，而且很少有学生开车。A 计划还将通过增加绿地来改善校园的景观。出于这些考虑，大学也许应该考虑将两种方案的优点结合起来，把 A 计划中的网球场换成游泳池。

5. 报告示例：学生的兼职经验

a）进行

b）随机

c）调查问卷

d）询问

e）调查对象/受访者

f）受访者/调查对象

g）提到

h）大多数人

i）稍微

j）少数人

k）问题

l）常见

m）通常

n）样本

5.5 书信和电子邮件写作

1. 书信

a）发件人地址

b）收件人地址

c）编号

d）日期

e）敬语

f）邮件主题

g）写信的理由

h）更多细节

i）请求回复

j）结束语

k）签名

l）作者的姓名和职务

2. 练习 A

（答案示例）

---

54 Sydney Road

Rowborough RB1 6FD

Mr M. Bramble

Administrative Assistant

Central Admissions Office

Wye House

Park Campus

University of Mercia

Borchester BR3 5HT
5th May 2017
Dear Mr Bramble,

Informal Interview: Yr Ref: MB/373

Thank you for inviting me to interview on May 21st. I will be able to attend on that date, but it would be much more convenient if I could have the interview at 12, due to the train times from Rowborough.

Could you please let me know if this alteration is possible?

Yours sincerely,

P. Tan

悉尼路 54 号
罗伯鲁斯 RB1 6FD

M. 布兰布尔先生
行政助理
中央招生办公室
怀伊楼
公园校区
麦西亚大学
波切斯特 BR3 5HT
2017 年 5 月 5 日
亲爱的布兰布尔先生，

非正式面试：Yr Ref：MB/373

感谢你邀请我于 5 月 21 日参加面试。我能在那天前往，但是由于罗伯鲁斯的火车发车时间的缘故，如果能将面试时间改在 12 点，对我会方便得多。

请告诉我是否可能这样调整？

你忠实的，

宝莉·谭

---

4. 练习 B

发件人＝学生/收件人＝老师

可能没有回复，除非收件人要对附件的论文做出评论。

5. 练习 C

(答案示例)

a) 你好，马克，

我们明天需要安排一个短会。你什么时间方便?

b) 特里西娅，你好，

我正在为这个月的论文查找文献。你能推荐一些合适的文献吗?

诚挚的问候!

c) 大家好，

离课程结束只有一周了，我们要怎么庆祝呢? 告诉我你们的想法——我会把它们转发下去，最好能定在12号星期六!

d) 亲爱的蒂姆·卡雷，

我从来没有借过这本书，所以我不能把它还回去。你能检查一下你的记录吗?

5.6 小组写作

1. 为什么要进行小组写作?

a) 错误

b) 正确

c) 错误

d) 错误

e) 正确

f) 错误

2. 成功的小组作业

1) E. 认识其他成员

2) C. 让每个人都有参与感

3) A. 分析任务

4) G. 制订工作计划和明确职责

5）B. 根据小组成员的能力公平分配工作

6）F. 选择一名协调员/编辑

7）D. 按时完成作业

3. 处理问题

a）

i）懒惰的学生不会从这种方法中学到任何东西，他们下一次参与小组作业时还会发生同样的问题。

ii）尽管看起来有些困难，但这是唯一积极的解决方案。

iii）你的老师可能不会帮忙——小组作业的目的就是让你为这些问题负责。

b）

i）你的老师可能不会帮忙——小组作业的目的就是让你为这些问题负责。

ii）从长远来看，这样做对你没有帮助——你必须学会参与讨论。

iii）正确的方法。其他成员可能没有意识到你对他们的语言有困难。

c）

i）如果小组中的每个人都承担起责任，犯规的人将不得不承认他们的行为是没有帮助的。

ii）你的老师可能不会帮忙——小组作业的目的就是让你为这些问题负责。

iii）你要冒风险，因为如果他们取得糟糕的成绩，每个人都要跟着倒霉。

Academic Writing: A Handbook for International Students, 5th Edition by Stephen Bailey
ISBN: 9781138048744

北京市版权局著作权合同登记号：01-2018-5202

图书在版编目（CIP）数据

学术写作指南：第5版/（英）斯蒂芬·贝利（Stephen Bailey）著；唐奇译.--北京：中国人民大学出版社，2020.1

书名原文：Academic Writing：A Handbook for International Students

ISBN 978-7-300-27489-8

Ⅰ.①学…　Ⅱ.①斯…②唐…　Ⅲ.①论文—写作—指南　Ⅳ.①H052-62

中国版本图书馆CIP数据核字（2019）第217193号

学术写作指南（第5版）

[英] 斯蒂芬·贝利（Stephen Bailey）　著

唐　奇　译

Xueshu Xiezuo Zhinan

出版发行	中国人民大学出版社		
社　　址	北京中关村大街31号	**邮政编码**	100080
电　　话	010－62511242（总编室）		010－62511770（质管部）
	010－82501766（邮购部）		010－62514148（门市部）
	010－62515195（发行公司）		010－62515275（盗版举报）
网　　址	http://www.crup.com.cn		
经　　销	新华书店		
印　　刷	天津中印联印务有限公司		
规　　格	160 mm×235 mm　16开本	**版　　次**	2020年1月第1版
印　　张	26.25	**印　　次**	2020年1月第1次印刷
字　　数	346 000	**定　　价**	78.00元